城市文化传播书系

丛书主编 卫军英

城市传播的
文化空间

THE CULTURAL SPACE OF
URBAN COMMUNICATION

卫军英　范红霞 等著

ZHEJIANG UNIVERSITY PRESS
浙江大学出版社

图书在版编目（CIP）数据

城市传播的文化空间 / 卫军英等著. —杭州：浙
江大学出版社，2021.8（2022.8 重印）
（城市文化传播书系 / 卫军英主编）
ISBN 978-7-308-21619-7

Ⅰ.①城… Ⅱ.①卫… Ⅲ.①城市文化—文化传播—
研究 Ⅳ.①C912.81

中国版本图书馆 CIP 数据核字（2021）第 153790 号

城市传播的文化空间

卫军英　范红霞　等著

责任编辑	李海燕	
责任校对	孙秀丽	
封面设计	雷建军	
出版发行	浙江大学出版社	
	（杭州市天目山路 148 号　邮政编码 310007）	
	（网址：http://www.zjupress.com）	
排　　版	杭州青翊图文设计有限公司	
印　　刷	广东虎彩云印刷有限公司绍兴分公司	
开　　本	710mm×1000mm　1/16	
印　　张	18.25	
字　　数	358 千	
版 印 次	2021 年 8 月第 1 版　2022 年 8 月第 2 次印刷	
书　　号	ISBN 978-7-308-21619-7	
定　　价	59.00 元	

杭州市哲学社会科学重点研究基地
城市文化创新传播研究中心资助项目

"城市文化传播书系"序

　　梅子黄时雨弥漫着整个城市。城市西部不断延伸的湿地,笼罩在一片烟雨朦胧之中。就在十多年前这里还是乡村,这一带在历史的记忆中,河渚草木丰茂,菱歌唱晚,村居烟火百十家,若断若接,别是一番景象。后来城市扩展,这里变成了这个城市的边缘,最多只能算是城乡接合部。而现在这片国家级湿地生态保护公园,俨然被称作"城市的肺"。环绕在其周边,高屋鳞次栉比,园区星罗棋布,楼宇参差,间或有轻舸穿梭河港,大有一番都市渔舟之景象。越过它再向西便是以阿里巴巴为中心的"梦想小镇",那是中国在城市化过程中,突破传统的内聚型扩张的城市发展模式,而将城镇与都市完美融合的一个典范。也是这个古老城市的文化版图和文明形态在信息时代一次节奏明快的延展和传播。

　　这个城市的文化血脉,很大程度上是由江、河、湖、溪所贯通的。在城市如沙洲般刚刚形成之初,秦始皇从这里渡罗刹江(钱塘江)东巡会稽,那一天因为风浪太大,他泊舟现今的宝石山下,船缆就系于山腰大石之上。也就是那一年,他定名这片土地为钱唐县,这实在是杭州写入史载文化的开始。那时候还没有西湖,只有与钱塘江连成一片的浩渺的浅海湾。海浪从南边的玉皇山和北边的宝石山两个岬角涌入,布满了整个低洼的平原地带,而西溪湿地那时候还处在一片汪洋之中。传说,杭州的先民最早就居住在小和山,航船进出,渔猎为生,古代"杭"与"航"通,是以杭州地名也由来于此。后来沙洲沉积逐渐围湖成陆,城市与湖山相依也越来越加繁荣;再后来隋炀帝开凿江南运河,这条贯穿中国南北的大动脉,真正沟通了北方帝京的文化与江南的传说。当近古的中国文化辉照世界的时候,从吴越国到南宋定都,这个城市终于成为当时世界经济艺术发展最为璀璨的明珠之一。

　　亚里士多德有一个经典的定义:"人是逻各斯的动物。"而文化在本质上就是人类故事的演绎和符号化的过程。所以当从文化传播学视角来看待这些时,我们简单直接就将他的话转化为"人是符号化的动物"。城市是人类文明发展的自然集聚,因此它作为人类社会进步的象征,本身具有相应的符号价值。法国城市地理学家菲利普·潘什梅尔在其所著《法国》一书中曾经这样描述:"城市既是一个景观、一片经济空间、一种人口密度,也是一个生活中心和劳动中心,更具体点说,也可能是一种气氛、一种特征或者一个灵魂。"他对城市的理解,不仅超越了一般自然和经济认识的局限,而且其眼光穿越物质存在的空间,延展到了城市的精神品性层面,在某种意义上来说就是指向了城市的文化和人格,以及由文化人格所折射出来的城市形象和城市品牌。以此来看我们对城市文化传播的关注,就不仅仅是出于城市商业文明的需要,同时也是城市文化精神建设的需要。这些正好与我所主持的哲学社会科学重点研究基地工作相对应,完全切合"城市文化创新传播研究中心"的工作主旨。编写"城市文化传播书系"的初衷,就是在这一背景下产生的。我们试图在三个层面上渐次表述叙述逻辑,并以此形成本书系的三大特色:以城市和城镇化为基本立足点,对应的观察范围主要是杭州以及浙江的区域文化研究;以公共文化资源为核心要素,对应的探究对象主要是文化品牌与文化价值共享;以网络新媒体为呈现形态,对应的研究方式主要是文化资源创意转化与新媒体传播。我们期待以此促进城市文化传播的内容创新与形式创新。

"城市"在这里具有特定性指向,确切地说,是杭州乃至浙江的城市发展和城镇化。所谓"文化资源"是指文明演进过程中,所形成的一切与文化相关的生产生活内容,它以精神状态为主要存在形式,也包括文化品牌和相应的公共文化形态。运用现代创意技术和创新思维,对文化资源加以创造性转化,包括对这些文化资源予以新的技术呈现形态,以及给予其创新性的理论阐释,进而形成包括系列著作的多种传播形态,通过价值重构和资源共享达成直接和间接的经济社会效益。这既是文化内容的丰富和延伸,也是文化规范的更加有序化和系统化。"城市文化传播"涉及研究视角、研究范围和研究方法。对文化资源和文化品牌进行适应性的合理解释,充分发掘其影响力即文化软实力,既表现为传播手段的创新,也表现为传播内容的创新。侧重于杭州乃至浙江的区域性的论述特点,有利于整个书系更加深入、更加聚焦,而基于现象学的观察在体现自身特色的同时,也有利于提升其普适性意义。文化的传播是国家和城市软实力的一种建构和重塑。正如以色列历史学家尤瓦尔·赫拉利所说,人类社会发展很大程度上如八卦一般,通过故事的虚构和叙述而存在,而其发展的过程自始至终也都是在讲故事。所以传播中国文化的实质,就是讲好中国故事,传播好中国声音。而任何宏大叙事实质都是基于具体对象的深刻观察而展开的,因此立足于区域文化的研究和传播,本身就是探寻普遍性理论的一种路径,即通过杭州乃至浙江故事,演绎中国故事,并最终寻找理论阐释和话语表达的创新性符号体系。

校区的旁边就是古老的京杭运河,千百年来这条河桨声灯影,舟楫穿行,在我的印象里那是中华文化从农耕文明走向工业文明,从大河文化汇入海洋文化的象征。而"城市文化传播书系"是一套开放性的丛书,作为浙江大学城市学院传媒与人文学科融合发展,协同杭州市哲学社会科学重点研究基地"城市文化创新传播研究中心"共同推进的结晶,我们并不狭隘地封锁自己的目光,而是一如这条河和这个城市充满生机的延展那样,更愿意用开放的胸怀自由地呼吸,拥抱所有郁郁葱葱绿色的生命。也许在杭州乃至浙江文化积淀流播的绵绵历史中,这只能算是梅雨飘洒中微不足道的一滴,但即便如此我们也希望万涓成水,汇流成河,一如运河那样成为历史长河中的一朵浪花。

卫军英

2017 年 6 月 25 日

杭州运河之滨

(丛书主编卫军英:文学博士、传播学教授,整合营销传播研究专家。浙江大学文化创意产业学博士生导师,浙江大学城市学院传媒与人文学科带头人,主持杭州市哲学社会科学重点研究基地"城市文化创新传播研究中心"。)

目　　录

绪论　城市形象塑造与传播的灵魂及根本

邵培仁[*]

一、城市是人的情感记忆与传播之地

随着城市现代化建设的加速发展,人们感受到了环境的巨大变化和城市发展带来的巨大困扰。但是,这些关注更多是从环保和生态的角度出发,而对于人的情感与环境,特别是人的情感与城市传播之间的关联很少触及,也很少进行深入系统的研究。

城市是人性的折射,是人性的外化。林奇认为:"城市,是人的城市,因为人是城市的营造者,有什么样的人,就有什么样的城市。"城市"是团体之间沟通符号的元素,也是集体记忆共同尊崇的目标……凡是内心里保存着一个良好的环境意向的人,一定会获得情绪上的安全感"。[①] 中国古人更是将家与"特定的场景的关联"直接等同于身体,"宅以形势为身体,以泉水为血脉,以土地为皮肉,以草木为毛发,以舍屋为衣服,以门户为冠带"(《黄帝宅经》)。这种"切身意见"和"身体比喻"可以被认为是"天人合一"的一种生动体现。女娲造人的神话传说更是一针见血地讲清了人类的来源与归宿——土地。城市则是人类建筑在土地之上的梦幻城堡,其中上演的各种剧本无一不与人的情感有关。

段义孚指出,爱与怕是人类情感的基本内容,它们被文化转化为种种形式。他就"爱好"与"惧怕"这两个重要主题内容在人文地理中的表现,各写了一部书,一本是人的《恋地情结》,另一本是人的《恐惧景观》。人类的"爱好"与"惧怕"当然包括那些繁荣壮丽或悲惨苦难的社会整体性的大喜大悲,但更多是反映在街道上、校园里和在日常生活琐事中所包含的与地方场所相对应的爱与怕的内容。因此,一定要把城市打造成人类的良好情感记忆与传播之地,而不要搞成人类的

---

　　* 邵培仁,浙江大学传播研究所教授,博士生导师,浙江省传播学会会长,浙江省会展学会理事长,国际华莱坞学会会长,中国传媒研究会(美国)主席,致力于传播学、媒介管理学、华莱坞电影理论、新世界主义媒介理论研究。
　　① 　凯文·林奇.城市意象[M].方益萍,等译.北京:华夏出版社,2001:126.

恐惧情感的记忆与传播之所。这是旅游城市与荒芜之城的本质区别。比如人们说杭州是"爱情之都",而说某地是个"鬼城"。

从城市与人的良好情感关系的建构与传播来看,主要有三种人地情结值得讨论。

(一)恋地情结

"恋地情结(topophilia)"这一概念系著名地理学家段义孚所创,意指对身处环境的情感依附,即一个人在精神、情绪和认知上维系于某地的纽带。恋地的本质是恋自我,当地方场所被赋予人的情感、价值后,人便与地"合一"。"合一"不是合在自然属性,而是合在人性。"天人合一"不是合在自然生态,而是合在人类情感。无论是谁,一旦走进一个城市,都会自觉不自觉地触景生情、见美动情,甚至由感而发、纵情欢歌。理性在城市旅游中没有立足之地。城市规划、城市建设和城市传播,其实都是想方设法激活人的美好情感,并对城市产生某种依恋之情,进而诉诸消费行动——购物、购房,成为该城市的居民。

(二)敬地情结

赖特(Wright)则提出敬地情结(geopiety)一词用于表示人对自然界和地理空间产生的深切敬重之情。[①] 敬地情结是人与地方、人与城市相互作用的产物,是由地方或城市产生的并由人赋予的一种发自内心深处的庄重、严肃的体验。也许不是整个城市每一处都能让人产生敬地情结,但是城市设计者和建造者总是有意识地建造一些能够让人产生敬地情结的场所和建筑物,如历史博物馆、艺术博物馆、烈士纪念牌、城市博物馆、城市英雄雕像等等。

敬地情结是建立地方依恋(place attachment)、地方认同(place identity)和地方意象(place image)基础之上的。因此,城市形象塑造与传播不仅要关注人与城市之间在工作、生活方面的功能性依恋,而且要重视人与城市在精神层面的情感性依恋、意象性印象,关注情感生成的多维、复杂的心理机制和原因。

(三)晒地情结

中国导演杨亚洲执导的一部电视剧叫《晒幸福》。晒,就是把自己拍摄的照片传播到博客、微博、微信等社交媒体上,与大家一起分享此时此刻的喜悦、乐活、幸福之情,而这都与特定的地理环境有关。所谓走过、路过,不可错过,不可

---

① R.J.约翰斯顿.人文地理学词典[M].柴彦威,等译.北京:商务印书馆,2004:266.

忘记拍照、晒图和分享。这是一个媒体时代,更是一个视觉媒体、晒图传播的时代。异国他乡、大好河山、圣地仙境、公园、海滨、游步道,都是连接与沟通情感世界的介质和场所。不论是古旧的遗迹还是新造的景观,一旦进入镜头和媒介,皆为情景而非物象。今天,城市的建筑景观、城市形象的设计与塑造,在很大程度上不是功能指向而是美感指向,追求建筑物的感观效果、视觉冲击力、竭力迎合晒图者和旅游者的好奇心理和晒地情结。如果一个城市对人们的晒地情结置之不理、熟视无睹,那么其旅游业、文化创意产业都会受到影响。

二、城市是人类的消费中心和传播中心

城市既是一个国家或地区的政治、经济中心,也是"作为面对面基础上观念与信息的交流中心"①。城市的基本特征与媒介的基本需求不谋而合:人口规模大、密度高、异质性强;具有市场功能;是社会的权力支配地、信息发源地和教育、文化、购物中心;市民作为城市的建设者和守护者,主要从事非农的职业;等等②。特别是到了晚期资本主义年代,城市的变化更是同媒介的变化步调一致。城市被赋予的"三种功能:消费、金融业和具有象征意义的经济",也使媒介如虎添翼。"这种后工业时代的象征性经济,包括旅游、娱乐、文化、体育、传媒、时尚工业以及一系列融合在一起的支撑这些活动的服务。……大都市里每个地方的地位很大程度上是由崇尚快乐原则的消费主义变体决定的:即满足和喜悦的流行的可能性。"它们合谋并联手"成为城市物质和社会生活的主要经济动力"③。

今天的大众传播媒介基本上都是某种意义上的城市媒介。城市是大众传播媒介坐落的最佳地理环境,是新闻和信息的生成和传播中心;城市为媒介提供了充足的财力资源或广告资源,为媒介提供了大量的有一定文化基础的和有消费能力的近程受众,当然更重要的是城市吸纳和集中了大量的有扎实的专业基础知识和受到过专门训练的优秀媒介人才。

在工业主义的巨大动力推动下,现代城市与传播文化之间已经发生了一种根本性的十分奇特的逆转:"城市现实"和"传媒文化"好像交换了位置。"现实变成了人造的、一种由新的工业程序所造成的商品和建筑的幻觉效应,而现代城市不过是这些物品的增加。这些物品的密集化就出现了建筑物和消费品的人造景

---

① 保罗·诺克斯史蒂文·平奇.城市社会地理学导论[M].柴彦威,张景秋,等译.北京:商务印书馆,2005:44.
② 陈映芳.城市与市民的生活[J].城市管理,2005(4).
③ 根特城市研究小组.城市状态:当代大都市的空间、社区和本质[M].敬东,谢倩,译.北京:中国水利水电出版社,2005:107.

观,而且与以前的自然景观一样无所不包。"①

近20年来,中国城市空间发展更是进入前所未有的快速扩张期,几乎所有城市都采用了一种视觉叙事的方式,在满足商业性旅游者的过程中,以想象中设计精良的城市景观为母体,将城市的历史古迹、现实生活技巧性地同舞台文化结合起来,从而使得今天的城市变化和城市记忆越来越不反映在值得纪念的物质实体上,而是更多地体现在个体记忆和媒介记忆中。城市是依据媒介文化的期待样式建筑起来,是媒介文化的另一种状态的真实呈现。

然而,不论是传统的小尺度的"步行"城市,还是现代的大空间的"景观"城市,它作为思想、知识、信息的生产基地和传播基地,作为人类精神领域里的"发电厂"和"加油站",作为人类社会交往的巨大发动机,其地位和功能不仅没有改变,而且随着传播科技的不断进步而日益突出,显示出现代城市正在向信息城市、知识城市、智能城市、智联城市发展,媒介的形貌和内容也正在由广适性受众(eurytropic audience)向狭适性受众(stenotropic audience)、由大众媒介向小众媒介、由新闻媒介向娱乐媒介的方向演变。媒介内容与形式的景观化、市民化和娱乐化倾向,正是当代大众媒介甚至社交媒体的重要特点。

三、城市形象塑造与传播必须以人为本

城市的主体是"人"不是"物"。人是城市的灵魂,城市是人的延伸。城市规划与形象塑造必须以人为中心,以人为出发点。城区规划、城市建筑、环境设计、园区改造、河道整治等都要以人的特点、需求、生存、集聚和发展亦即人类文化为基本考量。

随着城市现代化进程加速推进,作为人体延伸的城市,不仅城市的身躯越来越大,而且城市的四肢也十分健壮。原本在特定的经济理性作用下形成的相对稳定的城市"中心区"和"边缘区"(城郊),其传统边界被不断突破,范围日趋模糊,对其进行一次又一次重新界定的是城市媒体、城市地铁、城市轻轨、环城高速和城市建筑。

城市布局与城市版图上的"中心"与边缘,不只是地图上可见的建筑设施、交通状况和商业繁华街区,也同教育、文化、媒介、娱乐等传播内容的互动密切相关。这些不仅在一定程度上改变了人们对城市"中心"和"边缘"的定义和认识,而且也在某种意义上界定着生活和工作在不同空间的城市市民的各自特征、身

---

① Buck-Morss, Susan. Der Flaneur, der Sandwichman und die Hure. Dialektische Bilder und die Politik des. MüBiggangs[A]. In Norbert Bolz and Bernd Witte. Passagen[C]. München:Fink,1984:213.

份和地位,而不同的市民群体也通过对某些空间或住宅区的购买、竞争、设计、传播以及物质和媒介的消费,建立起具有鲜明的外在特征的群体意识和文化空间。

在被"他者化"的过程中,在"我们"与"他们"解读和区分中,一种基于城市区域、空间层次的并不平等的关系也在不知不觉中形成了。城市中某些具有优越感的人群也在某种程度上依靠对他者的否定和轻视,来定义自身具有优越感的身份、行为和生活空间。于是在城市规划和城市景观的构建过程中,总有一些弱势群体作为"他者"而被有意无意地忽略或者误读。城市规划者和设计者所描绘图景的现实或期待的观赏者、服务者往往不是城市的全体市民,而只是部分市民和商业旅游者。但是,人、市民本来是应该作为整体来看待的。

过去城市的核心区域或中心区域往往以老城区、媒体集聚区和政府办公地点为坐标进行圈定,但政府往往把老城区的改造和保护看作包袱,有的直接跳出老城区开辟新区(如苏州市)进行大规模建设,城市开始在一个新的中心点向外飞速扩张,并不断地吞并周边县市,建设和布局卫星城镇,而且省政府和市政府包括主流媒体的办公地点也在不断新建和搬迁,杭州市政府就已经在改革开放40年中搬迁了三次,一次次试图重新界定杭州城市的中心位置。因此,如今要找准一个城市的核心区域或"城市传播圆心",已经越来越困难了。特别是随着高速交通的日益便捷化,城市发展的样态也日益网状化和散点化了。

城市的身躯越来越庞大、越来越臃肿,并非好事。因为城市的过度扩张会消耗、外溢大量能量和资源,而越是远离城市中心区,能量和资源输送的成本越大,传播辐射力也会越来越小。比如,远在市郊的小区就很少看到报纸杂志和平面广告。其实,城市建设与发展也同人体一样,不要吃得太胖,但也不要太瘦,要体量适中,适可而止。

城市的身躯越来越大,脑子却越来越小。如今智慧城市、智联城市作为城市大脑,正成为城市规划和建设的热门话题。智慧城市、智联城市是城市发展的高级形态,是城市更加繁荣、生活更加美好的实现手段。但是智慧城市、智联城市建设同样要以人为本位,以人为主体,要同政务、经济、民生、城市建设及管理等与人有关的工作相匹配,凸显信息化工具是服务人的宗旨,亦即是"人＋信息化",而不是"信息化＋人"。

人永远是智慧城市、智联城市和信息化的主人,是城市规划和发展的灵魂,是城市形象塑造与传播的根本。

第一编

城市·形象·文化

1.1 城市品牌建构中的文化记忆

卫军英 吴 倩[*]

【内容提要】城市品牌乏力和文化记忆危机是中国城市化进程中的突出问题。而文化与经济融合共生,是城市品牌乃至当代城市发展的主要路径选择,也是理论研究的重要语境。在这一视阈下重新思考发现文化记忆,其时间跨度、媒介形态与集体框架三大尺度,恰好指向城市品牌生命力的独特性、易联想性以及认同性;借助城市品牌的"功能性"价值,文化记忆在微观个体经验和宏观权力逻辑两个层面,获得被激活的合法性。因此,遵循城市品牌与文化记忆互融促进的路径,在各种相关利益者和多元博弈中,寻求政治、经济、文化及社会等多维平衡,就使城市品牌与文化记忆的可持续发展具备现实的可能性。

【关键词】全球化;城市化;城市品牌;文化记忆;可持续发展

提出城市品牌与文化记忆这一命题,主要是基于两重背景因素:其一是从城市品牌所面临的全球化竞争层面看,城市的国际化营销在日趋个性化过程中,越来越重视城市的文化要素和人文意识;而提出"留住乡愁"本身就是对文化精神的一种诉求,正如习近平同志所说的:"历史文化是城市的灵魂,要像爱惜自己的生命一样保护好城市历史文化遗产。"因此,梳理城市品牌建构中的文化记忆,并在此基础上进行具有建设性的思考,无疑有助于提升城市的软实力以及城市品牌的国际化传播。

一、城市品牌建构的文化反思

用历史记忆和文化个性留住乡愁,是城市品牌发展的一种必然选择。从历史的大背景来看,城市品牌的构成本质上是一种文化的积淀。也许在历史的横

---

* 卫军英,浙江大学城市学院教授、浙江大学传播研究所博士生导师。
  吴 倩,浙江大学传播学博士,中国海洋大学文学与新闻传播学院文化产业系讲师。

断面和相对比较短的周期中,经济技术等相关因素对城市品牌具有明显的影响力,但是就彰显城市品牌的恒久性而言,其核心价值则无疑是文化积淀。中国的城市建设和城市发展经过 30 多年的经济增长和技术提升,一些典型性城市的相关指标已经逐步接轨世界,但对城市品牌具有深远影响的文化记忆却并未得到同步提升,这种文化要素的缺失在今天尤其需要我们反思。

(一)城市化进程中的文化失忆景象

城市化进程几乎与人类文明史一样悠久,《世界城镇化前景报告》(2014 修订版)数据显示,世界 54% 的人口居住在城市区域,1950 年这一数据为 30%,预计到 2050 年世界城市人口将再增加 25 亿人,这一比例将上升至 66%,其中 90% 的增长将发生在亚洲和非洲的发展中国家。国家统计局数据显示,2015 年我国的城镇化率为 56.1%,这一数据在 1995 年和 1978 年分别是 29.04% 和 17.92%,也就是说"中国仅用了 30 年的时间,走完了西方近百年的从农业社会向城市社会的过渡过程"[①]。自然,这里评价城市化的基本指标,主要是与经济技术相关的人口构成和产业变化等,文化的因素也往往被浓缩为一些可量度形态,因而有意无意地忽略了文化记忆本身所蕴含的精神要素。

显然,这个数据在反映中国城市化发展速度的同时,也折射出经济技术和文化发展的不平衡。诸如:城市观念中现代化与传统文化的对立,城市发展过程中的外在形象与内在文化失衡,城市建设中对文化资源的挖掘不够,许多文化资源没有得到很好保护,甚至出现对文化资源的拆除和毁坏等现象。正如著名城市学家简·雅各布斯(Jane Jacobs)所指出的那样:"城市中的改建部分以及遍布城市各处的无休止的新的开发项目,正在把城市和周边地区变成一碗单一的、毫无营养的稀粥。"[②]在这个过程中,许多有形的古建筑、旧街道被拆除,无形的城市气质受到破坏,那些已通过观念、思维等方式渗透到市民生活中去的城市文化记忆也面临着失忆的危机。这些都引发群体与过往、与他人联系的弱化,既无法达成共时维度的协调性交流,也无法实现历时维度持续性经验的获得,导致现代都市人归属感缺乏、孤独感倍增的尴尬景象。这种文化缺失无论从城市对人的功能价值,还是从对城市品牌的建构而言都十分不利。

(二)全球化进程中的城市品牌建构

处于知识经济时代全球化进程中的城市,借助于资金、信息、技术、人力等优

---

① 张鸿雁.中国城市化理论的反思与重构[J].城市问题,2010(12).

② 简·雅各布斯.美国大城市的死与生[M].金衡山,译.南京:译林出版社,2005:5.

势,日渐摆脱依赖自然资源建立差异化优势的传统发展模式。随着"发挥着协调作用的国家经济实体——其功能从传统意义上来讲是由民族国家担当的——地位在不断下降;地区和城市作为颇具竞争力的经济实体,其自治能力与重要作用在上升"①,城市因其演变成独立的经济行为体,由于在与知识经济诸多生产资料博弈中的弱势地位,促使全球城市都卷入如何追逐"资本"以赢得发展的竞争中。而城市品牌作为城市的无形资产,本身兼具知名度和美誉度,可以对内创造凝聚力、对外创造吸引力,因此也成为城市竞争中的重要内容。

城市作为人类文明发展的产物,在经历了由居住地到商业形态的功能转化后,日渐成为一种具有集聚意义的文化象征,城市品牌建构尤其是对城市文化记忆的追寻,除了商业利益的考虑,本身也是人类精神世界的一种寄寓,这也是全球化的城市竞争上升为城市品牌营销的重要理由。许多闻名全球的著名城市,如巴黎、威尼斯、西安等,其影响力很大程度是来自于城市品牌中的文化因素。当然,竞争也导致了同质化的现象,城市品牌建构中出现了简单的模仿与攀比。近年来,国内诸如"浪漫之城""浪漫之都""绿色城市""休闲城市"等同质化的现象比比皆是。这种缺乏差异性和个性特色的城市品牌定位,不仅不利于城市辐射力和渗透力的发挥,也不可能具有持久的生命力。此类现象的出现,究其本质还在于城市文化个性的缺失,也是一种文化失忆。它更加说明激发城市文化记忆的重要性,这是城市品牌更加理性持续发展的重要路径。

法国城市地理学家菲利普·潘什梅尔(Philippe Pinchemel)认为:"城市既是一个景观、一片经济空间、一种人口密度,也是一个生活中心和劳动中心;更具体点说,也可能是一种气氛、一种特征或者一个灵魂。"②潘什梅尔对于城市的理解,超越了单学科对于城市的定义局限,把目光从物质存在空间延展到城市的精神品格层面上来。虽然对文化的阐释和理解各种各样,但城市文化在很大程度上所体现出来的,则是这一城市成员的"集体共识"和群体行为,它也必然是作为文化记忆存在于这个城市成员之中,并进而成为城市品牌相关利益者的共同记忆。

(三)城市品牌对文化记忆的再现

激活或再现文化记忆是对记忆危机的一种回应:外在于人体的知识存储器的飞速增长,特别是电子媒介的快速发展,全球性的城市化进程更加剧了城市的文化失忆。随着经历人类历史上惨绝灾难的一代人逐渐离开,文化记忆危机变

① 德波拉·史蒂文森.城市与城市文化[M].李东航,译.北京:北京大学出版社,2015:119.
② 菲利普·潘什梅尔.法国[M].漆竹生,译.上海:上海译文出版社,1980:18.

得空前严峻。通过城市品牌建构再现文化记忆,其本质是对文化的有意识追寻,这是因为作为历时性印象的文化记忆所表达的"过去并非能够直接记起,而是取决于意识行为、想象重构和媒介展现。因此记忆的中心问题就是再现"①。也正因此,通过城市品牌再现文化记忆,就成为城市品牌营销和人类精神寄寓二者之间的双重追求。

再现和激活文化记忆是人类的一种自我认同。人类在这种集体性认同中,不仅增加了向心性的凝聚力,而且达成一种传统与现代、物质与精神相互平衡的舒适感。这是因为"每种文化都会形成一种凝聚性结构,它起到的是一种连接和联系的作用",既可以通过"象征意义体系"将人和他身边的人连接到一起,也可以"将昨天和今天连接到一起",从而生产出"希望和回忆"。② 文化记忆在共时维度达成认同之外,还可以在历时维度实现延续。现代社会"人们在这样一个快节奏的社会中渐渐感到了焦虑和失落,于是试图通过回忆过去来重塑当下与过去的关系,从而给予现在以时间上的定位和连续性,并以此寻求一种熟悉感和安全感"③。于是当物欲横流与物质文明和城市生活相关联时,重塑文化记忆就成为一种意义的慰藉。

由于城市品牌中文化记忆的生成材料是"鲜活的个体记忆",而生成机制则是"媒介和政治",因此文化记忆不仅与个体生物本能有关,还与社会框架和权力逻辑有关。"哪些存储记忆可以再现,重新获得功能记忆的位置"是权力选择的结果,它在一定程度上体现为微观个体经验和宏观权力逻辑的统一。所谓宏观的权力逻辑,是指城市品牌将文化记忆转化为文化资本,赋予其相应的经济和社会合法性,并使之获得从"存储"到"功能"的权力。在微观的个体层面上,依附于城市品牌的文化创意产品的消费过程,本身就是个体文化行为重复和现时化的过程,与此相关的诸多文化实践活动,也就包含了城市品牌建构中,激活文化记忆个体经验层面的内在逻辑。特别是在大众传媒发达的现代社会,以传媒产品为主的文化消费,是实现城市文化记忆的主体文化。所以再现文化记忆是微观个体经验和宏观权力逻辑双重作用的结果,它必然也关乎对未来方向的指引。

二、文化记忆激活城市品牌

虽然城市建设和经济发展也关注文化现象,但在大多数情况下这种文化形

① 阿斯特莉特·雅各布斯.文化记忆理论读本[M].北京:北京大学出版社,2003:117.
② 扬·阿斯曼.文化记忆:早期高级文化中的文字、回忆和政治身份[M].金寿福,等译.北京:北京大学出版社,2015:3.
③ 王蜜.文化记忆:兴起逻辑、基本维度和媒介制约[J].国外理论动态.2016:6.

态是作为共时性的符号而呈现的,如作为介质形态的博物馆、展览、出版等。然而文化记忆所关注的则是文化的历时性,即文化在经过世代交替和历史变迁之后,如何保持其一致性。所以文化记忆并不等同于个体记忆和介质符号,它是由一个社会建构起来的历时性的身份。通过文化记忆激活城市品牌,就是探求城市品牌与文化记忆互融中的呈现逻辑。

(一)城市品牌是文化经济时代的产物

城市品牌建设理论源自市场营销领域,城市品牌作为文化经济时代的产物,因沉淀于其中的文化特质而被赋予了深层的意蕴。著名的战略品牌管理研究专家凯文·莱恩·凯勒(Kevin Lane Keller)的表述是:"地区如同产品和人一样,地理位置也可以品牌化",根据某个特定的地理名称确定的品牌"让人们认识和了解这个地方,并对它产生一些好的联想"。[①] 伴随城市经济全球化而来的资本、信息、技术、人力资源的国际化流动,城市品牌的热潮在世界范围内兴起,加之后工业时代经济结构的调整,越来越多的城市特别是传统工业渐趋衰落的城市,急切地将目光投向了以观光旅游为代表的文化及娱乐消费业。而文化记忆作为群体性认知,为社会化对象在时间长河中定位,同样也显著地促成城市品牌具有独有的社会印象和个性特征。所以营造城市形象、建设城市品牌,就成为地方商业和政府利益推动城市营销中所达成的共识。

联合国科教文组织专家戴维·思罗斯比(David Throsby)曾把经济比喻成有点肥胖、贪嘴、不修边幅的男性,而将文化艺术比喻成衣着考究、令人捉摸不透甚至有点勾魂摄魄的女性。伴随着物质产品供给大幅超过基本消费需求,人类步入供给丰裕的消费社会,无论是鲍德里亚(Jean Baudrillard)所强调的"随着社会生活的规律的消解,社会关系更趋多变,更少通过固定的规范来结构化,消费社会也从本质上变成了文化的东西",还是杰斐逊所认为的"遍及社会领域的惊人的文化扩张,我们社会生活中的一切……可以说都已变成了'文化'"。[②] 于是,戴维·思罗斯比所比喻的不相般配的男性和女性走到了一起,文化也被赋予了消费的意蕴,符号和意义成为消费的新驱动。

这种文化对经济和商业的动力,在城市发展中则赋予城市品牌更深层的意义,增加城市品牌的符号价值和影响力,直接体现在已获得公众认同的文化记忆中,城市的吸引力和想象力从可触知的高楼大厦、亭台楼阁等外在形态,越来越延伸至史蒂文森笔下的流行文化、佚事掌故和集体记忆。因此,城市品牌所表达

① 凯文·莱恩·凯勒.战略品牌管理[M].卢泰宏,等译.北京:中国人民大学出版社,2003:19.
② 迈克·费瑟斯通.消费文化与后现代主义[M].刘精明,译.南京:译林出版社,2000:12.

的文化记忆,也必然支持并成为城市品牌重要内涵,其逻辑构成如图1所示。

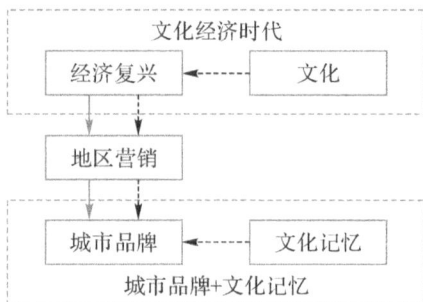

图1　城市品牌与文化记忆逻辑

（二）文化记忆尺度与城市品牌建构

扬·阿斯曼（Jan Assmann）教授提出的文化记忆尺度,其时间跨度、媒介形态与集体框架的概念,在文化记忆与城市品牌的互融性激活中,为城市品牌生命力的独特性、易联想性以及认同性提供了很好的解释。

第一,文化记忆所表现的持久性时间跨度,确立了城市品牌独特性且不易模仿性的基础。较之于莫里斯·哈布瓦赫（Maurice Halbwachs）的集体记忆,文化记忆的时间跨度更为长久,这也就是扬·阿斯曼将集体记忆界定为交往记忆的原因。交往记忆是受限于个体生命时长的记忆方式,而文化记忆的主体则是集体或民族,借助于文本、节日、公共仪式等符号加以传播,历时更为久远。所谓核心竞争力就是其他城市短期内无法模仿的护城河,将历时久远的文化记忆植入城市品牌建设中,不仅使得定位从"千城一面"的竞争中脱颖而出,并且因为文化记忆本身的历史积淀令竞争对手难以模仿。

第二,文化记忆所体现的媒介形态尺度,构建了城市品牌传播中的易联想性。品牌对于个体而言,往往是具体可感而又带有很大的模糊性,"很多公司眼中看到的品牌,只是印在产品包装上的名称和商标,他们忽略了以下真相:真正的品牌其实是存在于关系利益人的内心和想法中"[①]。城市品牌建设不仅取决于城市本身的特性,还应该关注市民、消费者以及其他利益相关者的文化习惯、利益关系以及情感期待等。也就是说,要从市民及相关利益者心中找到更易引发共鸣、引起联想的前置因素。而"媒介作为物质的支撑对文化记忆起到基本的扶

---

① 汤姆·邓肯.品牌至尊:利用整合营销创造终极价值[M].廖宜怡,译.北京:华夏出版社,1999:11.

持作用,并与人的记忆互动"①。阿莱达·阿斯曼将文化记忆聚焦在文字、图像、身体和地点等几种媒介。实际上城市文化记忆的介质更为广泛,诸如建筑、景观、节庆仪式等也都具有独特的城市文化记忆色彩,这些都是受众最易感知和体验到的,在城市品牌中也更易引起受众心灵共鸣和自然联想。

第三,文化记忆所呈现的社会框架尺度,强化了城市品牌建构中天然包含的集体认同。虽然对文化的内涵和外延有诸多解读,但文化是"群体共有"和"集体共享"这点却得到普遍认同,文化记忆则更是如此。尤其是那些以建筑、仪式等载体遗存下来的文化记忆,经过社会框架和话语体系的筛选,作为某种集体愿望的生成物,本身包含了现实合法性和天然的集体认同属性。在城市品牌中植入这些文化记忆,显然有利于提升城市的品牌个性和品牌认同。

三、城市可持续发展的文化延展

所谓可持续发展,对于城市而言,除了经济、社会、环境等因素外,尤其必须强调的是文化要素。将文化记忆再现与城市品牌建构相结合思考,所关注的正是文化经济时代城市发展中政治话语、技术话语、市场话语、文化话语、社会话语等方面的权力平衡。

澳大利亚学者德波拉·史蒂文森(Deborah Stevenson)在《城市与城市文化》一书中,将全球城市形象重塑方法分为美国化(或曰节庆市集)模式和欧洲化(文化规划)模式。前者的指向是流行的——实际上是想象出来的流行——也即关于此类城市应该是何面貌的理念,惯用的手段是处理工业建筑等人工环境、兴办奇观性的城市节庆等。后者的显著特点是致力于通过推动本土文化产业的发展,从而重现欧洲城市的形态与感觉。显然,这种不同模式的选取带有不同国别和城市文化历史积淀的烙印。典型的欧洲城市如雅典、罗马、佛罗伦萨等,都具有悠远的历史文化传统,文化记忆本身就塑造出城市特有的精神品性。而中国作为一个悠久的文明古国,虽然城市呈现千姿百态,但其主导却是古典文化与现代感的合奏。颇为遗憾的是,目前我国既存的"千城一面"的现状,就是按照流行模式进行物质改造的结果。德波拉·史蒂文森也对这样的城市形象塑造、城市品牌建构持批评意见,他认为人工建造出来的城市景观,既缺乏内涵也与周围环境格格不入;硬生生地套上去的城市想象也缺乏生命力。② 从中国城市建设与城

---

① 阿莱达·阿斯曼.回忆空间:文化记忆的形式和变迁[M].潘璐,译.北京:北京大学出版社,2016:20.

② 德波拉·史蒂文森.城市与城市文化[M].李东航,译.北京:北京大学出版社,2015:123.

市品牌建构而言,似乎更应该借鉴围绕培育本土文化展开的欧洲模式,寻求在城市形象重塑过程中,纳入富有表现力的艺术与定义更宽泛的文化活动,注重本土文化形态的开发与推介,以此作为重振社群和经济活动的敲门砖。这是一种让城市文化景观重新焕发光彩,同时有利于借助本土经济重现城市活力,并且以此来培育社群文化认同,促进社会公平均衡的有效方法。

要做到这点并不容易,因为较之于企业品牌,城市品牌建构涉及更多的利益相关者,以及更加多元的博弈力量。政府的目标、社会的感受、历史的沉淀、文化的认同,甚至是周期性的意识形态影响,还要面对潜在的投资者和观光客,以及本地的市民及企业等。比如2200多年前,当杭州这个城市如沙洲般刚刚形成之初,那时还没有西湖,只有与钱塘江连成一片的浩渺的浅海湾。当时秦始皇渡罗刹江(钱塘江)东巡会稽,因为风浪太大泊舟于现今的宝石山下,船缆就系于山腰大石之上。也就是那一次,他定名这片土地为钱唐县,这是杭州写入史载文化的开始。后来沙洲沉积逐渐围湖成陆,城市与湖山相依也越来越繁荣;再后来隋炀帝开凿江南运河,这条贯穿中国南北的大动脉真正沟通了北方帝京的文化与江南的传说,近古的中国文化辉照世界之际,从吴越立国到南宋定都,杭州成为当时世界经济文化发展中最为璀璨的明珠。过去千百年来,这个古老的遗址曾经被完整保存,那块巨石在1000多年前被雕成一尊巨大的佛像,佛像经过历代修缮而熠熠生辉。后来在"文革"期间雕像遭到了毁坏,旁边荡然不存的大佛寺遗址上住进了几户人家。现在这片原本为杭州城市文化血脉的始发地,却因为种种原因无法得到很好维护,文化历史的记忆也越来越淡漠。

由此可见,在城市品牌这个原本就复杂的系统建构中融入文化记忆,虽然具有逻辑的必然性,但是却很难超越现实的阻力。所以我们说这已经不仅仅是一种观念问题,而是利益相关者和各种诉求的一种多元博弈。当然也并不是没有解决的方法,回顾城市营销兴起的背景和本源,商业力量和地区政府共同推动是其直接的动力。而将城市文化记忆和本土文化生态纳入城市品牌建设中,则又包含了某种市场力量之外的政治话语。如果我们承认文化记忆可以使城市品牌更加具有个性魅力的话,那么摄入文化传承以及市民个人和群体发展的多个维度,就可以在最大程度上形成各方认同的发展模式。这也是城市品牌建构中文化记忆在涉及权力博弈时的平衡点所在,可以看作文化经济时代城市可持续发展的有效模式(如图2所示)。

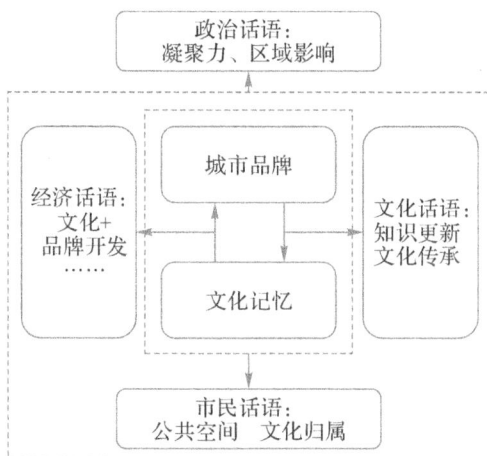

图 2　文化经济时代城市可持续发展模式

　　这个模型因循城市品牌与文化记忆互相作用的理论逻辑,寻求城市可持续发展的现实可能性,在多维度的视角中考虑二者的互融性。其结论就是:文化记忆融入城市品牌,不仅为城市塑造独具内涵的个性魅力,也提升城市软实力和传播影响力;在城市品牌建构中激活文化记忆,有利于促进人类文化传承和知识更新;城市品牌建设中纳入文化记忆,可以增强城市的经济活力,通过"文化＋"促进城市旅游观光及文化产业的发展;将文化记忆与城市品牌结合,有利于提升市民的凝聚力。在文化记忆的复活过程中,公共空间的兴建和文艺活动的举行,对政府而言是落实文化权益的抓手,对企业而言是获取经济效益和社会效益的路径,对于市民而言,则有利于克服城市生活的孤寂感和现代主义的断裂感。因此,它是多赢状态下的利益平衡。

1.2 良政与善市:对城市文化与
传播的一种解读

李 岩*

【内容提要】城市文化传播是近些年比较热门的话题,话题集中于如何塑造城市形象。形象一词在城市外在表现处最容易获得识别,被认为是城市形象最直接、最有形的反映。一座城市与另一座城市的不同之处,包括市徽、市花、市旗、吉祥物、城市别称、公共指示系统、交通标志、富有特色的旅游点、建筑、绿地等。因此,关于城市形象传播的活动以及在这个方面的研究与计策很多。本文认为,这些方面只是城市的外壳,这种外壳是历史性的,容易被替代。城市形象是由城市整体呈现的,尤其是城市人的精神风貌呈现的。而良政与善市可以使一个城市获得由里到外的美誉,因为它为人所用,普惠于人。本文着重思考良政与善市对于城市形象的建构和传播的重要性。任何对摩天大楼的赞赏都无法与城市人善良、友好的美誉相提并论。

【关键词】城市文化;形象;传播;良政;善市

一、城 市

海明威在《流动的盛宴》中这样评价巴黎:"假如你有幸年轻时在巴黎生活过,那么你此后一生中不论去到哪里,她都与你同在,因为巴黎是一席流动的盛宴。"我们如何理解这"一席流动的盛宴"呢?流动者不是固定的标识和建筑,它只能够是你在那里生活的感受,这种感受的资源来自巴黎这个城市的整体,这种感受成为记忆才会与你同在。对一座城市的记忆,不只是在于其外表,还在于其空间环境。人们对于环境的评价是时尚的,忽而崇尚奢华,忽而崇尚简朴,没有定数。唯独留在味蕾的记忆,例如对盛宴的记忆,可以一直与你同在。

---

* 李 岩,浙江大学传媒与国际文化学院教授。

城市首先是一个地理学的名词,城市是"城"与"市"的一个组合词。"城"用于防卫,就是用城墙等围起来的地域;"市"则是指进行交易的场所,这两者都是城市最原始的形态。现在解读城市,不仅仅是指一个有明显边界的区域,它与农村相对应,是指以非农业产业和非农业人口集聚形成的较大居民点,是人口较稠密的地区,一般包括住宅区、工业区和商业区并且具备行政管辖功能。城市的行政管辖功能可能涉及较其本身更广泛的区域,其中有居民区、街道、医院、学校、公共绿地、写字楼、商业卖场、广场、公园等公共设施。城市发展体现在政治、经济、文化等诸多方面。这些方面通过可视的部分,例如街道、交通、住宅、各类公共设施等物件构成,人们习惯称其为城市形象。

国内关于城市文化的研究,热衷于将其品牌化,把形象与品牌联系在一起。现代营销学之父科特勒在《市场营销学》中对品牌的定义:品牌是销售者向购买者长期提供的一组特定的特点、利益和服务。品牌是给拥有者带来溢价、产生增值的一种无形的资产,它的载体是用于和其他竞争者的产品或劳务相区分的名称、术语、象征、记号或者设计及其组合,增值的源泉来自于消费者心智中形成的关于其载体的印象。因此,从品牌出发的理念带有无法抹去的商品逻辑。

城市形象品牌化也主要是做给"外人"看的,有"推销"之意。一座城市的文化传播应该与品牌的商业逻辑分离。在这里,本文想强调的是在城市里生活的所有人,他们的衣食住行是城市的根本,他们的行为、观念是城市的一种不可忽视的"形象",他们无法品牌化。城市内部对群体、个体的组织管理、教育以及改善投资软硬环境、生活环境,对环境所提供的优质服务活动等是需要建构的,而不是"推销"使然。这形象首先是向自己展示、互相展示,其次才是向"外人"自然表达。

从这种理解出发,城市涉及作为城市必须有的行政。① 如果行政是为了更好地解决城里人——这里是指所有居住在一座城市里的人的衣食住行,让他们有幸福感、满足感的话,这样的行政就是良政。在百度关于"你是如何认识'人与城市'的关系的呢"的话题讨论中,名为"谵台浩诚"的网友说:城市是许多人聚居形成的,用于人们工作、生活的空间。城市更多的应是以人为本,让人的生活、工作更加方便舒适,而不应只是一个创造 GDP、消费、"娱乐"的中心。另有诗意的表述:城市是寄存情感与梦想的地方。

---

① 行政从狭义上讲,指国家职能中,除了立法和司法以外的全部职能的总称;广义上讲,指作为决策职能的政治之外的执行职能。"行政"指的是一定的社会组织,在其活动过程中所进行的各种组织、控制、协调、监督等活动的总称。

二、良政与善市

良政与情感相差。为什么？孟子关于情感有"四端"之说："恻隐之心,仁之端也；羞恶之心,义之端也；辞让之心,礼之端也；是非之心,智之端也。"就是说：恻隐之心,人皆有之；羞恶之心,人皆有之；恭敬之心,人皆有之；是非之心,人皆有之。仁义礼智即来自这四种情感。良政应该能唤醒人皆有之的四种善——四端。例如杭州市政府办公大楼,提供办事一站式便民服务,推行"最多跑一次"制度让人们不再感到"门难进,脸难看,事难办"。人们在这样的环境中生活,会养成一种大家对待他人的良善态度。还有自行车遮阳棚、公共自行车、斑马线礼让行人、夏季的免费凉茶等等,都体现了杭州的城市形象。浙医二院有一张经典老照片——第一任院长梅滕更先生跟一个小患者相互鞠躬的相片,王建安院长说："这张照片是中国医学人文最经典的照片之一,生动地传递了我们中国医院'患者至上'的价值理念,而这种理念是不论今古、不分国界的。"根据这张照片制作的雕塑,现在也摆放在医院大楼前,向人们传达"患者至上"的理念。

北京大学历史学系教授彭小瑜是杭州人,他在接受杭州市政协对外交流的话题采访时说过这样一段话："我个人在这方面希望强调的是,应该有更多学者和官员了解和总结杭州良善社会和市政管理的经验。杭州文化现在给外地宾客的深刻印象是温和、细致和体贴入微。譬如让外地游客都震惊的遇行人就礼让的汽车和十字路口自行车遮阳棚,以及政府办事人员普遍的认真、热心和负责任态度。这些成绩主要是大家在当下努力工作的结果,但是从历史上看,这里面也有一些长时段的文化脉络可以追寻。民国时期的杭州市政府庶务科曾经出版过《市政月刊》,这一刊物以及当时省市政府的其他刊物,都记录了在社会治理和市政管理的很多具体事务上,杭州市结合本地传统、学习先进地区和国家经验的尝试。我阅读的论文中有关文化记忆的研究,也已经涉及一些这样的问题。"

随着彭教授的思路继续往前追溯,本文将要提到的是白堤和苏堤,关于白堤和苏堤的风光已经有很多诗文赞颂,关于为何以及如何建白堤和苏堤,大概情形人们也知道,这里需简单讲述,以方便理解良政。

白堤原名白沙堤,为贮蓄湖水灌溉农田而建。早在一千多年前的唐朝,就以风光旖旎而著称。人们以为这条堤是白居易主持修筑的,就叫它白堤。史料记载,白居易任杭州刺史时,曾在旧日钱塘门外的石涵桥附近修筑了一条堤,称为白公堤,如今已经无迹可寻了。今天人们说到的白堤,虽然与白居易主持修筑的白堤不是一个地方,但是,杭州人为缅怀这位对杭州做出杰出贡献的"市长",仍把它命名为白堤。

苏东坡本人在诗歌中有关于修筑苏堤的记载:"我在钱塘拓湖渌,大堤土女争昌丰。六桥横绝天汉上,北山始与南屏通。"(《轼在颍州》)从南宋开始,苏东坡主持修建的这一条堤岸,已经成为西湖十景之首,名曰"苏堤春晓"。虽然今天游人所见的苏堤,已经不是苏东坡修筑的原样,但是后人为怀念苏东坡浚湖筑堤的政绩,一直将这条南北长堤称为苏堤。有民谣唱道:"西湖景致六吊桥,一株杨柳一株桃。""西湖十景"中的"苏堤春晓"就此而得名。

白堤和苏堤以白居易和苏东坡的姓命名,足以说明百姓对其行为的认同,这种认同会成为之后行为的标准。

今天,经济与政治的关系十分密切,经济行为自然而然涉及政治问题,因此这里还要提及与良政有关的善市。"市场不仅可以创造更多财富,市场更是解决社会问题、实现公平正义最可靠的手段。"①一座城市的运作离不开经济,经济不仅是企业自身的活动,也是百姓日常生活的一部分。一个城市的经济行为是城市的"形象",直接影响到城市的口碑。企业的行为也不仅是企业自己的事情,从几个影响较大的企业危机看,它们都在社会层面引起深刻的话题,引发社会层面的反思。例如三鹿奶粉、假疫苗事件、红黄蓝幼儿园虐童事件等。

当然,除了企业危机事件带来的负面效果,也有企业的向善力量给人们带来的福利。说到杭州,或者杭州自己感到骄傲的企业,应该是阿里巴巴和支付宝,这两个企业最大的特点是普惠于所有人,从精英人士到草根百姓,都能从网络购物和移动支付中获益,得到更加便捷和优质的公共服务。

在微信朋友圈里经常看到转发量较大的国外有关日常生活的小发明,这些发明为百姓日常生活排忧解难,而不是只为获得某种行业认可或者追求最大利润。美国青年萨姆(Sam Goldman)是美国志愿者服务组织"和平队"中的一名成员。2004年,大学毕业的萨姆没有先找工作谋生,而是投身和平队,到了非洲一个地处偏僻、没有通电的小村庄。在这里,萨姆惊讶地发现,本地人因为缺少电力设施,一直用煤油灯照明,只有他使用小型LED头灯。他为此隐隐感到担忧。一天夜里,萨姆正用LED头灯照亮读书,忽然听到一声惨叫。原来是邻居年仅15岁的男孩被煤油灯点燃的熊熊烈焰烧得惨不忍睹。他立即着手调查,发现村庄缺电不是个别现象。在印度、巴基斯坦、秘鲁和非洲广大区域,依旧有很多村落,很多人无法获取电力,靠煤油灯照明。但当地的公共管理对此也无计可施,无法满足民众对电力的普遍需求。

萨姆对此深有感触:"仅仅售价10美元的LED灯具,就能改变我的生活。

---

① 张威威.发掘市场向善的力量——为公义而市场,他们让亿万穷人走出恒久的黑暗[EB/OL].来源自微信公众号乐见岛,2018 - 12 - 21,10:42:31. https://www.163.com/dy/article/E3HUIP7D05454D5Q.html.

我无须购买煤油,长此下去可节省大笔资金;我还可以享受更舒适的阅读,不担心吸入煤油烟雾,不担心蚊帐着火……可对他们来说,这一切那么遥远。"区区 10 美元的 LED 灯具,成了翻转弱势族群命运的支点,也成了萨姆奋斗的方向。萨姆和内德创办了一家旨在为穷人解决电灯照明问题的企业 D. Light Design,10 余年后这家企业发展壮大成为一个为全球 16 亿人提供照明的跨国公司。一个本意为服务穷人也能赚钱谋利的营利性企业,靠市场本身的推动力,以市场驱动的方式来解决重大社会问题,是现代企业的最大价值。

三、文化传播中的人

文化是一个承载了 100 多种意义的词,文化是非常广泛和最具人文意味的概念。一般理解,文化就是一个地区人类的生活要素形态的统称,即衣、冠、文、物、食、住、行等。对文化这个概念的解读也众说不一。但辞书或百科全书中关于文化共同的解释和理解是:文化是相对于政治、经济而言的人类全部精神活动及其活动产品。在文化理论中,文化是指意义及意义生产的循环过程。

当我们把文化概念放到城市传播语境中讨论时,文化应该是指一个城市的意义,意义本身是被建构的,也是在变化的。这个意义通过直观的形象表现出来,也通过人们的行为而被体验和感知。良政和善市中的"良"与"善"是需要人亲身体验过程的。体验过程中,人的感受是最重要的。因为任何体验都会在体验者那里引申成为正能量或者负能量。

在关于杭州乃至浙江文化传播的研究中,涉及杭州人或浙江人的形象的传播研究相对要少(历史人物有一些)。或者将这种研究置于城市形象传播之外。其实,人是意义的主要生产者,人的形象也是城市形象中具有说服力的要素。

2011 年,杭州市一名年轻母亲吴菊萍因为奋不顾身勇救坠楼儿童的行为,受到广泛的关注和赞许,被社会各界称为"最美妈妈"。

2018 年,杭州上城区清泰南苑小区 15 幢,一名 3 岁男孩不小心从 6 楼家中阳台失足掉下来,就在落地前,楼下的快递员、理发师、过路群众,迅速冲上前去,大家扯着被单,眼睛紧紧盯着小孩,伸出双臂,接住掉下的男孩。他们是快递员、理发师乃至路人,他们后来被媒体誉为"最美杭州人"。遗憾的是,这些人物主要是新闻报道中的主角,却未能成为城市形象代表被记忆。

2018 年,作家张哲创作的一部小说《是梦》出版,小说讲的是从 1984 年到 2016 年 32 年间一个杭州家族悲欢离合的故事,带有强烈的自传性质,书中诸多细节来源于作者亲朋好友的亲身经历。小说通过讲述这个家族的生老病死、悲欢离合,建构带有家族体验的当代中国人的生活记忆。除了家庭生命史,这个小说也反映了 30 多年来杭州的城市变迁史。这部描写杭州的小说出版后,也引出这样一个话题:杭州为何成为中国现当代文学史上的失踪者。谈到今天的杭州,作者张哲想表达这样一种情绪:他认为这是一座失落之城。这个"失落"同时包含了两层意思:一是作动词的"失落",也就是丢失的意思;二是作形容词的"失落",也就是低落的意思。

城市是空间概念,也是时间概念,城市中的人是将这两个概念串联起来的魂。换句话说,没有人,这两个概念如同进入词典的编纂条目一样,没有温度了。同样,城市形象如果只着眼于当下的经济进程和宣传的需要,把人的形象变成单调的照片上的人物,在千城一面、千篇一律的同质化形象中,不会留下让人难以忘怀的印象。

当然,杭州的现在和未来,是阿里巴巴,是互联网,是生机勃勃的电子商务和创意产业。而杭州的文化建构,也包含在互联网人工智能环境中,体现为在苏堤春晓的风景里生活的人们身上,这个城市的形象不仅是今天的,也是历史的。

1.3 跨文化话语视域下的城市品牌国际营销*

施 旭**

【内容提要】本文以杭州这一中国东部沿海地区著名旅游城市与古都为例,进行城市发展话语的研究,探索在中国/亚洲/发展中国家这一大语境背景下,杭州在城市品牌全球化建设过程中表现出的特征、问题及潜力。首先,在对现代流行的主流研究方式提出批评之后,本文第一次从整体视角阐述了发展中国家城市品牌的国际营销概念——一种具有文化性和发展指向性的工作场所话语。其次,本文聚焦城市品牌国际化建设、传播、接受的实践活动,采用民族志式的多渠道数据采集方法(涉及市政府、商业组织、互联网、采访、报纸、街头海报、博物馆、历史记录等),从质性和量性的角度即包括市政管理、博览会、传统节日推广、展览、国际旅游、网站、外语使用情况等在内的各种活动进行综合分析和评价。最后,本文就发展中国家的城市发展和城市品牌建设问题,对未来的研究与实践提出了建议。

【关键词】话语事件;城市发展;大型活动;品牌;跨文化;国际营销

一、研究问题和研究目标

进行城市发展是发展中国家社会目前的基本情况和中心目标之一。城市发展由全球化推动,并通过多种形式的文化和交际实践完成。本研究将探究发展中国家城市发展中一个特别且重要的方面,即其面向国际社会的城市品牌建设,简称城市品牌国际化建设。

---

* 本文受到教育部人文社会科学基金(编号:11YJA740075)资助。

** 施 旭,杭州师范大学教授,当代中国话语研究院院长,教育部长江学者特聘教授(2010—2013),阿姆斯特丹大学博士。

现存的研究主要将目光集中于西方世界城市和"国际性"城市。这样的片面性导致了城市品牌国际化建设(话语)的完整性、文化性、跨文化性和本质的缺损。因此,重视发展中国家城市品牌国际化建设的需求十分迫切。

城市品牌建设领域的研究目前仍较为零碎。总体而言,目前针对城市品牌发展和营销的研究倾向于将该过程中的社会文化因素和经济技术因素两极化,且对前者的忽视尤为严重。[①] 这在许多地方都可以体现出来,如城市学学者对话语与交际这两个概念的内涵并没有清晰和明确的认识。[②] 这种割裂及混淆导致研究者在对待同一社会问题时,采取的视角存在极大差异。这不仅源于他们所依据的理论基础的不同,也源于其研究兴趣的不同。

因此,本文旨在从文化话语研究角度,以一种整体性视角对发展中国家城市的城市品牌国际化建设进行研究,将其视为文化话语的一种形式。在这里,"话语"与"交际"两个概念可以互替,简单来说,它们都表示在所处的历史文化语境下,人们在社会活动及交往过程中所创造的语言或非语言的交流产物。

作为亚洲/发展中国家城市发展的研究案例,本文关注的是杭州的城市品牌国际化建设,将研究杭州在国际化中,更准确地说是跨文化的形象、身份话语构建中所包含的内容、策略,遇到的困难、挑战和机遇。同时,本文将评估城市品牌建设的实践活动对城市发展的影响和导致的结果。

部分城市品牌建设研究倾向于将单独的事件或活动作为研究数据或资料来源,但这往往导致片面性的结论,因为城市品牌建设实践涉及多种形式,具有多种特征。本文选择观察各类发生于不同社会学和符号学层面的城市品牌建设实践,所涉话题范围较广,从政府方针到大型活动及商业性活动,且采集数据、资料形式多样,如采访、实地考察和二手资料查阅。这提供了更丰富的实例和更多的角度,杭州的城市品牌建设包含了娱乐、景观、饮食和新媒体运用等社会实践的各个方面。本文将把涉及文化或跨文化的事件、资料与数据联系起来,观察各种实践的多方联动,多视角全方位地对该问题进行探讨,并将其和发达国家的相对应领域建设进行对比分析。

二、城市发展和城市品牌建设话语

城市品牌建设是城市发展中一个重要且有效的工具。从一方面来说,它可

[①]　Beaverstock,J. V. ,Smith,R. G. ,Taylor,P. J. A roster of world cities[J]. Cities,1999,16:445 - 458.

[②]　Lees,L. Urban geography discourse analysis and urban research[J]. Progress in Human Geography, 2004,28 (1):101 - 107.

以作为城市发展的向导;从另一方面来说,它也是城市发展的组成部分。关于此话题的研究已持续了30多年,并在国际上被广泛地认为将会继续持续下去。[1]尤其值得关注的是,近来学者开始更倾向于从话语的视角看待这一问题。

本文先尝试引出将在随后的研究中采用的理论和方法框架。总体上,现有文献表明,城市品牌话语研究是一个新兴的、有前途的且重要的领域。关于这一点,我们可以从 Lees 的文章中引述:

> 话语转向(包括政治经济和文化政治城市研究)对城市研究的影响越来越大,越来越多的研究人员试着将语言和文化融入城市地域分析的研究(各种例子可以从 Amin et al.,2000;Beauregard,1993;Imrie and Raco,2003;Ley,1995;McCann,2004;Mitchell,1996;Rutheiser,1996;Slater,2002;Wilson,1996;Zukin et al.,1998 中找到)。[2]

此外,近期很多文献已经认识到,城市品牌建设与城市其他方面的实践是密不可分的。它是通过话语/交际而被创造、传播和理解,并在其中被建构起来的。因此,城市品牌建设和话语被辩证地结合起来,形成了城市品牌话语(CBD)。Okano 和 Samson 在提及文化话语的这种整体性和辩证性条件时说:文化是由个人或团体"创造"出来,而最终又由这样的个人或团体"接收"的东西。换言之,为了追踪文化的发展历程,要考虑"创造者""文化财产"和"接收者"三方之间的相互关系,不能从他们产生的社会条件中将他们分离出来单独讨论。"创造者"主体与"接收者"主体之间的交流方式是十分重要的。[3]

以这些研究为基础,本文将指出一个在话语和文化层面更为明确的理论框架。第一,城市品牌建设在本文的理解是,在加强城市在本地和全球城市竞争(或简称竞争力)的语境下,一个城市为了提高知名度和声誉,实现最终成功并获得自我肯定而出现的对其形象、身份或者"脸面"的理解、建构和所关联的市场营销过程的交流或话语实践。因此,简称为城市品牌话语或 CBD。

第二,CBD 是在全球化和城市化的进程中建构起来的。这一进程带来了将一个城市与其他城市区分开来,进而增强其信誉的需要。最终,为了在当今竞争日益激烈的国内和国际环境中生存和成功,它逐渐成形。这里需要提到的是,城市品牌的概念来自于企业(产品)品牌,但是从目前来看,城市既不是一个产品或

---

① Flowerdew,J. The discursive construction of a world-class city[J]. Discourse & Society,2004,15(5):579 - 605.

② Lees,L. Urban geography discourse analysis and urban research[J]. Progress in Human Geography,2004,28(1):101.

③ Okano,H.,Samson,D. Cultural urban branding and creative cities:A theoretical framework for promoting creativity in the public spaces[J]. Cities,2010,27:10 - 15.

公司,也不是一个国家,所以城市品牌必然有它自己的特色。与产品或企业相比,城市更多元、动态,并且为活性实体。与国家相比,它的政治性较弱,规模较小,关乎的更多是日常生活。

第三,CBD涉及了多方利益者,从市政府、商人、国家、居民到访问者。他们在城市品牌建设过程中发挥着巨大的作用,他们是否参与城市品牌话语的建设,以及他们如何参与这一建设,都是非常重要的问题。在这个层面上看,这些人不仅创设了城市品牌,而且其生活也受到了其所创造的城市品牌所带来的影响。从另一个层面上来说,CBD不仅有生产性的一面,也有接收性/回应性/评估性的一面。这一面也是十分值得关注的,它通过居民/市民、游客/来访者、商业和政府的表达、感触、声誉及相应的期待等形式表现出来。这也引出了本文所要探讨的一个话题,CBD拥有特殊的受众群体,包括当地的及国际的。而本文主要关注国际上的受众,从游客、访问者到政府以及商业组织。

第四,CBD的实践开发一般是在多种多样且相互联系的符号介质、策略和媒介中实现的,这其中包括传播渠道、标识、传播方式、传播内容。因此,从内容上讲,CBD的发展变化取决于目标城市的视角、原则和条件。比如说,一个城市通常因为其地理环境,其管理的人群和居住市民的居住模式,或其他鲜明特征而被贴上各种不同的品牌标签。① 这意味着,事实上,城市生活中的任何一部分,都有可能成为城市品牌,人们认知范围内的相关文化资源大致包括:历史、传统(如节日、餐饮文化)、习俗(如茶道)、历史遗迹、标志性建筑、风景区、名流、英雄人物、艺术和设计(如服装)等等。讲到城市标志,人们可能会联想到语言、书法、建筑、艺术(如音乐和绘画)和活动积极的著名人士。讲到传播方式,人们可能会讲到城市的商标、口号、手册、广告、文件(如定位说明、宗旨)、演讲、照片集、博览会、旅游业和其他重大事件等。从策略角度看,调查发现CBD的产生可能是内敛间接、潜移默化的,也可能是明显直接、目的明确的,因此需要根据不同的情况去了解。说到传播渠道,众所周知的传播渠道包括广播、电视、网络、报纸、杂志、电影、海报、广告牌、博物馆、口口相传、国际旅游等等。

第五,值得关注的是,CBD有它的工作场所话语特质。它不仅具有社会性、公共性或普通民众性,它的很大一部分是在组织、市政府、企业及公权的环境中形成的,故它也遵从相应的要求和准则。对工作场所话语的研究一般从以下几个角度出发:正式的特征(语言学特性)、背景(如医学的、法律的)、社会互动(如对话、跨文化交流)和内容(如小对话、幽默性),多种不同学科(如语言学、社会理

---

① Lucarelli,A.,Berg,P. O. City branding:a state-of-the-art review of the research domain[J]. Journal of Place Management and Development,2011,4(1):9 - 27.

论)和许多不同手段(如人种学、话语分析)。① 但是,这些研究大多限于西方社会和某些特定职业,偏重于一些特定角度(如语言学文本)和特定话题(如礼貌、力量、争端解决)。从现在的观点来看,CBD不仅关于工作场所中的文本对话,或工作背景下的交际互动,还包含更多的内容:它是一种具有广泛的公众管理性的工作场所话语,通过一系列交际元素和交际过程的连接而形成,具有广泛的社会、文化和国际影响力。在现存的案例中,我们需要评价城市品牌建设的工作场所话语是否影响,以及如何影响当地社会、文化发展等问题。

第六,CBD在文化层面上是有差别的,文化层面因素包括:历史条件(如全球化大背景下第三世界国家城市化的环境)、代表、权力关系、目的、互动性原则等。因此,其竞争中有文化力量上的相互角逐。需要强调的是,作为一种文化现象,CBD随着时间推移在不断变化,它或许会经历不同的文化阶段和发展历程。② 西方拥有自己城市品牌的著名城市在数量上远超世界其他地区,其城市品牌建设发展拥有许多有利条件,如作为世界经济中心的雄厚经济力量,以及它们相互毗邻的有利地理位置。

最后,谈到中国城市品牌话语,它有两个特点:一是其体现的中国文化所特有的历史条件;二是它与中国社会经济发展密切相关。目前的研究表明,在分析评价时,必须将问题放在国际语境下的发展条件中进行判断,必须将社会经济发展视作最重要的评判准则。

三、城市品牌研究的相关方法论

出于在研究城市交际问题时普遍的二元视角,研究者们一般会关注一个特定的事件,更典型地来说,某一特定事件的文本形式,然后站在文化"中立"的立场来评价这一事件。但问题是一个城市事件往往是与许多其他事件相互连接

---

① Gunnarsson,B. L. Discourse in Organizations and Workplaces[A]. In L. Wei and V. Cook (eds), Contemporary Applied Linguistics:Linguistics for the Real World[C]. London, UK:Continuum International Publishing Group,2009,122-41.

Holmes,J. Discourse in the workplace[A]. In K. Hyland and B. Paltridge (eds),Continuum Companion to Discourse Analysis[C]. London:Continuum,2011,185-198.

Koester, A. Workplace Discourse[M]. London:Continuum,2010.

② Hajer,M. A. The politics of environmental discourse[M]. Oxford, UK:Oxford University Press, 1995.

Jensen,O. B. Culture stories:Understanding cultural urban branding[J]. Planning Theory,2007,6 (3), 211-36.

Mommas, H. City Branding:The necessity of socio-cultural goals[A]. In T. Hauben, M. Vermeulen and V. Patteeuw (eds.), City branding:Image building and building images[C]. Rotterdam:NAI Uitgevers, 2002,32-48.

的,也与当地及国际文化、历史密不可分,其文本形式无法与其释义及引发的回应分离开来,也无法与其他文本形式分离开来。另一个问题是,从当地的文化和历史观点出发,许多概念的定义比当前"国际普遍"的观点包含更多内容且更为复杂。

从本文的方法论观点来看,在研究时,需要从全面的、辩证的、更为具体的、历史的、(跨)文化的、相互的角度处理分析对象。更具体地说,这意味着在调查和评价城市品牌建设话语时不仅要从客观资料入手(如一手、二手和背景数据),还要关注主观经历(如研究者的个人知识和文化政治立场)。

具体的研究方法包括两个相互关联的研究阶段,即数据整理和数据解释。关于前者,即相关数据收集、筛选和构造的阶段,本文将提供以下策略:第一,在挑选调查对象时需选择面向国际社会的、具体的实践实例,如重大事件、博览会、赛会、商贸活动、建筑、风景区、非物质文化遗产等。第二,需要围绕城市品牌建设中有优势力量的委托代理关系、目的/方式、对沟通渠道和符号的利用、历史进程和国际关系角度搜集相关信息,也需要特别重视相关的国际影响和反应。第三,需要在直接调查(如重大事件、展览会、论坛)和二手资料(如网络、新闻业、文件记录和采访)中获取数据。

对于接下来的阅读阶段,相应地,相关城市品牌建设的实践将从(跨)文化话语的角度被研究,研究将从一系列相互关联的跨文化交流重大事件活动入手:(1)传播委托代理;(2)意图/方式/关系;(3)媒介;(4)目的/影响;(5)历史进程;(6)跨文化代表和关系。在这里,基于对研究现象的审视和研究项目的目的,必须运用多学科的概念、方法和标准。此外,文化内和跨文化的比较,都需要放在可行合适的地方进行,比如,杭州的国际餐饮文化品牌可以与其茶文化品牌相对比,杭州的国际化城市品牌可以与巴黎的国际化城市品牌进行比较,但是,所有的比较都是为了更好地理解杭州文化。

尽管背景是数据的一部分,因为它也是从一系列数据中被获得的。但是,鉴于它是收集和理解重要数据,并对其进行评价的基础,本文将以背景起头,从以下五个方面进行阐述。第一,杭州作为浙江省的省会城市,是一个历史悠久的旅游胜地,位于中国最发达的东部沿海长三角地区,面积达 16596 平方千米(其中市中心区 430 平方千米),人口数量超过 500 万,在过去的 10 年里,GDP 增长达两位数,并呈现出高水平的发展态势。据调查数据结果显示,过去几年,杭州在社会、文化、经济、市政和环境方面发展喜人。第二,杭州拥有全国最具价值的湖泊之一——享誉国际的西湖,以及许多名胜古迹,历史可以追溯到 2200 年前的秦朝。第三,1999 年杭州西湖申请列入联合国教科文组织《世界遗产名录》,并在2011 年申遗成功。在此期间,持续十年之久的"综合发展规划"工程正式启动。

随着申遗的推进,杭州在全球化加速的大背景下,寻求更广泛的国际化。第四,杭州历来被授予众多来自官方和其他渠道的称号。比如,1958 年杭州市建设局将杭州定位为"以重工业为主的综合性城市"。2000 年,杭州把"天堂硅谷"作为自己的名片,吸引了诸如华为、支付宝和网易等互联网企业。2006 年 8 月,杭州市政府组织了一个由艺术家、文人、社会学家和城市规划者组成的专家团体,启动了为杭州选择城市品牌的活动,来自中国 20 多个省的 2000 多人参与其中,共提出了 4620 项建议。经过标准设置、专家评审和大众投票,最终"生活品质之城"成为杭州的城市品牌。从历史角度来看,这是独具意义的品牌创意。与之前政策决策集中在上层的传统相反,这次从基层选出的城市品牌由中国共产党杭州市第十次代表大会(2007 年 2 月 10 日)正式通过,并于几天之后,出现在第十一次代表大会《中共杭州市委关于坚持科学发展、构建和谐社会、建设生活品质之城的决定》的报告中。① 生活品质之城意味着城市在五个方面享有一定水平的品质生活:经济生活、文化生活、政治生活、社会生活和环境生活。② 这些也都在12 个城市标签和本土贸易品牌的结合中得以体现和再创造:

东方休闲之都,品质生活之城 (Eastern leisure capital,quality-life city);

天堂硅谷,品质生活 (Silicon paradise,quality life);

品质生活,中国茶都 (Quality life,tea capital of China);

文化名城,品质杭州 (Town of culture,Hangzhou of quality)。

值得注意的是,尽管许多文件有效地标定了杭州这一城市品牌的意义、发展和交流,但没有明确提到品牌是为谁而创,比如说本土受众、国内受众还是国际受众,故而没有关于针对不同受众,品牌建设实践将会有何差异的论述。

为了调查杭州城市品牌的国际化建设,本文选取了一系列不同层次的相关现象。一方面,特别关注城市国际化品牌的整体,这是最高层次的意义;另一方面,需要关注那些构成城市国际化品牌,并为品牌建设作出贡献的特定活动和事件,即世界休闲博览会、西湖国际博览会、龙井茶品牌、杭州美食品牌。通过对不同层次的城市品牌国际化建设活动的工作场所和实践的一系列调查研究,本文希望相对完整地展现出杭州城市品牌国际化建设的现状、可能性和问题。

针对此调查现象的多样性,本文决定采用多种形式收集数据,从采访参与品牌建设实践核心单位的负责人,到查阅二手文件和报刊。通过从不同来源和角度获得的信息,本文希望为如何推动杭州城市品牌的进一步国际化建设提供深入见解。

---

① 施旭.从话语研究的视角看城市发展[J].文化艺术研究,2008(3):32 - 43.

② 杭州市政府.杭州"生活品质之城"城市品牌表述系统(要点)[J].杭州通讯(生活品质版),2007(1):20 - 21;黄宇亮,王竹.杭州城市识别系统的诠释与实践[J].华中建筑,2006(8):24.

分析和评价

如前一节所言,每个城市品牌建设的目标实践都将被作为文化话语进行研究。从历史和跨文化角度,就交际机构、意图/形式/关系、媒介和结果方面进行的研究,都是合适且可能的。因为这些实践是相关,且应互相支持的,本文将会对它们进行比较,以突出各自的优点和缺点,促进更好地管理。在这种联系下,需要对城市品牌国际化建设中所体现的共同特点给予特别关注,比如城市品牌建设中的互联网应用。同时,鉴于城市品牌实践深深扎根于特定历史背景和跨文化的联系状况中,这些相应的情况也将被解释分析。

市政管理

为了了解杭州城市品牌建设管理的总体情况,获得"幕后工作者"和"知情人士"的观点,作者和3名学生于2014年7月对杭州生活品质研究与评价中心主任进行了深入采访。采访提问和回答从中心工作的实质出发,谈到当前杭州城市品牌的理念和建设及当下品牌的国际交流。

从文化话语的视角,可以对很多城市品牌管理话语的特征进行解读。第一,杭州拥有专门长期管理城市品牌的市政力量,由几个小组组成,这在中国,甚至在世界都并不多见。第二,正如上文提到的,杭州拥有官方指定的城市品牌;此外,国务院对杭州指定了另外一个不同名称的城市品牌(一基地四中心)。第三,在市政府的赞助下,杭州定期举行大量国际性的重大活动,如世界休闲博览会、西湖国际博览会和中国国际动漫节。第四,此类活动有时是多方联动,由市政府、商界和媒体等共同举办,社会各界人士包括外国人都参与其中,特别是"体验日"活动(体验"品质生活")。第五,城市的官方品牌在语义上似乎很模糊,尽管它与各种生活品质产生有比较具体的联系。第六,负责城市品牌发展的组织有一个信息收集网站(http://www.wehangzhou.cn/),但只有中文版。第七,和其他西方知名城市诸如纽约、巴黎、柏林相比,杭州品牌建设存在"文化"难点,尽管这座城市对城市品牌建设有相对强大的资金支持,但其缺乏软实力或者说专业技术知识。从硬件方面来说,中国的一些大城市如上海和纽约基本上没什么差别,可能某些方面现代化的程度还高于一些发达国家的著名城市,最大的差异就在于文化。比如我们的文化产业,杭州这几年一直在打造动漫之都,杭州城市规划上也是将此纳入城市品牌系统里面的。但是,杭州的文创产业和英国相比,差距也非常大,主要体现在文化内涵的渗透方面,以及在高端艺术的设计方面还很欠缺。

世界博览会

在上面提到的城市品牌建设整体框架内,杭州会举行两个主要的、持续性的博览会:世界休闲博览会和西湖国际博览会。这两个博览会都和杭州城市品牌建设保持一致,且是其组成部分。第一届世界休闲博览会于1988年在澳大利亚布里斯班举行。从那以后,休博会每两年或三年在世界某地举行。2006年,世界休闲组织(WLO)决定每五年举行一次休博会,并将杭州作为其永久举办地。2006年和2011年,杭州分别作为东道主,并在第一届休博会上获得了"东方休闲之都"的美誉。它与杭州2007年建立的官方城市品牌"生活品质之城"相一致,由世界休闲组织和杭州市人民政府赞助的2011年世界休博会(9月17日—11月18日)将"休闲:提升生活品质"作为主题。2011年世界休博会官网(en. wl-expo. com)、官方视频(http://v. hoolo. tv/video-10039. html)进行了海外推广会议和新闻报道。

关注2011年世界休闲博览会(9月17日至11月18日),从文化话语的角度来看,可以发现很多值得关注的特点。第一,国际参与规模大,包括来自国内外的80个城市、3700万游览者和50家企业。第二,以"休闲:提升生活品质"为主题,2011年的休博会由各种有组织的交流活动组成:高端会议、协商会和论坛。第三,休博会以包括文字(广告、新闻报道、特色栏目和出版物)、人工制品(如纪念品)在内的各种形式呈现,通过不同渠道(如网站和在线视频),许多国际场所(如国际会议中心)和大量的空间(如休博会的沿途和活动场所)来落实。此外,休博会举办大量的活动(如文化创意产业博览会、国际茶叶大会、茶产品交易会)。第四,休博会的贸易额达226亿元人民币,国内投资134亿元人民币,国外投资11亿美元。

西湖国际博览会是另一个与城市品牌建设直接相一致的持续性大型活动。1929年,西博会首次举行并取得成功,但直到70多年后的2000年,西博会才再次举行。值得注意的是,西博会的标识由水、休闲元素和植物等组成,是杭州个性和愿望的表达。

为了更好地了解西博会现状,本文将第十五届和第二届进行比较。第二届西博会持续了22天,吸引了500万来自国内外的游览者,举办了20场专业展会,来自30多个国家和地区的2500名参展商参展。贸易成交额接近70亿元人民币,国内投资137.3亿元人民币,国外投资3.11亿美元。

杭州西湖博览会组织委员会执行的第十五届西博会历时29天,以"创新西博,美丽杭州"为主题,官方网站为http://www. xh-expo. com(其他相关网站http://www. xh-expo. com/481 - 09/16208. html)。第十五届西博会得到了超过 15 家公司的赞助,举办了 50 个会展项目(交易会、会谈、展览会和其他活动),包括主要的国际活动,如:西博会国际旅游节、杭州国际艺术文化节、杭州国际毅行者会议、传感器与物联网国际会议、世界 500 强企业圆桌会议。

来自近 50 个国家和地区的中外来宾、市民和游客参加了本届西博会,共计 800 万人次。展会主要在国际化场馆举行(如白马湖国际会展中心、杭州和平国际会展中心、浙江世贸国际展览中心),其中,国际展位比例为 23%。中央电视台、当地报纸(如《都市快报》的专栏)、广播、当地电视台、海报、博物馆、洽谈会和网络(如优酷、搜狐)都有力地推动了本届西博会的推广。西博会官网访问量达到了 500 万次。值得注意的是,国际媒体商之间达成了合作,约 100 家国内外媒体刊发了 3500 余篇报道,不同语种也被广泛使用(如太子湾公园内的路标除中文外,还用英文、法文、日文和韩文进行标注)。第十五届西博会活动实现贸易成交额达 157 亿元人民币,其中国内投资 152 亿元人民币,国外投资 10 亿元美元。

茶叶商展

杭州进行了一系列关于茶业国际宣传、营销的活动,并制作了许多人工制品。2011 年,杭州龙井茶为杭州进入联合国教科文组织世界遗产名录作出贡献,龙井茶自此享誉世界。在历史上,龙井茶早在鸦片战争(1840 年)之前就已出口海外,可是英国在战后为了支持印度茶叶贸易而封锁了中国茶叶的出口。从文化话语角度来看,杭州现在为推进茶叶品牌国际化所做的尝试中有许多值得关注的特点,在推广茶叶品牌的同时,体现了对杭州"生活品质之城"这一城市品牌的建设。第一,近年来举办了较多推广杭州茶叶品牌的国际活动。2005 年举办了第一届西湖国际茶博会,此后,茶博会于每年采茶季之初在杭举办。类似的,2010 年杭州知名茶叶国际博览会和第一届当代中国茶文化节同时举办,自此以后每年举办一次。第二,市政府(及某些区政府)和中国国际茶(文化)研究机构(如:中国国际茶研究协会)是一些杭州国际茶展或茶业节的主办人和主要组织者。每年的"全民饮茶日"是在 2009 年 4 月 20 日第一次举办。第三,茶叶推广活动常和城市其他贸易品牌如休闲、美食联系在一起,从而丰富活动内容,加强效果;要么作为其他大型活动的组成部分,如世博会(上海,2010 年);或和其他活动及文化元素诸如旅游、舞蹈和景观联系在一起。此外,组织方常邀请各方媒体参与报道,对茶叶推广做出了相关介绍,但却均没有英文版报道。另外,杭州有几处值得一提的产茶、制茶、喝茶的场所,如中国茶叶博物馆、茶人之家和国际茶人村,可组织有关茶叶的交流。第四,就目的而言,举办这些活动是为了提高杭州作为茶叶之都的声誉,但更广泛地来说,是为了进一步建设城市主打品牌即生活品质之城。尽管很多活动被冠以国际头衔,但龙井茶在国际上的知名度仍然不高。茶的体验和交流似乎只涉及一些日本人和韩国人。制茶业似乎没有组织任何在海外举行的茶叶推广活动，更不用说海外茶叶基地了。

美食海外推广

杭州本地美食的推广是杭州城市品牌国际化建设中的另一话题及形式。在市政府的支持下，杭州餐饮协会定期进行海外访问以推广本土美食。为了了解知情人士的视角，作者和3名学生对杭州餐饮协会的前任秘书和两位代表进行了采访。采访前，我们告知采访对象，研究项目关注的是杭州美食的国际化推广问题。其中一位采访对象通过邮件方式进行了回答，问题涉及协会的性质和作用、举办的国际活动、杭州美食的特色以及其国际化推广进程中遇到的困难等方面。

从口述和书面的采访中不难发现以下几点：协会代表了约20000家杭州的大中型餐馆，约占总数的60%。从2008年起，国际美食节在市政府的赞助下，每年如期举行，并常常被包含在如"世界休博会"等大型活动的一系列项目内。如果美食推广活动在海外举行，通常是受到了当地餐饮协会的邀请，杭州每年选取一个国家作为活动参加地，已去过的国家有西班牙、法国、奥地利、新加坡和美国（联合国）。同时，杭州美食也参加了国内其他城市的美食节。毕竟，杭州美食的国际推广是提高城市知名度的最好方式，可以吸引更多的游客，在增加城市税收的同时提高餐馆的收入。最后，针对在海外开设餐馆的问题，采访对象表示在西方国家，开店程序太过复杂，很多中国的餐饮从业者无法满足西方严格的各项规定，也难以获得开店许可。总体来说，目前美食国际化交流的规模较小（每年一个国家），外国受众的参与度不高，文字交流缺乏（不论是以小册子还是书的形式呈现）。而且，在国外建立杭州美食餐饮饭店的问题亟待解决。

网络和多国语言使用

作为话语研究的一部分，城市国际品牌和品牌建设中的媒介方式需得到关注，比如语言的运用和交流渠道的利用。因此，研究就杭州创建的有关"生活品质"的网站使用展开调查，调查发现，有不少机构使用英文网页，一些还使用其他外语。这些机构可分为三类：（1）市政府办公室和市政府管理下的组织；（2）省政府所属机构（注：杭州是浙江省省会）；（3）国有企业。第一类网站拥有网页数量远超其他，但相关行业协会很少拥有英文版网页（如：杭州市演艺协会 http://www.hzyyyxh.com/；杭州市餐饮旅店行业协会 www.hzms.org）。以上三类网站信息按照所属机构、网页链接和外语使用情况的顺序排列；从其所属机构名称可以推测出该网站性质。

市政府管理下的办公室和组织

市政府门户网站:http://www.hangzhou.gov.cn/(英文版)

问询处:http://www.hicenter.cn(英文版)

杭州旅游官网:http://www.gotohz.com/(英文、日文、韩文和德文版)

西湖世界文化景观遗产:http://xhsy.hzwestlake.gov.cn/index.aspx(英文版)

良渚遗址:http://www.lzsite.gov.cn/(英文、日文、韩文、西班牙文、德文版)

世界休闲博览会:http://www.wl-expo.com/(英文版)

西湖国际博览会:http://www.xh-expo.com/(英文版)

南宋官窑博物馆:http://www.ssikiln.com/newEbiz1/EbizPortalFG/portalhtmlindex.html(英文版)

京杭大运河综合保护委员会:http://www.grandcanal.com.cn/(英文、日文、韩文版)

中国茶叶博物馆:http://www.teamuseum.cn/default.aspx(英文、日文版)

杭州博物馆:http://www.hzmuseum.com/(英文版)

中国丝绸博物馆:http://www.chinasilkmuseum.com/(英文版)

灵隐寺:http://www.lingyinsi.org/(英文、日文版)

杭州网:http://www.hangzhou.com.cn/(日文、韩文版)

设在杭州的省政府所属机构

浙江美术馆:http://www.zjam.org.cn/(英文版)

浙江交响乐团:http://www.zjso.org/index.asp(英文版)

中国国际动漫节:http://www.cicaf.com/(英文版)

国有企业

杭州大剧院:http://www.hzdjy.com/index.php(英文版)

杭州奥体博览城:http://www.hzoiec.com/(英文版)

从以上的网站链接可知,杭州的城市管理组织向国际社会提供了大量的信息平台,这些平台提供的信息与杭州城市的推广相关,包括杭州城市品牌。除此之外,很多网站还使用了英语之外的其他语种,以期指向更广阔的国际社会。进一步观察网站内容后,可以发现以下特点:一些网站提供了一些带有中国文化色彩的信息,将其作为杭州的特色,如杭州的传说与美食(http://www.hicenter.cn/facts_33.asp),其他的一些网站也或多或少有相似的内容。

最后一个与媒介相关的问题是文字语言的翻译,如城市品牌名称的翻译。"生活品质之城"被广泛地翻译为"City of Quality Life"。从品牌创造者的角度来看,如何通过这一翻译来更好、更有效地向国际社会展示、推介、营销杭州是一个重要的问题。从品牌接收者的角度来看,问题则是如何接受并理解这一翻译背后的内涵。这些问题需要进一步调查研究,而就目前的观点来看,"生活品质之城"的英语翻译语义过于模糊宽泛,不能很好地体现杭州城市的内涵,可能会导致城市品牌国际化营销上的困难。类似的问题同样体现在"上有天堂,下有苏杭"(There is heaven above, Hangzhou and Suzhou below)的翻译中。

国际认同

品牌建设具有生产性和接收性两个方面。国际社会、专业人士和普通民众如何理解和回应杭州品质生活品牌,是本文的一部分内容。如前所述,通过国际社会受众对杭州城市品牌建设实践活动的反应和参与规模,可检验出品牌国际化建设成功与否。值得注意的是,在过去的十五年里,杭州已获得不少的国际认可,国际社会授予了杭州一系列的奖项和牌匾。但是,为探明国际社会对杭州生活品质之城品牌的本质和外延的接受、理解程度,还需要进行更全面的研究。比如,研究可以直面以下问题:如果杭州的任何产业或产品清晰直接地呈现在地球村,人们(游客或其他)会怎么理解它,杭州城市品牌又会怎样影响他们的生活。

四、结　论

在对亚洲/第三世界国家城市发展做出大体研究,尤其是国际城市品牌的研究后,本文选择以杭州——一座位于中国东部沿海地区、历史悠久且繁华的旅游城市为案例。研究动机一部分基于对城市品牌的理解——它是城市发展中一个新颖且重要的部分;另一部分则基于研究现状——针对第三世界国家城市的研究非常缺乏。研究目的是把杭州城市品牌国际化话语作为发展中国家的案例,在其内容、问题和潜力方面进行明确、分析、解释和评价。为此,本文首先描述了城市品牌建设的文化话语视角,之后通过多渠道获取多种多样的相关资料及数据,并从历史和跨文化角度对其进行观察分析。在接下来的内容里,将据目前的观察、分析、研究,对该问题进行一个综合的全面评价。

第一,经过公开票选,杭州将"生活品质之城"作为城市品牌,由市政府特定部门对品牌交流、管理和发展做出监督、执行和管理。尽管这种做法在中国乃至世界范围内都比较少见,但如此积极主动的措施对于建设并不知名的第三世界城市的城市品牌是有积极作用的。为了直面快速全球化背景下出现的困惑,这些城市应借鉴这样的方法。第二,除市政府、商界和民营机构外,大量市民(及外国人)积极参与了常年进行的城市品牌建设活动,如"体验日"活动。因此,通过参加大型活动,普通民众也能成为城市品牌的创造者和传播者。第三,杭州通过举办多形式、多类别的实践活动(如世界休闲博览会、西湖博览会)和大量商贸活动(如茶叶产业、美食、时尚、高科技产业、电子商务行业),在国际社会打响了自己的城市品牌。值得特别注意的是,不同层次和类型的品牌建设实践是多方联动、综合一体的,而这会带来更大的影响力。对像杭州这样城市品牌较为模糊且多义的城市来说,这种将多层面品牌实践活动相互连接的方式尤为必需。第四,杭州城市品牌的传播推广利用了各种可用的媒介方式——标志、网站、视频、海报和宣传册等,并且各种与城市品牌建设相关的网站提供了英语和其他外语的网页,如不同级别的有关组织都使用英文及其他语言版网页。对交流媒介的广泛利用可以大幅提升杭州城市品牌的国际化推广度[出于这一原因,本研究建议应制作使用更多种外语的网页版本,如欧洲各国语言、亚洲各国语言、拉美及非洲各国语言;也应制作更多具有国际指向性的专门网站(网页),如针对杭州美食、茶馆和时尚]等。此外,杭州美食贸易的案例表明,由相关贸易代表和公司亲赴国外打响品牌,从而促进贸易,并推广城市品牌是可行的。最后,杭州案例表明,城市品牌的建设不仅与国内外投资所得的经济收益相关,还可带来国际认同度和荣誉。

必须指出的是,目前的研究也揭示出在国际化大背景下,杭州城市品牌国际化建设的不足、局限和潜力。与伦敦的"金融中心"品牌、悉尼的"歌剧院"品牌和香港的"亚洲国际都会"品牌不同,杭州提出的"生活品质之城"的品牌很抽象。因此,动员开展广泛的、针对特定领域的品牌建设更具挑战(比如"全民饮茶日"和美食节)。而且,出国打响城市品牌的尝试很少(除了美食和旅游贸易)。与此相关的是,似乎也没有明确的针对国际市场上的品牌建设实践。与大量外国经销店(比如商店、餐厅和咖啡馆)在杭州"遍地开花"的情景相比,杭州城市品牌建设未来还有很长的路要走,还有很大的潜力有待开发。

(在此一并感谢作者在浙江大学文化话语课程的学生和研究助理谢秀婷,他们帮助收集了大量的数据资料。感谢两位匿名采访对象提出的意见和建议。)

1.4 西方主流媒体中的中国城市形象及其对策建议[*]

——以 2016—2017 年《纽约时报》中"杭州"报道的实证研究为例

邵 鹏 顾明敏[**]

【内容提要】在中国政府积极倡导文化"走出去"背景下,城市形象和城市对外宣传在境外媒体上的表现,逐渐成了学界及公众热切关注的话题。城市外宣工作作为文化"走出去"战略的重要一翼,是提升城市知名度和影响力的有效渠道。笔者将《纽约时报》上 2016—2017 年间对杭州的报道进行分析,通过对每个分析单元的梳理,采用内容分析和话语分析互动贯通的立体研究视域,从内容和渠道两个维度思考并阐述城市外宣工作在"我塑"之下所面临的问题,以及在"他塑"形象建构中新的机遇和策略选择。

【关键词】城市形象;城市外宣;纽约时报;他塑;我塑;走出去

一、引 言

近些年来,国家多次出台政策和指导意见强调"走出去","文化走出去"是我国"走出去"战略框架下的重要组成部分,城市外宣工作作为对外传播的重要渠道越来越受到重视。如何提高并优化对外传播效果的精准度和有效性? 何种外宣内容可以受到境外媒介的关注? 如何通过外媒的"他塑"输出正面的、积极的文化,建构良好的城市形象? 城市形象的"我塑"与"他塑"存在着何种差异? 城市外宣工作在面对新媒体与传统媒体时如何进行渠道选择和策略选择? 这些问

* 本文系 2018 年度国家社科基金项目"人类命运共同体理念与全球传播秩序重建研究"(课题编号:18BXW062)阶段性成果;系 2017 年度杭州市哲学社会科学规划课题"杭州城市记忆建构与国际传播战略研究"(课题编号:2017JD54)阶段性成果。

** 邵 鹏,浙江工业大学人文学院广播电视学系副教授,浙江省舆情研究中心特约研究员;
顾明敏,浙江工业大学人文学院硕士生。

题必须面对。

以往很多学者主要围绕中国国家形象在西方主流媒体上的建构、西方主流社会对中国的看法及来自何处，以及中西方之间的文化差异和历史联系等问题展开研究。与其不同，笔者则在"文化走出去"战略背景下，以城市外宣工作作为切入点，结合有关城市形象"他塑"的研究文本，在信息搜集、梳理和政策调研的基础之上，从内容和渠道两个方面进行分析，对浙江省"文化走出去"发展状况进行客观评估，试图为城市外宣工作寻找和提供一种行之有效的参考，进而推动文化走出去。

本文参考了英国社会语言学家费尔克劳（Fairclough）关于话语分析三步走的方法，首先用"内容分析"的方法，对《纽约时报》2016—2017年两年间对杭州城市的报道进行梳理和描述，主要着眼于杭州城市报道如何受到外媒的关注，其正面（中性）与负面的报道内容主要集中在什么领域。接着，通过内容分析所反映的现象对比分析城市外宣工作在"他塑"与"我塑"之间的差异，主要运用话语分析理论就具体问题进行具体分析。最后，通过选取《纽约时报》对杭州报道的典型议题和主题进行综合分析，探索城市外宣工作的突破点及浙江省"文化走出去"的具体实施策略。

二、以我为主：城市外宣工作的传统"我塑"方式与问题

在笔者看来，城市外宣工作的"我塑"与"他塑"的关系似乎有一些类似于文艺学中"接受美学"（Receptional Aesthetic）①的概念，在"接受美学"看来，文学作品只有在读者（受众）阅读并产生反馈之后才可以称为一个完整体，否则无非是个"半成品"。

类比到城市外宣工作上，传统的"我塑"城市形象是一个主体，美国等西方国家对我国城市形象的认知和印象显示出的是一种接受客体的身份，而城市形象在"我塑"中选择的内容和采取的渠道即成为两者之间的中介，而这一整个接受过程就是传播的过程。然而，接受的过程并非静止和消极的，"受众通过媒介不仅了解公众问题及其他事情，而且根据大众媒介对一个问题或论题的强调，学会应该对它予以怎样的重视"②。城市形象的"他塑"便是在对"我塑"形象接受基础上的再创造。也就是说，如果要探寻城市形象"他塑"建构中新的机遇和策略，首

---

① "接受美学"这一文艺学概念指的就是"读者接受理论"，它包含两个方面：读者及其接受过程，文艺学与新闻传播学虽属于不同的理论范畴，但接受的过程却也是传播的过程，笔者在文中将此概念类比到城市外宣的实际作用效果方面，试图借此分析目前外宣存在的问题与盲区。

② 丹尼斯·麦奎尔.大众传播模式论[M].上海：上海译文出版社，1987：84-85.

先便是要了解"我塑"的能指与所指是哪些,而后才可以更进一步讨论接受方是如何进行选择性接受。笔者以杭州的外宣工作模式为例,管窥杭州城市形象"我塑"的惯常做法。

首先,媒体渠道。新老媒体联合作用,省内依托浙江日报报业集团、浙江广播电视集团、浙江出版联合集团,具体包括:浙江日报海外版、浙江卫视、浙江电视台国际频道、浙江在线、中国·浙江英文网、浙江中英文脸书专页等,生产内容包括图书报纸期刊、广播电视电影等,此外政府网站、政务微博、短信平台、政府的微信平台公众号等新媒体的定期发布,也是构成外宣工作力量的重要组成部分。

其次,对外传播阵地渠道。将海外中餐馆打造成浙江省新的外宣工作窗口阵地,推出近50个浙版图书专柜,建设杭州萧山国际机场出入境口岸外宣工作窗口,在俄罗斯开设尚斯博库书店,设立海外人才工作站等各类传播阵地。

再次,合作式的外宣工作渠道。如《浙江日报》(海外版)实行全方位合作,与美国《侨报》、加拿大《先枫报》、欧洲《时报》、澳大利亚华夏传媒、欧华联合时报、法国《侨报》、波兰《环球周报》、台湾《浙江月刊》等20多家传统媒体和新媒体开展合作,合作版面超过300个。除此之外,浙江省内各媒体与美国的CNBC电视台、美国美通社、戛纳电视主办方、奥地利国家电视台等海外华文媒体都具有良好合作,从而保证浙江省重大新闻直达,真正进入国际主流传播渠道。目前,已初步形成以省级主流媒体为主体、市县级媒体积极参与、各类媒体有机组合的大外宣工作格局。

最后,"以我为主"的外宣工作方式。从某种意义上说,传播,就是符号的扩散。[①] 但在面对传播时,受众形成的是一种选择性的信息接受。这两者实际上是一种反向的、不对等的、纺锤式的交流模式。传统的城市外宣工作习惯"以我为主",侧重于以加强议题设置能力、对外传播能力、新闻发布能力作为对外传播立足点,容易忽略文化制约、价值观念、社会体系对接受者的影响,不注意换位思考,缺少小切入点的日常性、生活性、娱乐性的叙事策略,极易停留在印象和直觉的层面,缺少共鸣和有效对话。

三、《纽约时报》对杭州城市报道的内容分析

《纽约时报》创办于1851年9月18日,在美国纽约出版,在全世界范围内发

---

① 马以鑫.接受美学新论[M].上海:学林出版社,1995:84.

行,被誉为世界最伟大的 50 家报纸之首,①也因其庄重古典的风格被戏称为"灰色女士",无论在美国本土还是在世界范围内都有很高的公信力和影响力。在北美地区,它被认为是精英媒体的主要成员,在为美国领导阶层传达各类国际信息的过程中起着重要的作用;在行业内,《纽约时报》也被视为报纸标杆。《华盛顿邮报》的一位编辑在回答会支付明星记者多少钱的时候如是回答:"会给予他们很多钱,以至于他们不需要考虑去《纽约时报》工作。"②此外,许多媒体从业人员也把《纽约时报》视为外国新闻的消息来源,尤其是外交政策记者,几乎把每天阅读《纽约时报》作为工作指南。③ 可以说,中国在《纽约时报》上的形象,在很大程度上代表了中国在整个美国媒体和美国公众心目中的形象。④

　　笔者选择将《纽约时报》作为个案分析对象,首先是基于其本身的代表性、影响力和社会地位,是众多境外纸媒的典范。再者,报纸作为一种纸质的媒介形态,在视觉直观程度上虽不及时下的数字媒体,但是报纸以文字作为符号代码,按线性序列、因果关系刺激受众的语言功能,这意味着我们更能够从中剖析其内容的倾向性以及该媒介所属的社会价值取向和流行观点,从而给城市外宣工作的"我塑"提供反思依据并产生启发。

　　目前,《纽约时报》主要的传播渠道有三个:(1)实体报纸 *The New York Times*;(2)付费电子报纸;(3)《纽约时报》官方网站。根据官网的检索结果,在近十年《纽约时报》的报道内容中,涉及"杭州"的篇目历年情况如图 1 所示。

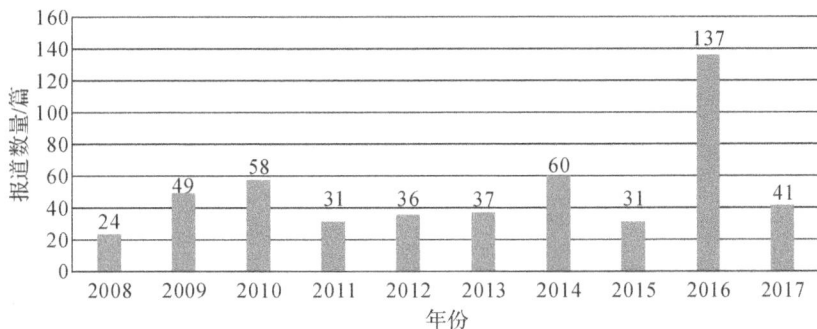

图 1　2008—2017 年《纽约时报》历年涉及"杭州"的报道篇数

---

　　① 　John C. Merrill and Harold A. Fisher:The World's Great Dailies:Profile of Fifty Newspapers[M]. New York:Hastings House Publisher,1980:138.

　　② 　胡舒立. 美国报海见闻录[M]. 北京:中国广播电视出版社,1991:201.

　　③ 　Bernard C. Cohen. The Press and Foreign Policy Princeton[M]. New Jersey:Princeton University Press,1963:60.

　　④ 　潘志高.《纽约时报》上的中国形象:政治、历史及文化成因[M]. 开封:河南大学出版社,2003:21.

如图 1 所示,在 2008—2017 年,《纽约时报》上关于杭州报道的篇目总体上并未显示出有明显上升的趋势。当然,2016 年由于杭州 G20 峰会的举办,使得这一年成为了杭州被涉及篇目最多的一年,但到了 2017 年,篇目数又降至 41 篇这个相对稳定的数字。因此不得不承认,事件的特殊性只停留在其本身的特殊性和影响力阶段,而未转化成杭州这个城市外宣工作的持续影响力。

囿于时间和技术条件的限制,笔者主要通过《纽约时报》官网这一渠道,重点选取 2016 年 1 月 1 日—2017 年 12 月 31 日两年期间《纽约时报》中涉及杭州的城市报道,对其进行内容分析。《纽约时报》官网(www.nytimes.com)于 1996 年 1 月设立,提供《纽约时报》在线阅读并设有各种类型的数据库以供读者查阅。笔者用 Facebook 账号登录官网后进入网站的检索页面,输入关键词"Hangzhou",将搜索的起止时间设置为 2016 年 1 月 1 日起至 2017 年 12 月 31 日止,按相关度筛选(sort by relevance),共获得 178 篇报道。在阅读这些报道内容之后,笔者发现,除去绝大部分仅提及杭州地名但并未涉及杭州城市外宣工作的实质性内容和部分重复性的内容,真正可以起到城市外宣作用的报道只余 19 篇,具体见表 1。

表 1 2016—2017 年《纽约时报》杭州城市形象报道的内容分析(按搜索相关度排列)

标题	报道日期	板块	有无配图	正面评价	负面评价
How Trump Helped Liberate U. C. L. A. "Knuckleheads" From China	2017-11-14	POLITICS	无	报道中写到杭州阿里巴巴集团是中国的零售业巨头。	
Chinese Activists Sentenced to Over 10 Years on Subversion Charges	2016-6-18	ASIA PACIFIC	无	杭州有繁荣的资本,即将举行 G20 峰会,将是政府政策成功的一个展示。	
China, Eager to Host Elite Club, Primps for G-20 Meeting	2016-8-30	ASIA PACIFIC	有	经济繁荣、电商发达、政府对 G20 工作的重视,此次会议将展示中国改革开放的伟大成就。	列举 G20 期间杭州各项安保措施,并认为过分严格的安保工作影响居民生活,引发民众意见。

标题	报道日期	板块	有无配图	正面评价	负面评价
Confrontations Flare as Obama's Traveling Party Reaches China	2016-9-4	ASIA PACIFIC	无		报道描述了奥巴马赴杭参加 G20 时在杭州机场因为安检发生的一点小冲突，以及"御用记者团"又被中方安检人员拒绝加入随行的官方车队，炒作中国非常可能是在耍"阴招"要在"西湖之夜"怠慢奥巴马。
Venture Communism: How China Is Building a Start-Up Boom	2016-9-3	INTERNATIONAL BUSINESS	有	以梦想小镇为例，指出杭州的创业环境好，政府对文创产业的孵化提供政策推动。	政府大力支持创业一定程度上助长狂热，可能导致产能过剩。
Obama Plays Down Confrontation With China Over His Plane's Stairs	2016-9-5	ASIA PACIFIC	无		政府在 G20 前花费 1000 万元，支付居民度假的费用。
Architects Seize on Potential in China's Countryside	2016-6-17	ART&DESIGN	有	介绍太阳公社，描述杭州"美丽乡村"的建设。	
Alibaba Tries to Shore Up Investors' Confidence	2016-6-15	INTERNATIONAL BUSINESS	有	阿里巴巴开拓新业务，增强投资者信心。	香港中国阿里巴巴集团在美国上市以来，一直令投资者失望，因为动荡的财务业绩和监管挤兑行为动摇了投资者的信心。
Temples for the Literary Pilgrim	2016-12-7	TRAVEL	有	介绍杭州"钟书阁"的空间设计与氛围。	
Li Angelo Ball and Two Other U. C. L. A. Players Reportedly Detained in China	2017-11-8	SPORTS	无		批评中国司法系统的定罪率高。
A Robot Revolution, This Time in China	2017-5-12	BUSINESS DAY	无	杭州福特公司的产业与科技。	

续表

标题	报道日期	板块	有无配图	正面评价	负面评价
Trump Targets Steel Trade, but China Will Be Tough to Contain	2017-4-20	BUSINESS DAY	有	杭州钢铁厂代表了中国经济从钢铁等行业转移出去的努力。阿里巴巴是中国电子商务巨头,杭州也是中国汽车制造商吉利(Geely)总部所在地,吉利于2010年从福特手中收购了沃尔沃。	
The Exuberant Chinese Swimmer Who Has Become a Star at Rio	2016-8-11	ASIA PACIFIC	有	杭州籍运动员傅园慧在里约的表现,引发广大民众的热烈反响。	
Baby-Making by Lottery	2017-4-27	N. Y. /REGION	有	杭州是一个培养聪明人的地方。(报道中提到张博士和阿里巴巴创始人均来自杭州)	
In China, Your Company's Name Can't Be a Mouthful	2017-8-18	BUSINESS DAY	无	报道中写到杭州互联网技术及相关产业。	
Oh, the Places We Tell You to Go: Inside the Travel Section's Special Issue	2016-1-15	TIMES INSIDER	无	文中提到杭州是一个"Places to Go",值得旅游的地方。	
ZTO Express of China Has Largest U. S. I. P. O. This Year	2016-8-27	DEALBOOK	无	靠近杭州阿里巴巴总部是中通物流商业的福音。	
"Alibaba: The House That Jack Ma Built," by Duncan Clark	2016-4-15	BOOK REVIEW	有	介绍马云的创业生平以及中国庞大的数字市场——阿里巴巴。	
China, Like U. S., Struggles to Revive Industrial Heartland	2017-8-22	ECONOMY	无	文中提到杭州地区工资高,而且整个初创企业社区都在努力。	

从表 1 可见,《纽约时报》对杭州城市形象的报道集中的版面依次是:"ASIA PACIFIC"(5 篇)、"BUSINESS DAY"(3 篇)、"INTERNATIONAL BUSINESS"(2 篇)。前者是政治领域的报道,后两者属于经济领域的范畴,且这 10 篇报道中,半数文章均有与杭州相关的照片。这两个领域的报道内容,也是最容易产生负面报道的部分。一方面,《纽约时报》的精英定位和严肃风格决定了政治和经济一类的硬新闻更易受其关注;另一方面,我们亦可从中得出启示,城市外宣工作撇开一些宏大叙事的硬宣传以外,经济资源的"我塑"可以作为"走出去"战略的一个重要切入视角。以杭州为例,电商平台和文创产业是一种具备优势条件的资源,可以对此进行充分利用。

在杭州城市外宣和文化输出的"我塑"文本中,内容多偏于传统文化(如名胜古迹、历史文化、民间传统等),但从表 1 所见,至少从接受效果来看,此类内容似乎并没有引起外媒的吸引力,反倒是杭州城市外宣工作的"我塑"中影响力相对较小、但是反映时代特色(当代)的内容(如钟书阁、太阳公社、当代的各领域名人等)有新闻报道涉及。以后外宣工作中对这类内容应该适当加以注意。

四、媒体偏好:句法分析理论下的内容共性

结构主义分析叙事作品的方法首先是从作品的叙述层面展开的,先确定最小叙述单元,然后把叙事内容转化为一套话语系统。探讨"句法分析",茨维坦·托多洛夫取得的成就大概最为突出。托多洛夫相信,单个故事最终都来自"叙事语法"。这种"普遍语法",用他的话说就是"所有一般概念的源泉,它甚至为我们把人本身都明确地规定出来"。[①]

托多洛夫的研究较多地借用了语言学的概念和方法,从而使语言学与叙事语法发生了更加密切的联系。他参照语言学的句法形式,将叙事文本的结构分为四个层次:词类、命题、序列、故事。词类包括名词、动词和形容词,如在《十日谈》中,人物即名词,他们的特征是形容词;命题(也被称作陈述)是句法的基本要素,是由各种词类构成的叙述句子,如"甲惩罚乙";序列指的是由一连串命题组成的完整独立的小故事,序列按时间关系、逻辑关系、空间关系构成;故事则由一个或多个序列组合而成。

---

① 托多洛夫.《十日谈》的语法[A]//Hawkes,Terence.结构主义和符号学[M].瞿铁鹏,译.上海:上海译文出版社,1987:96.

根据托多洛夫的这套句法研究理论,笔者尝试着去解读近两年间《纽约时报》同时存在对杭州的正/负面的报道,以期通过对这些文本的句法分析,探究《纽约时报》对杭州形象的"他塑"和报道的话语逻辑。这里笔者用表格(表2)的形式将报道内容的主线简化为以下序列。

表2 《纽约时报》对杭州报道的句法分析(以同时存在正负面内容的报道为分析文本)

	China, Eager to Host Elite Club, Primps for G-20 Meeting	
1	在杭州主办20国集团(G20)经济峰会之际,中国决心向全世界表明,中国是世界上最平等的合作伙伴之一。	平衡:G20 一切有序地准备。
2	杭州,浙江省省会,是全国最繁荣的中心城市之一,也是电子商务巨头阿里巴巴的所在地。G20杭州峰会将展示中国改革开放的伟大成就和社会主义的巨大优越性。	
3	无论在哪里举行全球首脑会议,东道主城市都会投入大量的安全资金,以避免恐怖袭击,并抑制抗议活动。	
4	在杭州,数千人被要求从会议中心附近的豪华高楼大厦搬出,他们的公寓被胶带封住,以防狙击手闯入。政府和私营部门的工作人员被允许休假。	平衡破坏:过分严格的安保工作影响居民生活,引发民众意见。
5	评价政府过度的安全管控,例如不允许"一粒不安全的食品或一滴不安全的油进入厨房为领导人准备的宴会",人们也不能否认G20峰会安全工作的重要性。	再次恢复平衡:通过群众的妥协方式。
	Venture Communism: How China Is Building a Start-Up Boom	
1	在杭州,像梦想小镇这样的孵化器都是风险投资家、天使投资者或技术拥护者的愿景,并且政府也给予了创新创业很大的支持。	平衡:杭州创新创业环境良好,政府给予政策倾斜。
2	中国正试图突破世界工厂的地位,政策制定者则希望下一代能在现代化办公室找到更好的工作,创造技术和就业机会,以满足国家未来的增长。	

3	巨额支出加剧了人们对中国小微企业泡沫膨胀的担忧。除了政府的资金,风险资本的资金正在涌入中国。	
4	一些经济学家和企业家担心,政府正在助推一场可能最终导致企业倒闭、资源浪费和财政损失的狂热。	平衡破坏:人们质疑政府过度的支持是否会助长无意义的创业狂热,造成产能过剩。
5	中国各地政府在初创企业上投入巨资,然而政府援助新企业的努力常常导致浪费和产能过剩。	
6	在杭州,人们担心,政府过多的拨款正流向商业计划薄弱、前景暗淡的初创企业。	
7	杭州的政府官员正努力避免此类陷阱。	
8	一些初创企业虽然受到了政府的补贴,但却未能吸引到私人资本而最终关闭。很多创业者都清楚政府的资金往往无法取代私人资本,但也觉得没有政府资金,他们将很难生存。	平衡恢复:人们虽认识到政府对创业支持的危害,又承认无法离开政府的补贴资金。

Alibaba Tries to Shore Up Investors' Confidence

1	自香港—中国阿里巴巴集团(Alibaba Group of China)两年前在美国上市以来,一直令投资者失望。	平衡:阿里巴巴集团无法让投资者对其树立信心。
2	其动荡的财务业绩和监管挤兑行为动摇了投资者的信心。	
3	阿里巴巴这一电子商务巨头正试图安抚投资者,实施一系列措施。	
4	阿里巴巴首次向投资者提供来年的财务指引,称预计营收增速将高于去年的增速。	
5	在中国,阿里巴巴经营在线销售平台,将消费者与网店以及 Burberry 和 Zara 等全球品牌联系起来。	平衡破坏:阿里巴巴出台一系列措施提升投资者信心。
6	阿里巴巴投资了一系列新业务,包括电影和视频、食品配送服务和新闻媒体。周二,该公司强调,其交易将有助于留住中国用户。	
7	马云发表讲话,打击假货。	

续表

8	阿里巴巴一直是一些国际品牌批评的焦点,因为它的销售平台上有假货,特别是淘宝,淘宝上有很多小商贩的商品,这也曾遭到中国政府的批评。	平衡恢复:淘宝销售平台的假货频出遭到质疑和批评。

通过表2的序列,我们可以发现,尽管我们把这三篇报道拆解成了字数不一的句子,但句子中的一些元素却是一致的,它们不约而同地组成了不可错乱的三组序列顺序:从初始的平衡状态到平衡被打破,再到报道中的事件通过一系列的措施和努力,最终恢复到非积极性的平衡态(妥协/无奈/质疑和批评的否定型平衡)。这三种序列形成环形圈构成了《纽约时报》,或者说以《纽约时报》为代表的西方媒介圈层对中国城市形象报道/塑造的表层话语结构,这种话语体系的重复建构,符合西方媒介报道议题态度倾向的普遍共识:矛盾→对抗(行动)→淘汰(失败)。在《纽约时报》的报道中,事件/人物与整个中国社会系统都存在着冲突与对抗(或与西方社会对中国模式的看法有关)。《纽约时报》政治类报道立场与美国政府保持高度一致①,最终使得"他塑"按照淘汰的辩证公式向前发展。

通过以上的句法分析,或许有人会认为,西方媒体的这种话语特征和传播惯性必然导致有关新闻报道不够全面、客观、公正,甚至歪曲和丑化,也意味着中国城市外宣工作无法撼动西方媒体这种偏好。然而,笔者认为,这正好给了中国城市外宣工作在内容选择上一个非常清晰的思路。由于西方媒体偏好根植于意识形态,故而政治和经济报道的内容往往偏于负面,但文化、旅游、社会生活等方面的排他性报道内容往往远低于政治和经济报道,这便给中国城市外宣工作的"他塑"策略在传播内容和传播渠道的选择上带来了新的启发。

五、总结、讨论与对策

首先,G20杭州峰会的确有助于提升杭州城市形象,即使随着会议的结束,城市形象的抛物线会下跌,但通常会高于原来的平均值。因此,举办重大的国际性会议可以提升城市的知名度和美誉度是毋庸置疑的。其次,虽然杭州对G20峰会做了较为集中、全面、深入的推广和宣传,但事件本身并未完全转化为杭州形象的传播力和影响力,而会议前后和会场之外的一些新闻却成了影响城市形象的活性因素和不竭源泉。再次,政治和经济领域的内容容易受到外媒的关注,

---

① 常姗姗.“多面中国”:中国国家形象的“他塑”研究——以《纽约时报》2015年“中美关系”议题为例[J].新闻大学,2017(3).

在聚光灯下和显微镜中,它们往往也是产生负面报道的主要内容。最后,具有传统特色和当代元素的文化、旅游、社会生活等方面的软性内容,往往会成为提升城市知名度和美誉度的突破口,而这往往在会议期间被忽视。根据以上总结和分析,我们对杭州城市外宣工作提出如下对策和建议。

一、提升城市形象是一项需要长期持续重视的系统性工程。

二、恰到好处的信息内容是提升城市形象的关键。明确内容生产时的定位与差异化的路径,充分利用杭州在地的电商产业和文创产业,提升当代浙商文化、电商文化和创业文化的影响力。

三、接受即存在。在制定城市外宣工作策略时,必须将境外受众视为积极的有回馈的信息接受主体和城市外宣效果的实现者,而不能将其视为消极的单向度的信息客体或信息"消费者"。要强调受众取向,城市外宣工作须充分考虑接受对象或国际消费者的文化习惯与内容偏好,取向可确立不同的依据,如国别、年龄、性别、受教育程度及社会阶层等,提升外宣工作的亲和力、感染力、吸引力和友好程度。

四、在渠道的选择上,外宣工作传媒渠道的拓展必须活化海外新媒体账号,如 Facebook 和 Instagram 等,注重运用新媒体语言,融入与城市文化和精神相关的流行文化元素,搭建不同文化的认知系统、价值建构方式和观念体系的对话。此外,积极承办大型会议、赛事和国际性活动,并将这些活动本身所具有的注意力属性转变成城市形象展示的传播谋略。

1.5 在地与她者：女性气质与 城市的性别想象[*]

范红霞[**]

【内容提要】本文以北京、上海、杭州三座城市为例，以媒介文本为考察对象，分析城市的媒介形象和媒介话语，发现在建构城市形象时，媒介倾向于将"城市与女性"勾连起来，使用"把城市作为女人创造为文本"这一叙事策略，完成了将城市由空间构形向性别构形的转化。借助女性气质的转移和城市的性别想象，将城市形象塑造得亲切、具体、可感、迷人。本文重点从时间、空间、政治和经济的角度来考察城市的性别化生产，指出长期以来女性在城市发展史上"身体在场"而"思想缺席"，城市文本书写上往往重视再现女性的身体景观，而在城市公共空间的使用上缺乏性别权利意识，这种"空间政治"中仍然隐含着一种"性别政治"，值得学者们深思和城市规划思路的改良。

【关键词】城市；性别气质；性别想象；性别构形；空间政治；社会性别

一、引言——研究城市形象的性别维度

提到形象，我们往往会产生审美的联想。一般来说，美人总是引人注目又令人过目不忘。美人和地域有着难舍难分的缘分，对于一个地域来说，能够出产一位有名的美人，对于提高它的知名度来说大有裨益。因此，著名的美人被称为"国色"，或是形容她的美是"倾国倾城"。在美人前面加上地域，如苏州美女、杭州美女等说明她的出身，地域成为提升其女性魅力的附加值，从而产生"溢价"效

* 本文系国家社科基金项目"社会性别视角下的媒介暴力及其话语研究"（课题编号：16BXW082）阶段性成果。

** 范红霞，浙江大学城市学院传媒与人文学院副教授，博士，主任编辑，浙江大学传媒与国际文化学院硕士生导师。

应。今天,中国的城市往往热衷于选拔形象代言人或"形象大使",这种选拔往往也成为选美大赛,最后总是选出各种千娇百媚的美女来代表城市的风貌和气质。在这里,城市的性别气质,尤其是女性气质,成为塑造城市形象的重要手段。

什么是性别气质?在社会学理论中有明确的定义。生物学意义上根据性征划分出男性和女性,而在社会学中又发展出关于社会性别的概念。所谓社会性别,是指男女基于生理差别在社会文化的建构下形成的性别特征和差异,如"男强女弱""男尊女卑"等。它是由文化和社会心理建构出男女的差异,表明了性别的社会属性。而性别气质,是指社会基于男女两性生理差异而赋予他(她)们不同的期望、要求和限制,是由社会文化形成的有关男女角色分工、社会期望和行为规范等综合体现,是通过社会学习得到的与男女两性生物性别相关的一套规范的群体特征和行为方式。[①]男性气质总是与雄心勃勃、大胆、争强好斗、具有竞争力和性活跃的积极状态联系在一起,而女性气质表现为温柔、爱整洁、依赖男性以及一切与男性气质相对立的特征。因此,女人味总是与羞涩、腼腆、胆小、多愁善感、温柔和在性活动中表现被动的状态联系在一起。

人有气质,城市亦然。"'城市气质'就是城市的内在、城市的灵魂,抑或是城市的精神。"[②]性别气质是一种社会建构。它既深刻地影响着两性形象、性别关系和社会性别等级,同时也会把这种有关性别气质的话语投射到社会的各个方面。因此,性别气质作为一种社会建构方式,当它作用于城市的形象生产时,在时间、空间和性别维度上,都会对城市文化和城市心理产生深远的影响。

二、性别气质和城市构形之间的关联

索斯克在他的《欧洲思想中的城市观》中指出了城市观念的社会建构本质。"没有人是孤立隔绝地想到城市的。他对城市的想象通过了一种感觉投射。这种感觉投射来自他所继承的文化,并染上了个人经验的色彩。所以,对城市的思想观念进行考察,总是会把我们带出原有框架之外,带入关于人性、社会性、文化本质的无数观念和价值。"[③]我们如何认识身边的城市,以及如何想象"他者"的城市,一方面通过个人体验,另一方面则来自心灵的经验,包括认知、理解与想象。因此,为了说明城市的文化建构,我们引入了"构形"(configuration)的概念。

所谓构形,它包含两个层面的意思:一是文本层次,它是指文学与电影中的

①　详见"科普中国"编写的"社会性别"百科科学词条.
②　吴军.城市气质的理论与实践研究[J].中国名城,2015(9):14-19.
③　张英进.中国现代文学与电影中的城市:空间、时间与性别构形[M].秦立彦,译.南京:江苏人民出版社,2007:1.

城市形象。二是在更深的思想层次,它是指以文本书写城市的过程中运用的认知、感觉、观念工具。因此,从这个意义上来说,城市构形,就是指通过象征性手段"建构起来的'真实的'或'想象的'城市生活"①。张英进认为,城市不仅存在于个人观察到的城市景观和通过个人游历所体验到的印象,城市也是一种话语。它更多地表现在人们叙述的语言和反映城市形象的各种文本中。它们"通过其形形色色的形象、外形,不是表明什么创造了城市,而是表明城市使什么成为可能"②。因此,张英进从女性主义的角度,借助于对反映城市的"文本"——文学和电影——的考察,通过分析这些"看和写的方式",考察了中国城市的性别构形。"城市被看成一个戴面具(因而不可知)的女人,她肉感的身体展现在观察者的偷窥之下,而她的秘密需要用谨慎的叙述来加以探索。这个有性别的城市形象,引发了城市叙述中一个反复出现的模式:来自外省的一个年轻的男子,被光怪陆离的城市生活引诱,在城市冒险中轮番体验快感与绝望。"这一叙述模式或书写模式用在各种话语中,指向各种文本或意识形态。作者由此推论出,在对任何城市(从小镇到传统城市到现代都市)的构形中,性别都不仅是其中一部分,而且是不可或缺的一部分。③

我们在各种文本中,不乏看到这种将"城市与女性"勾连起来的话语。在女作家王安忆对上海的一系列书写如《长恨歌》《天香》等作品中,女性气质和上海这座城市紧密地联系在一起,女性的命运也在上海的日常生活中起起伏伏。④ 丁宁通过对 1979—1989 年中国电影中的城市男青年的形象研究,力图揭示在改革开放新时期,年轻人的价值选择差异、理想和现实之间的冲突,以此反映城市/乡村的二元对立,以及在城市"形象"塑造上凸显的男性气质。这一阳刚气质的表露,恰恰和当时百废待兴、改革开放、全社会摩拳擦掌、大干"四化"的政治环境和革命/建设话语相适应。"这些气质多元的年轻男演员与其银幕形象共同演绎了新时期日益多元的男性气质,成为 20 世纪 80 年代社会文化的生动缩影。"⑤生机勃勃的城市图景,代表着中国社会正由传统的农业社会向工业社会迈进,"改革"的话语无疑是充满阳刚之气的,恰好与男性气质相吻合。而在媒体热衷于报道的各类城市选美大赛中,这种性别想象更是一览无余。如杭州电视台 2012 年 3

---

① 张英进.中国现代文学与电影中的城市:空间、时间与性别构形[M].秦立彦,译.南京:江苏人民出版社,2007:3-5.

② Blanchard,Marc E. In Search of the City:Engels,Baudelaire,Rmibaud[M]. Califonia:Anna Libri,1985:20-31.

③ 张英进.中国现代文学与电影中的城市:空间、时间与性别构形[M].秦立彦,译.南京:江苏人民出版社,2007:9.

④ 李腊.城市与女性:王安忆《天香》论[D].南宁:广西师范学院,2014.

⑤ 丁宁.城市文化语境下的青春选择与男性气质建构——1979—1989 年中国电影中的城市青年形象研究[J].电影评介,2017(7):6-11.

月 23 日对"发现最美·杭州女孩"总决赛的现场报道中出现这样的句子："这 10
位女孩是在过去一年时间里,经过周赛、月赛、复活赛、公益活动等诸多环节,从
参加第三届'发现最美·杭州女孩'的近 3000 位女孩中脱颖而出——这一漫长
而精彩的过程,其实也是文明城市、幸福之都有关品质生活的一次清新表达,这
些美丽、健康、阳光的女孩们,向世人展示了杭州迷人的风采。""当她们穿着代表
'西湖十景'的礼服亮相,那是整场晚会最惊艳的瞬间——'杭州女孩'也成了展
现西湖、展示杭州的最美的使者。"①

三、城市的性别化——从欲望书写到景观生产

　　我们以北京、上海、杭州这三座城市为具体的观察对象,分别从文本、形象、
话语和想象(意识形态)这几个方面来考察现代中国城市的性别构形。笔者所选
取的时间段,则是从 1978 年改革开放以来,中国进入建设有中国特色的社会主
义新时期。在这个时期,中国在政治、经济和观念上都在进行现代化转型,传统
与现代的冲突、城市与乡村的冲突、理想和现实的冲突,以及从生产社会向消费
社会转型的冲突,种种社会问题,以"分化""断裂"和"非均衡化"等为特征,社会
生活中充斥着"变化""创新""消费""商品经济"等话语,欲望——作为人性的深
层意识,被发现、展示、挑逗和怂恿出来,城市成为欲望的陈列和角逐之所。出于
情色想象和欲望宣泄,如同女性往往成为欲望的客体,城市也日益呈现出性别化
的特征,并用于城市形象的塑造和对外宣传中。而在空间层面上,随着城市化进
程的全速推进,现代都市逐渐摆脱了"城市/乡村"的二元情结,重构了"中心—边
缘"的空间结构,在媒介文本中广泛使用的一线、二线、三线城市的区域分野,主
要根据其经济地位和发展水平进行身份界定,并且按照时尚流行的规律进行文
化的传递和互动,呈现出"环肥燕瘦、各擅其美"的多元化发展格局。城市的地理
景观同样带有性别化的气质特征。

(一)北京

　　北京是中国的首都,"首善之地",是中国政治、经济和文化的中心,是中国城
市发展的风向标和领航者。当然,它绝非得天独厚、一枝独秀的"宠儿"。和"京
派文化"遥遥相对、自成一家的"海派文化"的发源地——上海,往往能够与之分
庭抗礼、平分秋色。北京是古都,也是现代大都市。它的明媚、庄严、肃穆、堂皇,

---

　　① 桂斌,王浩.青春阳光 杭州女孩展示城市之美[EB/OL].(2012 - 03 - 20)[2019 - 11 - 1]http://
news. artxun. com/pipa - 1708 - 8539256. shtml.

表现在城市的"仪容仪表"——建筑景观上,更内蕴于城市的文化内容和市民气质中。用"他者"的眼光来审视这座城市,似乎更能说明这一点。麦尔(Meyer)在《天安门之龙》中用不无溢美的言辞这样描述这座城市:"北京首先是一个观念,然后才是一个城市……这个观念赋予这一城市及其环境以形式和内容,……并赋予整个中国,最终赋予全世界以形式和内容。……它虽不用言辞说话,却用建筑、体积、空间来说话。大大小小的厅堂、宫殿、花园、街道、城墙、大门、牌坊、庙宇,一起发出非常清晰的宣言。"①北京是充满阳刚之气和皇家气象的父亲之城,代表着权力、威严和等级分明的秩序。能够代表北京形象的、最为典型的就是中央电视台《新闻联播》的主持人了。一男一女的固定组合,用以表明"男女平等",符合"政治正确"的价值导向。主播无论男女,都不是绝对意义上年轻貌美的帅哥美女,但是有共同的面貌特征:浓眉大眼、稳重大气,看上去宝相庄严,令人油然而生敬重之心。这种"去性别化"的形象选择策略,恰恰说明作为国家级媒体,它采取的象征性符号,既要符合主流意识形态的设定,又要调和传统和现代的冲突。一方面,它是传统的,作为一个空间导向的城市形象载体,华表、天安门、故宫、长城,是威严的、阳刚的、厚重的;另一方面,它又是现代的,高楼大厦、街头潮人、巨型美女海报以及在美国时代广场播放的"中国国家形象宣传片",又塑造了现代中国的符号表征。章子怡、巩俐等中国女明星,作为中国的"名片"和形象代言人在国际文化交流中发挥着重要影响,以回应西方世界对于"东方风情"的憧憬和想象。在"父亲之城"里活跃着女性的面孔和身影,并且作为对外交流的"名片",不同于历史上女性所谓的"缺席的在场",现代城市女性开始活跃于公共空间和社会场域。

(二)上海

20世纪90年代以来,上海以极快的速度再度崛起于中国,树立了国际化大都市的城市形象。上海的文化身份认同呈现出很强的女性化气质,究其原因,"九十年代以来的上海城市书写轨迹中,产生广泛影响的作品基本上都出自于女作家之手,而在她们的作品中,往往也是以女性作为小说的灵魂和支柱,进而升腾为上海整个城市的精神象征"②。除了前文提到的王安忆及其《长恨歌》,还有以安妮宝贝为代表的80后女作家,以"身体写作"的姿态行走于文坛和都市文化表达中,通过女性化日常生活空间的建构以及女性化的细节体验和言说,使独

---

① 张英进.中国现代文学与电影中的城市:空间、时间与性别构形[M].秦立彦,译.南京:江苏人民出版社,2007:67.

② 李黎.论九十年代以来上海城市书写的女性气质[D].济南:山东大学,2008.

立、张扬、前卫、时尚的都市女性成为上海的文化符码和城市形象表征。而与此相对应的,在各种文本中塑造和嘲讽的"上海小男人"角色,如电视剧《渴望》、严歌苓的小说《陆犯焉识》和张艺谋据此改编拍摄的电影《归来》中,将上海男性形象的自私、萎靡和无力感刻画得入木三分,而中国式小妞电影如《小时代》《一夜惊喜》,电视剧《欢乐颂》《我的前半生》《辣妈正传》等展示的女性生活,以及这些气场强大、时髦漂亮、独立干练的女主角,更加强化了上海女性的独立、自由和勇气。对于今天中国的职业女性来说,也能引起更深的共鸣和代入感。

在上海的城市构形中出现的这种性别气质倒置,可以用康奈尔的社会性别理论加以阐释。康奈尔用"社会性别秩序"这个词来表示在不同制度背景中产生和转变的"男人与女人之间由历史构建的权力关系格局,以及女性气质和男性气质的定义。而关于男性气质和有支配地位的男性气质的人文定义,基本上都是为社会占统治地位的男性群体的物质利益服务的意识形态结构。霸权的男性气质反映、支持并且积极培育社会性别不平等(男性支配)。同时,它也允许男性精英阶层通过'男性间支配等级结构'将他们的影响和控制延伸到稍低等级社会地位的男性"①。强势的女性,在这里不过被代入了这种霸权的男性气质里,暂时充当或替代了那个"无能的父亲"/"软弱的丈夫"的角色,以承担起在家庭和社会生活中的责任。诚然,这种转变也和都市的物质性和消费性、海派文化和世俗精神,以及作为城市文化代码的"小布尔乔亚式"的女性情调等因素有关。

(三)杭州

杭州作为江南名城,婉约、精致、闲适。城市以西湖而闻名天下,"未能抛得杭州去,一半勾留是此湖"。湖光山色、水光潋滟、烟雨空蒙、荷风桂香,清新的自然景观和秀雅的园林城市相得益彰,更有千年积累下来深厚的人文诗意,使这座城市呈现出独特的形象韵味。它既不同于北京的庄严,也迥异于上海的摩登,深厚的古典人文气息浸润着城市的文化气质,在空间景观上呈现出精致的品位;白蛇传说、梁祝故事等神话故事,白居易、苏东坡、岳飞、武松、苏小小,这些历史上的人物轶事,增加了杭州时间维度上的厚度。在城市话语建构上,杭州正在实现从传统想象到现代表达、从古典意境到时尚魅力的变化和转型。

1.城市景观拼贴。老城区的白墙黛瓦、绿叶纷披,安静、闲适,充满传统意象里的古典优雅,与现代商业街区的高楼大厦、喷泉广场、钱江新城的现代繁华杂糅在一起,春江花月夜和繁华交响乐交织在一起,形成传统和现代、古典和时尚

---

① 苏·卡利·詹森.批判的传播理论:权力、媒介、社会性别和科技[M].曹晋,译.上海:复旦大学出版社,2007:283.

的拼贴世相。

2.政治符码变迁。过去,杭州远离政治中心,仿佛是庄严朝堂背后宁静的后院。仕途厮杀、宦海浮沉之后,官员们或挂印、或解甲、或去职,到西湖边寻一方清静之地,求田问舍,买屋造园,安心做一个逍遥的寓公或者闲散的江南富翁。这种对仕途官场的淡然和超脱,即使在今天也能从杭州的公务员身上看到蛛丝马迹。但是2010年以后,杭州由清雅恬淡转为积极进取,10年来,杭州先后承办过G20峰会、全国大运会以及操办未来2022年的亚运会,如此大型而密集的、高规格、国际化的会议和赛事,大大提升了杭州的美誉度和国际性,杭州渐渐从"小家碧玉"型的二线城市一跃跻身为国际化大都市,散发着"成熟御姐"的风范。

3.城市女性面貌。杭州市是中国最具幸福感的十大城市之一。杭州女性不同于京城女性的"高贵大气"和上海女性的时尚摩登,传统印象里她是婉约的、温柔的、安静的。但是随着电子商务的兴起,阿里巴巴公司的带动,杭州成为中国经济发展最活跃的长三角地区的核心城市之一。中国(杭州)跨境电子商务综合试验区的建立,为杭州创新发展提供了强大的动力,也为创业女性带来了前所未有的发展良机。杭州女性的社会地位、知识水平和能力也较高。2019年的数据显示,在浙江省近90万家企业中,女性担任法定代表人、董事等企业高管的达38万家,占42.2%,接近半壁江山。越来越多的女企业家跻身"风云浙商""风云杭商"行列,成为领军人物。[①]

如果说景观的变化突出呈现了杭州从传统的"诗意栖居之所"向现代都市转型,那么女性则是其中"内嵌性"的部分和重要的变化力量。在迅速扩张的城市空间里,她们不仅有着极高的能见度,在西湖景区、大厦写字楼、商业街和南山路的酒吧、咖啡厅里随处可见的精致面孔,以及在街头对擦身而过的美女惊鸿一瞥,继续印证着"杭州出美女"的世俗神话;在职场里她们也越来越多地占有一席之地,如活跃于各类互联网企业里的白领丽人、各具特色、巧笑嫣然的淘宝模特,这里还出过多位著名的文艺女明星,以及活跃在高校学术场域里风姿独具的知识女性,还有聪明干练、巾帼不让须眉的创业女性,如"九曲红梅"品牌创始人鲁冰花女士、摩拜单车创始人胡玮炜、"西子女红"服饰品牌创始人唐红英等等。全球创业观察(GEM)每年发布的创业情况调查结果显示,女性创业者增加的速度令人吃惊,一个崭新的"她时代"正在崛起。[②]如此一来,在杭州传统的靓丽面孔上,又增加了干练的气质。仅此一端,足以对杭州的社会结构、城市构形和人们的视知觉形成极大的冲击。

---

① 浙商头条.2019年浙江女企业家怎么干? 省女企协明确12项重点工作[EB/OL].(2019-4-16)[2019-11-1].http://mp.weixin.qq.com.

② 范一斐.杭州市女性创业帮扶机制研究[J].杭州学刊,2017(01):134-147.

时至今日,杭州美女仍然是代表杭州文化和"特色"的一张名片,尽管活跃在城市公共空间和大众讲坛里的是马云、孙杨这样的互联网行业大佬、体育明星等,而在"最忆是杭州"这样一台盛大的国际晚会的舞台上,音乐、舞蹈、戏曲、台词等诸多媒介文本在呈现杭州的文艺气质的同时,活跃其中的那些窈窕身影为世人留下了难忘的惊鸿一瞥,这仍然是一个把杭州作为女人创造为文本的构形过程。

四、城市的性别想象与符号隐喻

女性广泛地出现在社会公共空间,从家庭走向社会,从传统走向现代,不仅仅是发生于一城一地的变化,它更是从跨世纪到进入社会主义建设新时期以来中国重大的历史性变化,是现代中国一系列历史事件和改革开放的结果,也是经济转型、技术变迁和社会转型等综合因素相互作用的结果。在"城市与女性"这个话题的开拓上,之所以将城市看作一个性别化的女人,其症结在于,在中国急遽的城市化进程中,女性不仅作为一种诱惑或"战利品"存在(当然,这依然是一种霸权式的男性统治想象,攻城略地的雄心往往和金钱美女的奖赏密不可分),更作为不可或缺的劳动力和建设者,和男人们一起奋斗。大量的女性活动其间,从而在根本上影响了城市的构形和面貌,城巿已然是性别化的了。

只不过数千年来,女性在历史和政治书写上都是"缺席"的,在时间和空间维度上都是"不可见的",她们被禁锢在深宫内苑和深宅大院里,"庭院深深深几许",她们的才情、见识和成就都被尘封其间,渐渐被人遗忘,"墙里秋千墙外道",一道围墙隔开了女性和外界的联系,也成为一道牢固的性别藩篱。而当女性们真正投身于社会生活和事业职场,她们的身影和力量渐渐从都市风景里浮出,并见证着城市的振兴。对社会男性来说,女性在现代社会的崛起,已然造就了一种新的社会性格,甚至能够成为和男性势均力敌、平分秋色的对手。仅这一变化,就大大超出了人们既有的知识范围和社会心理,而需要重新打量这一群体,重新定义社会性别的含义。

因此,今天的城市想象,不仅仅是一个讲述男性欲望的文本,它也同时是张扬女性欲望的阵地。如此一来,大众媒介中的文本与影像相互呼应、认同,产生了一个共同的"深层心理",这个"深层心理"与中国社会中性别系统相互作用,从文化、心理和制度上建构了城市的性别构形。这种性别构形在政治和商业的双重作用下逐渐定型,并在城市景观、公共空间和迷思制造等多个方面占据支配地位。

(一)欲望的想象

"山外青山楼外楼,西湖歌舞几时休?暖风熏得游人醉,直把杭州作汴州。"在这首诗里,作为人间天堂的杭州,它让游人沉醉在歌台柔声、舞榭倩影中不能自拔。让人沉醉其间的,是撩人的感官享受和肉体欲望。观察城市的视角是以欲望投射的方式来呈现,如德瑟托所言:"它把一个人沉迷于其中的诱人世界,变成了一个在他眼前展开的文本。它让人阅读这个文本,像太阳的眼睛一样,像神一样俯视。"①城市里的景观,如西湖、街道、楼外楼、歌舞的女子等等,作为可视化的符号,呈现于人们的眼前。城市变成了可阅读的文本,这种由感觉体验获得的城市文本,充满了想象和感官欲望。而这种欲望和想象投射的客体,一旦和女性关联,城市风情就变得分外妖娆迷人。

(二)情感的想象

讲故事是另一种形式的体验。如果我们深入探讨城市形象与神话传说和新闻报道的关系,就会发现"制造神话"是另一种建构城市想象的方式。与西湖相关的神话,最有名的莫过于《白蛇传》了。西湖边伫立的雷峰塔,虽然和白蛇毫无关系,但是却被人天然地当作这一神话的"物证",流传至今。《白娘子永镇雷峰塔》神话中表达的是人们对美好、忠贞爱情的向往,对许仙与白娘子人妖殊途、爱而不能相守的爱情遗憾唏嘘不已。因此,在一代代人对白蛇传说的继承和讲述中,虚无缥缈的神话寄托着人们对爱情和美好生活的期望,西湖、断桥、雷峰塔等城市景观因此成为一个个情感的符号。"故事的目的,不是为了传递事情本身。……故事是把自己嵌在讲故事者的生活中,将其作为体验,传递给听故事的人。"②这里面既有实践经验(个人知识与生活阅历)的传递,也有情感的交流和认同的传递。"神话是人的社会经验(不是个人经验)的对象化。它们被看作是现实,而不是像艺术那样被看做符号。"③伊芙特·皮洛指出:"神话是一个体系,它包括理想和价值、禁忌和礼仪的整个网络,也包括调节我们的行为与社会交往的习俗。因此,它完全可以作为社会群体的凝聚力;它可以借助强迫力量和仿效意志发展和维护社团集体仪式,提供行为模式。"④神话起源于人的社会心理期待和

---

① 张英进.中国现代文学与电影中的城市:空间、时间与性别构形[M].秦立彦,译.南京:江苏人民出版社,2007:136.
② 本雅明.启迪[A]//张英进.中国现代文学与电影中的城市:空间、时间与性别构形[M].秦立彦,译.南京:江苏人民出版社,2007:138.
③ 陈卫星.传播的观念[M].北京:人民出版社,2004:108.
④ 伊芙特·皮洛.世俗神话[M].北京:中国电影出版社,1991:95.

意识形态需求,借助神话的象征作用可以推动社会心理整合,凝聚情感力量。无论是《白蛇传》的传说,还是范蠡与西施泛舟西湖的传说,它都反映了一种乌托邦心理。

在神话的讲述和流传中,横亘于时间和空间中的人类代际沟壑和地理边界被填平和打破,共同聚集在同一个情感空间和氛围中。当然,这也体现了一种女性特质,如包容、爱、忠贞和人类传衍等。张爱玲在《谈女人》一文中曾经如此断言:"在任何文化阶段中,女人还是女人。男子偏于某一方面的发展,而女人是最普遍的,基本的,代表四季循环,土地,生老病死,饮食繁殖。女人把人类飞越太空的灵智拴在踏实的根桩上。"除了这种文学性的表达之外,在社会性别理论中,对于两性的性别气质划分中也蕴含着政治和权力意味。不同文化表达出的共性是,男性气质总是与工具性行为和体能性的能力相关,女性气质总是与表达性行为和亲和能力相关。两性气质与社会任务相关联,使统治秩序合法化。① 夫妻仳离、人妖殊途,代表正统的社会秩序得以维持和延续,但是情感的认同和共鸣,隐喻着理想和现实的冲突。神话中提供了一个圆满的解决方案,"从大众传播的角度来看,被传媒所释放的世俗神话的第一个功能,就是凝聚和集合了可以作为模仿对象或审美对象的生活经验。传统的神话意识是接受最终真理,而世俗神话的产生,是对乌托邦的回避之后对自己日常生活的神话化,从而再造新的乌托邦。"②在传说中,严酷的社会法则得以消解,雷峰塔不是镇压和霸权的象征符号,而是对不离不弃的忠贞爱情的永恒歌颂。这座城市因而成为一个充满浪漫色彩和人情味的城市,杭州女性,作为一个神秘、美丽、温柔而多情的形象符号,也在人们的想象中被定型化了。

(三)文化的想象

在一个媒介化的社会,城市与女性的话题往往在大众媒介的话语中酝酿、表达和发酵。2001年《作家》杂志上刊登了一篇名为《杭州美女地图》的文章。在文章中,作者用一种男性的视角表达对城市的性别想象。"任何人,只要面对西湖的时候,总有一种'想入非非'的情状。因为他可以知道,这西湖边的每一寸土地,这脚下的每一块砖石,都有一段历史——一段与美女、美酒和风流诗篇有关的传说。……(而杭州美女)是杭州的一张'活名片',是杭州的一个品牌形象,就像'龙井茶叶',像'东坡肉',像'很嫩'的'小白菜',无论春夏秋冬,都像是从西湖

---

① 佟新.社会性别研究导论[M].北京:北京大学出版社,2011:30.
② 陈卫星.传播的观念[M].北京:人民出版社,2004:109.

里捞上来的一样——水灵灵的，这是杭州女人的一大特色。"①这段关于"杭州想象"的文字，建立在"看"与"被看"的视觉消费关系上，在媒介文化生产中实现了对城市的性别构形。只不过这些文字背后隐含的社会性别意识令人担忧。

（四）审美的想象

影像也是进行城市构形的一个重要手段。在影视画面中出现的杭州，不同于北京电影、上海电影热衷于描写城市现代化、浓重的商业气息、令人目眩的商业景观，杭州影像重点在展示杏花烟雨、小桥流水、充满古典韵味的山水人文景观，表达着中国传统士大夫文化中的自然审美趣味和隐逸性情。而最能打动人心的地方，则是让"女性成为连接杭州与文艺想象的重要角色"。在电影《岁岁清明》、电视剧《新白娘子传奇》中展示的杭州地域特色和美丽传说，越剧《梁祝》中对男女爱情的动人演绎，《人间四月天》里对林徽因这样的"民国女子"的美好描述中，加深了杭州这座城市的女性气质和性别想象。"女性作为一个共同的叙事形象，成为杭州政治与历史的演进印痕。银幕前主导叙事话语的性别标签与女性气息，成就了杭州异于其他城市电影叙事的阴柔镜像风格，同时也是新世纪以影像重构杭州城市文化身份的关键所在。"②杭州的文化版图和"场所精神"、空间构形等，都与历史和文化传说中的女性符号勾连起来，借助这些符号的表达和隐喻，它让城市语言变得更加生动，产生引人联想、令人陶醉的文化体验。

城市是时间和空间的综合体。它一方面是复杂的，悠长岁月和空间交错，很容易让人迷失在城市中；另一方面，它也可以是简单的，借助形象符号和文化隐喻，让城市变成一个"可阅读的文本"，有助于我们更好地理解城市。戴维森认为，各种隐喻是"语言的梦工厂"，而史蒂文斯则形容隐喻为"变质的象征性语言"。隐喻在我们熟悉和不熟悉的事物中间架起了桥梁。它们赋予了人们新的视野，就像接力棒一样，把意义、迷思和意识形态从一个文化理解嫁接到另一个文化理解中。③ 在城市的性别构形中，现有的符号体系要与传统的文化形象产生一定的勾连，它们要依托一定的"原型"和"模板"，使之符合人们既有的文化认知和心理想象，然后再加以调色和创制，使之呈现出与以往的原型形象不同的变化和新意，以产生新奇、好奇和新鲜的印象。因此，现代杭州的城市形象打造，一方面要借助景观、技术、经济实力展示新时期杭州创新、活力、智慧和包容的新气象；另一方面仍然要借助西湖、油纸伞、丝绸、茶叶、服饰等这些传统的文化符号，

① 王周生.赞美的背后——《杭州美女地图》、社会性别话语及其他[J].鄂州大学学报,2002(2):30.
② 张勇.杭州影像:电影城市与文化想象[D].金华:浙江师范大学,2012.
③ David Bloor. Knowledge and Social Image[M]. London:Routlege & Kegan Paul,1977.

借助富有代表性的女性形象载体，以展示古典与现代、婉约与干练、人文与经济融合一体、和谐发展的现代城市新图景。

五、结 语

城市不仅是欲望的客体，也不仅是消费景观的堆积，同时还是认同的场域。借用列斐伏尔的空间理论，城市形象的话语建构经历了从性别政治到空间政治的转变，见证了中国从农业社会进入后工业社会，乡村文化被都市文化所取代的历史过程。当然，如果仅仅从传播与媒介的角度来审视城市的性别形象，论证未免有点单薄。如果我们将视野拉开去，从时间、空间、政治和经济的角度来考察城市的性别化生产，我们可以更深刻地体会到，长期以来女性在城市发展的时间史上"身体在场"而"思想缺席"，使自己仅仅成为欲望投射的客体，城市文本书写上往往重视再现女性的身体景观；而在城市公共空间的使用上，"广场舞"和"大妈"受到的轻视与群嘲，以及公共卫生间女厕位匮乏、公共场所内缺少母乳喂养空间和婴儿车的推行坡道等，说明城市公共设施和公共空间在设计和使用方式上并没有充分考虑到女性的需求。在权利平等的背后，缺少的是实体平等和细节上的善意，这种"空间政治"仍然隐含着一种"性别政治"。这不能不说是城市文化和现代文明建设中的遗憾。说明我们在革除性别歧视和偏见方面仍然有很多工作要做。有学者曾据此发出呼吁："作为一种公共政策的城市规划，同样应当把社会性别意识融入到自身的制定、实施、评估、调整的动态运行过程之中，以关照处于相对弱势地位的女性需求，实现规划在性别层面的公平正义。"①

因此，当我们讨论城市的性别构形时，我们其实真正讨论的并非女权主义意义上的权力张扬，也不是要把我们呼吁的焦点集中在"女性主义"这一单一的目标上，而是试图在性别生产与"制度性的权力机制"之间探索某种批评逻辑的可能性。对性别视角的运用是为了超出性别本身，而指向所有使"性别"成为"问题"的各种权力机制和社会维度，从而召唤新的性别共同体的建构，致力于将有关性别的"话语政治""空间政治"以及"性别政治"的讨论，突破"文化政治"的层面，而真正介入到"现实政治"的进程中。理论推动实践的要旨则在于，将性别主流化的观念和思想贯彻到公共政策制定与实施，以及社会公共空间和城市景观的生产中，促进两性之间的平等、理解和亲密合作，实现彼此之间的认同。

---

① 秦红岭.城市规划中的性别意识[J].城市问题,2010(11):16-20.

1.6 新媒体时代城市品牌形象塑造策略研究[*]

周志平[**]

【内容提要】国家与国家的竞争更大地表现为城市之间的竞争,而城市之间的竞争又表现为品牌的竞争,一个品牌形象好的城市具有强大的吸引力,所以品牌塑造在城市经营中显得越来越重要。尤其是在新媒体时代,由于新媒体的互动性、自媒体性等特点,给城市品牌塑造带来了难得的品牌传播机遇,但由于新媒体的可控性低,又为城市品牌塑造带来了许多风险和挑战。本文重点分析新媒体对城市品牌形象塑造带来的机遇和挑战,并提出了相应的策略。

【关键词】新媒体;城市品牌;塑造;策略

随着全球化趋势的扩展和深入,国际竞争已演变为更具综合力的城市竞争,城市之间的竞争也已从"20世纪80年代的规模竞争、90年代的综合实力竞争演变成21世纪的城市个性魅力的竞争"[①]。当竞争从以往的军事较量跨越产品、企业层面进入城市层面,当城市竞争从规模、综合经济实力演变为个性魅力的竞争时,相应地,"品牌"这一在商品营销中已被常用的战略,作为提升城市竞争力的杠杆也被引入城市范畴。尤其是新媒体时代,城市品牌塑造面临着大好的机遇,同时也面临着前所未有的挑战。

一、城市品牌的内涵与特征

(一)城市品牌的内涵

城市品牌是一个城市在推广自身城市形象的过程中,根据城市的发展战略

---

* 本文为2018年教育部人文社会科学研究一般项目阶段成果(编号:18YJA860024)。
** 周志平,浙江工商大学人文与传播学院副教授,博士,硕士生导师。
① 孙忠焕.我们怎样打造杭州的城市品牌[J].领导科学,2005(11):10-11

定位所传递给社会大众并得到社会认可的核心概念,具体是指地理名称在某一空间区域内政治、经济、社会、文化、环境等方面所传递信息的总和,以及由此所产生的感知、认知与联想,是城市政府、社会组织、企业、人及城市所提供的产品、服务等品牌的综合。

(二)城市品牌的特征

城市品牌具有以下几个特征:(1)独特性。不同的城市应根据自己的资源优势,进行不同的城市定位,以塑造自身独特的城市品牌。(2)资产性。品牌也是城市的一项资产,而且是一种无形资产,具有无法计量的价值。城市品牌一旦形成,便可以发挥无形资产的作用,为城市带来经济和社会效益。(3)可塑性。城市品牌是在一定的历史和现实条件下形成的,具有可塑性。正因为如此,中国历史上的有些古都才经历了巨大的沉浮,东南小城博鳌才会因博鳌亚洲论坛而一夜成名。

二、新媒体对城市品牌形象塑造带来的机遇和挑战

(一)新媒体对城市品牌形象塑造带来的机遇

1.新媒体实现了从单向传播到互动传播的转变,增强了城市形象传播的活力

传统的大众传播过程往往是单向直通的,虽说也有报纸杂志广播的读者和听众来信等反馈机制,但反馈有延迟性。互联网的出现,使得传统媒体与受众的反馈大部分的渠道都转移到了网络上。以网络为代表的新媒体,以用户为中心,改变了以往一对多的传播模式,人们获得了更多的权利,可以自由选择自己感兴趣的内容,充分发表自己的见解,了解途径无限增多,直接参与城市形象传播过程,是一种新的多对多或一对一的传播形式。这种双向性特点,大大提高了信息传播的反馈机制,改变了受众以往单方面接受城市形象传播的被动地位,使得受众也能积极参与到城市形象传播互动过程中,加强了受众与城市之间的联系,进而在构建和传播城市形象过程中及时调整策略,使城市形象传播更具有针对性和目的性。

例如,微信平台的兴起,为城市形象的传播提供了成本低廉、沟通方便的新媒介。微信公共平台发送的内容可以配合文字、图片、语音等功能的使用,让受众群体能更好地了解信息。用户可以选择自己感兴趣的内容,掌握信息的主动

权,并且能实时进行沟通,参与到城市形象传播的互动中来,提出自己的观点、想法以及建议等。受众可以得到更好的情绪调动,从而产生积极的兴趣,热情地关注、参与与互动。并且在微信平台中,可以实行政府信息公开,让更多的群体参与互动。

2.新媒体实现了从单一传播到多元传播的转变,丰富了城市形象传播的内容

传统媒体环境下,城市形象的传播主体及媒介比较固化,信息源较单一,受众永远处于被动地位。新媒体的出现,令城市形象传播者开始变得多元,上至政府权力机构,下至草根百姓,都是城市形象传播中的"发声者"。

另一方面,新媒体是一种多媒体互动平台,融合了形态各异的传播内容和传播形式。传统媒介的功能比较单一,如我们所知的,报纸用来阅读,广播用来收听,电视虽有声画同步,但人们无法运用它们能动地进行信息处理和二次传播。新媒介则能通过技术嫁接,将多种传播功能融于一体。根据最新的定义,所谓多媒体,指的是使用数字压缩和网络技术将广播、电视、电话、传真、电子出版、计算机通信等各种信息媒介联成一体,对声音、影像、文字、数据等进行一元化高速处理并提供给用户的双向信息系统。多媒体加网络,将使城市形象传播走上信息技术的高速公路。新媒体为人们信息的搜集、再处理及再传播提供了便利条件,大大提升了城市形象传播活动的效率,更有利于构建和传播城市多角度立体化的形象。

3.新媒体实现了从大众传播到分众传播的转变,其个性化定制使城市形象传播更人性化

由于人们生活水平日趋提高,人们对信息的需求也日益细化,哪怕处于同一教育水平、同一年龄层次、同一生活环境中的人们的需求也存在差异。传统媒体使信息实现传播的大众化,而新媒体的出现则使大众市场发生细分,实现了点对点、多对多的传播。受众可以通过新媒体检索和定制个性化的信息,提高其用户黏性和满意度,这也使城市形象传播更显个性化和人性化。

(二)新媒体对城市品牌形象塑造带来的挑战

1.城市传播主体权威性面临挑战

在传统大众传播过程中,城市形象传播是单向交流,城市传播主体的权威地位不可撼动。自媒体环境下,公众获得了更多的平等发言权,这也使公众对城市形象的认知和传播得到充分展现。虽然自媒体信息多停留在"信息源"基础上,但一些缺乏自律的网民刻意夸大,混淆视听,肆意传播虚假信息,严重影响了网

络秩序,对城市形象传播主体权威形成严重挑战。

2.互联网具有更大的自由度和开放度,使城市形象风险放大的速度和广度都得以增加

与传统媒介相比,互联网在信息传播方式上带来了一场革命。网络信息资源丰富、传播速度迅速,公众对互联网的媒介接触将更频繁和深入,使城市形象风险的放大速度和广度都得以增加。

网民也很容易进行情绪化表达,而这种情绪化表达往往是感性的、有倾向性的,甚至是夸大现实的。但是,网络媒体却要对网民情绪进行回应,进一步扩大了网民情绪化的影响。在这种情况下,关涉某一城市的负面事件,很有可能在最初被一些网民,特别是意见领袖式网民所关注、揭丑、批判,进而在网络上号召大批网民进行情绪化的声讨,使城市形象陷入高风险境地。

3.从风险域而言,城市形象最大的风险在于网络新闻的风险建构和网络事件的风险传播

网络新闻主要包括传统媒体(如报纸、电视等)网站发布的新闻、商业门户网站(如新浪、网易等门户网站)的新闻,这是网络新闻中影响力最大的两类,另外还有一些地方性新闻网站。这些网络新闻主体往往具有较强的媒体属性,在新闻信息传播中进行议程设置。议程设置理论主要描述了这样一种状况:得到媒介更多关注的问题和议题,在一段时间内将被人们熟悉和关注,即媒介的优先议题将成为公众的优先议题。在这个过程中,媒体充当着"把关人"角色。互联网作为一种新媒介,网络新闻通过对新闻的处理也体现了议程设置功能。而且,与传统媒介相比,网络议题设置权在媒体与网民的互动中呈现一定的下放和泛化趋势,网络新闻会受到网民关注倾向的影响。研究表明,网民对负面事件的关注度往往比正面事件的关注度要高,这种情况下,城市品牌形象的负面事件更容易被网络新闻设置成为议程,从而增大了城市形象在互联网上传播的风险。

网络事件是互联网上一个有别于传统媒体的传播现象。互联网的互动传播改变了以前由大众媒介主导的单向传播路径,特别是评论、博客、微博等应用让受众能对信息进行即时的反馈,甚至成为信息源。互联网的这些鲜明的特点促生了网络舆论、网络热点话题,甚至是网络危机。一些负面信息借助网络事件会对城市形象产生破坏性影响。

三、新媒体时代城市品牌形象塑造的策略

(一)熟悉新媒体时代的传播规律,更新传播观念

面对传播环境的变化,传播者首先要做的就是熟悉新媒体时代的传播规律,丰富自身的知识体系,掌握传播工具的特性,更新传播观念。新媒体时代的受众不再是被动的受众,他们变得积极,而且已经成为信息的主要生产者。面对有着生产冲动、分享渴望的新时代受众,传播者的角色和功能就要有所改变,逐渐由传统媒体时代的布道者向新媒体时代的引导者转变,逐步由主导整体传播过程的功能向提供规则、服务传播的功能转向。所以,在新媒体时代,城市经营者和管理者必须充分把握新媒体的传播特点,放弃单向的宣传模式,及时更新传播观念,主动利用新媒体来为城市品牌塑造服务。

(二)对城市进行恰当的定位

树立城市品牌的关键是进行城市定位,城市定位指城市为了实现收益最大化,根据城市的内部资源、外部环境及其动态变化,确定城市发展的目标和扮演的角色。城市品牌定位,首先要对该城市原有的城市历史沿革、功能状况以及发展政策进行反思、总结,对当前和今后若干年的城市发展条件、环境、内需进行科学的前瞻性评估,提出相应的城市发展目标,最后确定未来城市的主打品牌。城市品牌定位实际上就是确定城市品牌类型,如地理型、空间型、历史文化型或经济型,在此基础上还需要结合城市自身的优劣势,对城市利益主体的需求进行全面分析,对城市品牌类型进行细分。在细分时要重视内部市场(本城居民)、外部市场(外城居民)、旅游市场、投资市场、经济市场、政治市场和文化市场的差异性。①

(三)积极参与自媒体传播,构筑特色鲜明城市形象传播平台

在自媒体境遇中,城市形象对外传播主体发生变革,城市决策者和管理者的传播主体地位正在悄然发生变化,城市居民逐渐成为城市形象的传播主体。城市居民既是城市形象的建设者,又是城市形象的扮演者,充分体现着城市人文品牌。积极营造健康网络氛围,树立鲜明城市网络形象,在网络空间倡导文明和谐

---

① 张锐.城市品牌论[J].管理学报,2006(7):468－475.

之风,已成为城市决策者和管理者义不容辞的责任。他们充分利用各种新媒体平台,构建城市形象传播网络平台,开通城市官方微博,设立城市形象官方网站。

(四)导入视觉识别系统,提升城市的视觉形象

人最深刻的记忆往往是来自视觉,城市品牌是一种既注重内涵又注重外延的东西,内涵是城市的精神,外延则是留给人们的印象,尤其是视觉印象。城市的视觉形象是城市精神识别系统的载体,是城市精神的外在表现。城市精神首先体现在城市视觉识别系统,视觉识别是城市的外在表现,是城市形象最直接、最有形的反映,是城市的"面孔"。能够使人产生城市视觉效应的事物很多,包括市旗、市徽、市花、吉祥物、交通标志、城市别称、公共指示系统、富有特色的旅游点、绿地、建筑等。城市形象设计者需要把城市理念、城市精神等通过标语、口号、图案、色彩等形式表现出来,使人们对城市产生系统化的良好印象。

所以,打造城市品牌必须加强品牌的视觉识别设计。具体实施时要注意以下几点:其一,品牌形象与标志物的设计和选择,必须能够充分反映品牌的本质属性和内涵;其二,视觉识别应由既各具特色又相互联系的形象、标志组成系统,这样才能充分反映城市品牌的丰富内涵;其三,品牌形象与标志既要通俗易懂,便于识别和记忆,又要有丰厚的文化底蕴,给人以较大的回味空间;其四,品牌设计要新颖独特、标新立异,这样才能给人以深刻印象,令人长久不忘;其五,品牌设计一定要讲究艺术性,要让人们在接触时体会到一种艺术享受。

(五)加强城市文化建设,提升城市品牌的内涵

城市是包容文化的载体,文化是展现城市精神的灵魂。文化特色就是城市生命的核心体现,是一座城市的灵魂。"人,总是要有点精神的",一个城市也是如此。2007年度《中国城市竞争力报告》中指出:"21世纪的区域竞争,将以文化论输赢。"文化在建设城市品牌中具有非常重要的作用,随着全球化和世界性城市化浪潮的推进,城市竞争日趋激烈,城市之间正从经济竞争走向以文化为核心的综合实力竞争。品牌也是一种文化现象,优秀的品牌要求具有深厚的文化底蕴,大众在接受城市品牌的过程中,同时选择了城市的文化品位。在建设城市品牌时,文化起着凝聚和催化的作用,它使城市品牌更有内涵。城市品牌打造的关键在于人、城市、文化三者的互动,呈现出人造城市、城市造人,人造文化、文化造人,城市造文化、文化造城市这样一个相互作用、相互牵制、相互制约的机体。在城市经营中,树立"文化资本"的观念,打造城市品牌,将是城市竞争力的核心所在。

因此,充分挖掘和发挥文化因素,提升城市文化品位,塑造城市良好的文化形象,并借助良好的文化氛围来凝聚城市的人心,促进城市的发展,成为当今打造城市品牌的一项重要内容。一座城市的绿化、亮化、美化如何,只能体现出该城市的外在美,而要体现出一座城市的内在美,则依赖于这座城市所具有的文化特色、文化魅力、文化品牌和文化氛围。城市只有传承自身所固有的特色,汲取历史和文化的营养,不断塑造和美化自己,充分反映出城市的灵魂、核心价值与附加值,才会具有真正的品牌魅力。

(六)切实完善新媒体架构,建立新型城市形象传播队伍

在自媒体时代,城市决策者和管理者不仅要掌握话语权,更要处于自媒体信息传播核心,这样其发言权才具有强大的影响力和号召力。作为城市形象传播的重要主体,城市决策者和管理者要充分掌握网络技术,建立网络城市形象传播队伍,整合多类型传播内容和形式,熟悉自媒体的传播流程、网络架构和传播规律,以实现用正确、积极、健康的网络文化引导网络舆情,扩大城市形象的影响力。

(七)健全新媒体风险传播的监控及应对机制

在风险社会中,城市风险也不可避免。城市风险因素映射到人的观念上,就构成了城市形象的风险因素。在这个映射过程中,媒介起着"镜像"作用。媒介展示的城市风险本身就会让城市形象受到负面影响,导致城市形象风险。

受众出于猎奇心理,更关注负面事件,媒体与受众的互动中也会加速负面信息的传播。这种倾向和斯洛维奇在社会信任中假设的、以解释摧毁信任比建立信任更容易的"不对称原理"有相通之处,即负面的事件比正面的事件更显眼、更吸引人们的注意力。负面的事件一般以具体的、界定明晰的事件的形式出现,而正面事件虽然常有,但经常是模糊的,或是未明确限定的,那些不可见或界定不当的事件在形成我们的态度和观念方面影响较小,所以正面事件产生的影响要小于负面事件。因此,对于城市形象而言,如果放大城市形象风险契合了某种现存的公众情绪和潜在的情感倾向,那么媒体倾向于放大风险,这使得现代城市形象塑造中面临更多未知的风险和危机。健全新媒体风险传播的监控及应对机制成为当务之急。

第二编

城市·技术·网络

2.1　智慧会展的技术解构与人文关怀

张健康[*]

【内容提要】技术的发展是行业变革的动力。传统会展借助现代科技实现了华丽的转身,智慧会展时代已经来临。智慧会展是以移动互联网技术为依托,综合运用大数据、云计算、物联网以及三维全景技术、虚拟现实技术、增强现实技术等现代科技的产物。它不仅依托移动互联网以及智慧信息连接、智慧会展环境及智慧技术应用等内部环境智慧化,更有赖于城市的智慧化、场馆的智慧化、资源交易的智慧化等外部环境智慧化。在智慧会展发展中,我们需要紧紧抓住会展的本质特征,在为技术带来的行业变革感到兴奋的同时,我们必须防止技术崇拜,坚持"以人为本",致力于不断优化客户体验,不断提升互联网思维,以此来突破智慧会展发展的瓶颈,实现智慧会展的健康可持续发展。

【关键词】智慧会展;技术崇拜;客户体验;人文关怀

作为现代科技运用的典范,智慧会展是以移动互联网技术为依托,以一种智慧的方法提供实时社交的开放平台,凭借最新的科技改变会展参与各方信息交互的方式,提高商务洽谈的明确性、效率、灵活性和响应速度,以此实现会展资源的高效利用和会展服务的优化完善。随着移动互联、大数据、云计算、物联网以及三维全景技术、虚拟现实技术、增强现实技术等现代科技的快速发展,传统会展向现代会展转型,办展机构利用这些技术开展更加高效的会展服务,呈现更加优美的展品展示,获取更有价值的展会数据,促进更为广泛的贸易洽谈,促使更佳参展效果的达成。[①] 在"大众创业、万众创新"的社会背景下,智慧会展不仅改变了传统会展运作的方式,更影响了我们了解和思考会展的习惯,为会展产业链各环节的创新创业提供了无限可能性。正如加拿大著名传播学家麦克卢汉"媒

＊　张健康,浙江外国语学院国际商学院教授。

① 　周冬雨,陈思宇.我国智慧会展虚拟技术的发展现状及经验借鉴[J].经营管理者,2016(10).

介即讯息"的观点,媒介是现代科技的代表,科技影响社会、经济和文化的发展,也将更为深刻地促进社会变革。

一、智慧会展的技术解构及其变迁

技术带来变革。在我们讨论智慧会展的时候,我们需要对智慧会展的相关技术进行解构,了解智慧会展的发展对传统会展运作带来的变迁。智慧会展主要包括基础技术平台——移动互联网,以及做好智慧信息连接、智慧会展环境及智慧技术应用三个模块对接,同时智慧会展的发展必须依托于外部环境的智慧化。只有内外部环境实现了智慧化,现代会展才能真正实现智慧化,成为一个以数据为核心、以数据为最宝贵资源的经济文化交流平台。

(一)智慧会展的基础技术解构

智慧会展基础技术平台是移动互联网。移动互联网就是将移动通信和互联网合而为一,用户凭借智能手机、平板电脑、电子书、移动互联网设备等智能移动终端就可以获得无线通信业务和服务的新兴业态。移动互联网在应用层面可进行多样化多用途的开发,可以涉及人们生活、工作、投资的方方面面,相关的应用往往会颠覆传统的商业模式和盈利模式,模糊行业边界,为各行各业的创新发展,包括会展业的发展带来无限可能。移动互联网作为智慧会展基础技术平台,可以理解为传统会展业借助互联网平台创造新发展的一种生态模式和实践成果。

除了移动互联网这一基础技术平台,智慧会展还包括智慧信息连接、智慧会展环境、智慧技术应用等三个核心模块。智慧信息连接涉及云计算、大数据、可视化等核心技术,这部分是以确实可行的数据采集机制和大数据库为基础,主要运用于会展数据的收集、管理、分析、筛选。智慧会展环境是指围绕会展运作活动的整体智慧化,包括招展招商、场馆管理、会展运营、会展服务等全过程。智慧技术应用包括与招展招商、场馆管理相关联的应用平台,可运用于展览展示效果的技术应用集成,可服务于会展经营管理决策的资源分析和会展效果反馈评估的技术应用以及会展联动效应带来的商机的技术应用。①

麦克卢汉"媒介即讯息"观点的基本含义是现代科技的发展是社会即将发生变革的信号,人类社会文明史不同时期的种种变化,都是由现代科技本身造成

---

① 王英华,王晨.会展信息化中的移动应用:国外会展 APP 分析[A]//首届全国会展专业研究生教育论坛论文集[C],2014.

的。现代科技对人类文明史有重要影响,现代科技的出现导致了社会的一系列变革。正是基于基础技术平台和三大核心模块,现代会展能够充分利用信息技术和互联网的优势,使现代科技更加深入地融入会展相关的经济、社会各领域中,在自身运作形态发生快速变革的同时极大地创新社会发展形态。

(二)智慧会展外部环境的智慧化

智慧会展是时代发展的表征,是现代科技发展在会展运作中的运用。智慧会展需要依托外部环境的智慧化,包括城市的智慧化、场馆的智慧化、资源交易的智慧化。当然所有的智慧化都是人的智慧的结晶,离不开人作为主体对技术的主观能动地使用。①

城市的智慧化是智慧会展的基础。一个成功的会展活动必须选择基础设施先进、科技运用领先、会展资源丰富的城市。目前中国智慧城市的建设如火如荼,方兴未艾。智慧城市的建设是城市之间竞争的手段,谁能够在这方面领先,就能够为城市的各行各业发展提供智慧的环境,增加城市经济发展的竞争力。智慧城市建设是大手笔投入到城市管理的信息技术的利用上,感测、分析、整合城市运行的民生、环保、公共安全、城市服务、工商业活动在内的核心系统各项关键信息,对其间各种需求作出智能响应,实现城市智慧式管理、服务和运行,实现城市使生活更美好,实现城市和谐发展和可持续发展。可以说,智慧城市的建设为会展城市的智慧化提供了很好的外部环境。借助城市的智慧化,智慧会展所涉及的满足客户在参展过程中对会展专业设施及服务资源的需求,以及全方位实现客户吃、住、行、游、购、娱等方面的需求才有可能。所以,智慧会展的建设需要以智慧城市建设为依托,智慧城市建设的推进力度、成熟度会较大地影响智慧会展的实现程度。

会展场馆是智慧会展运作的直接载体。场馆的智慧化程度是办展机构选择展会举办场所的重要考量依据,也是客户决定是否参加展会的主要考量因素。智慧会展如果是"灵魂"的话,那么智慧场馆可以理解成是"肉身",而前面提到的智慧城市可以理解为是帮助呼吸的"皮肤"。没有"肉身"的支撑,"灵魂"无法依附。智慧场馆不仅是要建立一个局限于内部使用的运营管理系统,而且是要建立一个开放性的内外部都可以参与的信息化管理系统。这个系统的任务是在会展举办过程中参与各方在线交流与互动,最大限度地提供会展客户参观、洽谈和贸易的便利,实现客户的满意和惊喜。场馆的智慧化需要借助计算机网络技术、物联网技术、现代通信技术、数据库技术和自动控制技术来构建一体化的高科技

---

① 徐璟.信息化:会展业发展的有效途径[J].宁波经济,2013(10).

现代化管理信息系统，实现场馆管理运作以计算机为核心、以网络为支撑，全面实现免费无线网络 Wi-Fi 服务，配套同步信息服务内容。只有得到智慧化场馆的支撑，智慧会展才能及时满足会展客户参展过程中基于需求变化的个性化服务，实现对会展客户参展过程实施电子化、自动化、网络化的跟踪、数据采集和分析，高效便捷地对接和满足参展客户的各类服务需求，从而更好地优化参与者体验，把握行业发展机遇。[①]

　　构建基于"互联网＋"的会展资源交易平台以促进资源交易的智慧化，是智慧会展发展的另一个重大挑战。各行各业都有会展活动，会展的业态非常丰富，会展产业链条也十分漫长。对于形态各异、标准多样的庞大会展市场，这个平台的构建充满挑战，需要创新运用互联网、移动和物联网技术，紧紧呼应会展市场资源链接、交易的智慧化需求，以提升会展市场资源链接、交易的品质、效率和效益为使命，为客户提供一站式全流程解决方案。[②] 与此同时，该平台还需要有营销自动化的功能，即构建各种线上线下的会展市场资源的营销活动管理解决方案，帮助会展资源的营销部门构建流水线一样的营销流程，以量化为基础，提升在线交易与资源链接中的孵化效果和转化率。

(三)会展数据成为最宝贵的资源

　　基于云计算、物联网、移动互联、3D 打印技术、大数据应用，现代会展极大地简化了参展过程中的信息收集和整理过程，带来了宝贵的数据资产。数据运营成为智慧会展的核心内容，会展运作中的行业和产品、注册和交流都被数据化，打上鲜明的数据标签。现代智慧会展中，参展商把自己的产品关联到无线采集器实现信息化，采购商把个人信息关联到带有 RFID 的证件实现数据化，从而实现买卖双方的有效连接、互联互通和及时跟踪；各类宣传资料和个人名片也都实现了电子化交互，节能环保且便查便携。同时，智慧会展使得展会的注册登记、预约配对变得轻松高效，内容精准推送、诱导式定位使得参展商贸易机会大大提升。更重要的是，基于移动互联网收集到的大数据，办展机构可以向参展商提供行业发展趋势分析、潜在客户的需求分析、产品关注度分析，帮助参展商进行精准营销服务，为会展各方提供更加高效、便捷的参展体验，全面提升会展营销效果。

　　现代会展凭借现代科技突破了传统会展时间与空间的局限，极大地拓展了会展的市场空间和盈利空间，从而实现了从传统人海战术的会展向线上线下、业

---

　　① 刘海莹.新常态下的会展业智慧[N].中国贸易报，2014-12-16.
　　② 裴超.智慧会展＋数字营销开启会展业新篇章 中青博联正式挂牌新三板[J].中国会展(中国会议)，2016(7).

务驱动、数据核心的智慧会展的华丽转变,紧密整合了线上与线下资源,高效实现了线上与线下的互动,促进了会展的服务质量和运作水平提升到全新的高度。

二、智慧会展的技术崇拜与客户体验

智慧会展的出现确实令人振奋。它加速了信息流、人流、物流、资金流的区域流动,促进了国际间的物质交流和文化交流,成为政治、经济和文化交流的重要平台和工具。人们为会展的现代转型欢呼雀跃,对智慧会展心生敬佩之心,进而无条件地投入其中,迷恋于会展的技术,甚至无条件地接受智慧会展的驱使。但当我们清醒地认识智慧会展,解构其内部微观技术环境时就会发现,智慧会展只不过是现代科技发展的最新运用和必然趋势。由于现代技术发展太快,以及会展业属于新兴业态,智慧会展在数据积累、信息共享、服务流程改进、服务体验优化、管理精细化方面还有很大的提升空间,存在着诸多美中不足的地方。我们需要防止对智慧会展的技术崇拜,清醒地认识会展的本源特征和现代科技特性,更理性地理解、对待智慧会展的发展,以人为本地来优化会展运作及其相关的方方面面。

(一)会展注重亲身参与和面对面交流

现代技术越发展,我们越需要清晰认识会展的本质特征。只有紧紧抓住会展的本质特征,我们才能够在长远的产业发展中更好地利用会展、发展会展。回归本质问题、抓住本质问题始终是清醒而高明的发展战略和方法论。会展是由企业或行业发起的线下形态的营销传播,一般是多人聚集在特定的场所进行形象展示、新产品发布、贸易洽谈、信息交换等物质和文化交流,具有面对面、实物展示等特点,具体形式包括展览、会议、活动、比赛、演出等。会展是企业重要的线下营销手段,主要是通过面对面、实物展示的线下营销手段等,虽然在营销阶段也借助于大众媒介,特别是专业媒介,但其主要特征是人海战术,是一个人才密集型的服务产业。它作为平台,搭建起了参展商、采购商、普通观众的桥梁,为提升企业形象、品牌附加值、新产品展示、贸易洽谈以及行业发展趋势提供高效的渠道。也就是说,会展是一种人员高度聚集、亲身参与、面对面交流的大型活动。人是会展运作的中心,生意场上有句话:"人在哪里,机会就在哪里",意指我们要关注人,以人为中心,做好以人为本。

现代企业营销往往都有效整合线上线下的营销工具,其实线上的营销工具更多是指广告,线下的营销工具更多是指会展。作为线上的广告,主要是通过大众媒介来进行的。它充分发挥大众媒介强大的信息发射能力,瞬间就把商品信息传递给数以亿计的终端消费者。在信息爆炸的时代背景下,消费者的注意力是被高度稀释的,消费者对向他推销商品的广告内心是抗拒的,所以广告也就只能通过不断重复取得效果。由于社会化大生产需要社会化大消费,广告借助大众媒介向数以亿计的终端消费者传递商品信息,虽然单次效果低下,但是凭借大众媒介强大的发射能力,广种薄收型的传播模式还是能够让广告发挥较为理想的效果。当然在媒介高度发达的今天,广告要想覆盖住所有目标消费者,就不得不动用更多的大众媒介,付出更高的营销成本。而作为与广告有着显著差别的营销工具,会展的主要特征是面对面地进行商品信息的交流,而且这种交流更多的是针对采购商进行。终端消费者数以亿计,无法用面对面的方式进行商品信息交流,而采购商数量有限,会展这种面对面的高效沟通方式能够很好地弥补广告的不足。参展企业可以通过办展机构搭建的平台,在眼见为实的基础上,向采购商面对面地展示企业形象,介绍新产品,了解行业发展趋势,开展贸易洽谈。从传播形式上来说,广告属于大众传播,会展的人际传播特征更为明显。当然,广告、会展不分家,企业往往以营销效果为目标开展整合营销传播,线上线下互动,广告、会展并用。通过广告,企业主吸引消费者的购买兴趣,消费者的购买需要会传递给中间商,促使中间商采购企业生产的产品进行消费谋利,消费者由广告激发的购买需求最终会把产品拉入到销售渠道之中;通过会展,企业主吸引中间商的采购兴趣,中间商根据自己的销售经验,判断哪些产品是适销对路的,采购这些产品及把这些产品纳入自己的销售渠道,最终让产品与终端消费者见面,中间商由会展激发的采购需求最终会把产品推入销售渠道之中。

我们要清楚地理解会展的亲身参与、面对面交流等特征,运用好会展的这些本质特征,不要因为现代科技的绚烂繁华迷失其中。智慧会展的核心还是脱离不了会展的亲身参与、面对面交流等本质特征。没有面对面的交流、实物展示,现代科技将在会展运作中无用武之地。正因为这样,我们大可不必对虚拟展会是否会替代实体展会感到担心。虚拟展会是智慧会展的一个组成部分,是把实体展会搬到互联网上去,利用互联网来拓展展会的时间和参与的人数。但是它无法具有亲身参与、面对面交流等实体展会的基本特征,只能作为实体展会的有益补充。

(二)防止智慧会展发展中的技术崇拜

现代科技是把双刃剑,智慧会展技术的快速发展,给会展业带来巨大便利和福祉的同时,科技的功利主义也存在使会展偏离它应有的发展轨道和人文文化内涵的风险,需要高度关注。我们必须要防止智慧会展发展中的技术崇拜,让现代科技更好地服务于会展本身,服务于主体参展者。

不可忽视的是,现在的一些会展运作出现了过度迷恋技术的倾向,虚拟展示技术等的运用只是为体验而体验,并没有和展示的主题有很好的对应关系,形式大于内容。在没有充实的主题和内容的情况下,参与者通过一个巨大的视镜感受到的虚拟展示技术就会变得无比空洞,奢华的画面并不能优化客户的参展体验。有时候,技术的炫酷并不能掩盖会展主题的缺失、创意的贫乏,会展主题的丰厚才能使现代科技在智慧会展中灵光闪现。我们在会展运作过程中需要重点把握的内核,在现代科技高度发达的今天没有发生变化,甚至在技术之光的映衬下变得更加重要。在浮躁社会的消费主义浪潮之下,智慧会展本身是对现代科技的高效运用,但是如果要称其完美,则必须做到不畏浮云遮望眼,以人文情怀去促进会展业的发展,实现中外经济交流和文化交流。

麦克卢汉"媒介即讯息"的观点更多是从宏观层面来看现代科技对人类社会和产业发展的影响,无疑有其准确性。智慧会展借助于先进的现代科技,实际上会展的运作从来没有离开过技术的应用,技术在推进会展运作中无疑发挥了巨大的作用,并推进了社会经济的发展。但是在现代科技快速发展的今天,我们必须清醒地认识到:是人在运用这些技术服务于会展运作,而会展运作又是服务于参与会展的所有人,参与其中的人才是智慧会展的主人,是智慧会展发展需要围绕的核心。在注重现代科技的同时,我们也需要做到追崇技术而不迷恋技术,杜绝技术崇拜,防止会展运作中的唯技术论,避免对技术的机械使用和盲目使用,做到在会展运作之中对现代技术以人为本的按需采用。防止智慧会展发展中的技术崇拜,就是要在智慧会展的现代科技运用中去繁就简,恰到好处地简约利用,犹如简洁之文章,纯熟优美,可以说简约技术之用是一种唯美的象征,对技术的铺陈和滥用会显得浮华浅陋。

(三)智慧会展发展中的客户体验优化

随着中国的社会发展和消费需求的不断提升,服务经济已经进入到了体验经济时代,客户需求从实用层次转向体验层次。客户体验是客户在参与展会接受服务过程中较为主观的感受,会展可以说是体验经济最典型的产业,也是客户体验最具竞争力的行业。基于移动互联的智慧会展发展的着力点在于客户体验。也就是说,智慧会展的焦点不是科技本身,而是客户,所以办展机构在展会运作中,必须对客户进行紧密跟踪,了解客户的特征、偏好和需求,加强人文关怀,采用合适的手段特别是科技手段提供个性化的服务,不断优化客户体验,带给客户独特的感受,获得客户的信任。

只有提升了客户体验的科技使用,展会才可能形成独特卖点,实现异质化满足客户的需求,并形成办展机构核心竞争力的目标。目前,中国只是一个会展大国,还不是一个会展强国,在从大国向强国转变过程中,我们必须积极采用先进科技,调整会展运作方式,提升会展服务水平,提高会展服务效率,优化会展客户体验,促使我国会展运作水平的大幅度提升。为此,现代科技的运用要服务于会展客户体验的优化。办展机构需要借助网络工具进行客户管理,同时整合客户管理的应用程序以及与客户的交流渠道,实现通畅地与客户即时的点对点的交流沟通,在数据库中完整记录客户在交流中提出的问题和需求,并有针对性地设计、开发服务产品,让客户在整个参展过程中都有由产品、软件和服务组成的智慧会展整合性生态系统的支持,创造出尽可能多的客户体验优化的新机会。

强调智慧会展运作中客户体验的优化,符合以人为本的科学发展观的要求。智慧会展的发展和社会各方面的发展都是一样的,需要强调以人的发展统领社会、经济的发展,从人的根本利益出发谋发展、促发展,不断满足人们日益增长的物质文化需要,切实保障人的经济、政治和文化权益,实现人的全面发展与社会、经济的发展相统一。突出地强调客户体验,智慧会展的科技运用一定要明确"为了谁"、为什么要运用科技的问题;做好"道技合一""义利统一",以人为中心构建会展信息化管理模式,借助科技的力量更好地体现尊重客户、关心客户、理解客户,真正实现会展运作水平的大幅度提升。①

三、智慧会展"以人为本"的互联网思维及其瓶颈突破

(一)"以人为本"的互联网思维

互联网思维已经被各行各业所追崇,也是现代会展积极推进通过各种终端设备融入互联网的思维方式。"万物皆可以互联,互联成全生态"的互联网思维是对实体会展和现代科技的紧密整合式思维,是对会展全生态重新审视的思考方式。互联网思维将促使智慧会展注重人的价值。互联网是一个没有中心节点的网站结构,这种内在结构决定了其去中心化、平等的内在精神。② 互联产生价值,越开放越可以产生连接点,连接点的广度和厚度决定展会价值。

互联网思维是在移动互联技术大发展背景下,遵循"以人为本"哲学理念指导下的对商业价值链的重新审视和对商业模式创新构架的思考方式。智能手机普及代表着移动互联的开端,Web3.0的大互联时代是一个人对人、人对物,以及

① 黄秀兰.从"技术崇拜"走向全人发展[J].教育评论,2015(7).
② 黄升民,刘珊."互联网思维"之思维[J].现代传播,2015(2).

多终端交互的时代,会展所形成的大型经济贸易活动正需要这样一个人人互联、时刻互联、高效互动、各取所需的"以人为本"的新商业文明形态。[1]

智慧会展的发展需本着互联网思维的平等、开放的基本原则,加强人文关怀,追求长尾效应、免费效应、迭代效应和社交效应,创新现代会展的运作形态和商业模式。基于互联网思维,智慧会展应该关注个性化需求,这部分差异化的需求虽然单个生意利润微小,但是市场规模很大,是会展市场中的"长尾"。如果成功开拓这部分市场,则将大大提升会展的盈利能力。基于互联网思维,智慧会展应该提供更多的免费服务,以此聚集用户和触发连接,为会展产业链的延伸带来无限可能。一旦把用户积累到量级,则获得的数据将大大增益会展的运作,并可通过数据挖掘发现无尽的商机。基于互联网思维,智慧会展应该不断创新服务设计,随着对变化着的用户需求的变化和追踪,努力缩小服务产品周期,推陈出新,不断实现迭代升级。基于互联网思维,智慧会展应该积极利用社交效应,借助移动互联网开展会展面对面交流、实物现场查看之前的充分交流,构建交易友谊,了解产品基本特性,促使商品交换、文化交流在更深更远的范围内实现。[2]

(二)突破智慧会展建设的瓶颈

基于"以人为本"的互联网思维,从前述的智慧会展的移动互联网基础技术平台和智慧信息连接、智慧会展环境及智慧技术应用三个核心模块的角度,推进智慧会展建设的过程中,我们特别关注人类在运用技术时的主体性和能动性,发挥好主观能动性和创造性来解决其中的一些关键瓶颈和障碍,包括构建智慧会展大数据中心、移动互联网应用平台创新开发、应用场景创新设计。

在构建智慧会展大数据中心方面,智慧会展大数据中心的建设虽然存在着资金投入方面的问题,但是这只是一个小问题,是一个能够解决的问题,构建智慧会展大数据中心最大的问题是建设理念。大数据中心建设需要紧紧围绕"以人为本",根据会展运作的专业规则和资源配置的市场规则,严格按照大数据系统开发质量标准体系,结合国际会展运作管理的先进经验以及会展项目培育的品牌化需要,综合运用互联网、大数据、云计算等先进技术,构建切实可行的会展数据采集机制、筛选机制、运用机制,达到好用、易用和亲和。只有这样,智慧会展大数据中心才能开展会展行业整体数据收集、管理和分析,做好会展信息的共享与互联互通,推进会展宣传、推广及成果展示,完成展会运作管理的科学化评

---

① 冯雪飞,董大海,张瑞雪.互联网思维:中国传统企业实现商业模式创新的捷径[J].当代经济管理,2015(4).

② 叶灵燕.传统会展业借力互联网思维跨界创新[N].中国贸易报,2014-06-17.

估与决策。

在会展移动互联网应用平台开发方面,中国的会展移动互联网应用平台开发存在着行业需求吻合度不足、针对性不强的问题,这与"以人为本"的互联网思维是背道而驰的,是我国会展移动互联网应用平台开发整体还处于探索时期,商业模式没有成熟,应用力度不足的表现。会展移动互联网应用平台是智慧会展必须借助的利器,能够融入多样化的商业、生活应用,实现一定的高端科技融入和高新科技传播,帮助会展活动提供多样化、多端化的展会信息、产品导航、商务社交信息等。开发会展移动互联网应用平台瓶颈的突破,应该围绕参展客户需求,致力于会展移动互联网应用平台的商圈交友、信息收集、资料分发、展前支持、展场导航、媒体营销、远程参展等功能的实现和完善。

应用场景创新设计是智慧会展价值有效发挥的重要保障。应用场景创新设计可以理解为会展移动互联网应用平台的核心工作,它也是基于移动互联网的软件开发,目的是基于客户智能终端的广泛使用,为用户提供极致便捷的互联网链接和快捷高效的参与体验的服务提供。借助于智慧会展应用场景创新设计,会展的运作方式可以被改变,如会展价格可以被拆分成单个分组会议、专题,并根据不同的拆分制订不同价格,个性化销售,精准化服务;参展者可以根据自己的需要,选择参与的会议内容并支付相应的会费。参展者也可以根据自己的个性化需要,向办展机构定制自己的服务,办展机构则基于不同应用场景选择的服务提供商为参展商提供个性化服务。参展者也可以集体商定服务内容和服务要求,向办展机构联合发起集体谈判,确定合理的价格和合格的服务提供商,来满足参展过程中的各种需求。[①] 应用场景是现场即时的、充分互动的、富有生命力的场景移动应用,在应用场景创新设计中,我们需要关注市场需求,做到以人为本,加强人文关怀,实现技术与艺术的完美结合,能够触发会展参与者的交互性参与,实现用户和商品的无缝极速连接,在优化用户体验的过程中重构参展商与观众的商业关系。

现代科技会极大地影响会展组织的形态,开创展会运作的新形式,促进新的会展知识结构的形成。在智慧会展的发展中,我们要拥抱现代科技对会展运作带来的变革,聚焦会展运作的主要目标和参与主体的核心关注,防止技术崇拜,持续改善服务,不断优化客户体验,坚持人文关怀,真正做好"以人为本",做到对现代科技的积极关注与合理使用,推进新时期中国经济文化的大交流、大发展。

---

① 周丽英.台湾博物馆业信息建设:从技术理性走向人文关怀[N].中国文物报,2012-5-2(5).

2.2 定位身体：个人、移动
互联网与智慧城市

戴 哲[*]

【内容提要】"智慧城市"现已成为城市未来发展的一种全新理念和模式，其基本思路在于以"技术"作为核心和基础从而推动城市管理与服务模式的创新，最终实现城市和居民的全面、健康、和谐的发展。智慧城市的核心技术与物联网技术密切相关，而物联网重要的技术来源和基础是互联网技术。基于此，本文以移动互联网作为中介和纽带，以智能手机及其附载的各类应用软件等作为本文的考察对象和分析案例，试图讨论在移动互联网时代，个人及其身体如何被精准地定位，被纳入一个作为有机体存在的网络中，物理空间与虚拟空间、物理身体与虚拟身体被联系起来，从而实现"媒介即人的延伸"，达到技术为人服务的这一目的，而这也正是智慧城市理念的重要体现。

【关键词】个人；身体；移动互联网；智慧城市

一、引 言

建设智慧城市已经成为当今世界城市发展的大趋势，也成为现代城市治理理念的新方向。由于智慧城市的项目本身正在实施中，学界对其的定义并不完全一致。但是，无论对它下何种定义，毋庸置疑，"智慧城市"的核心在于"以人为本"，体现的是一种人文关怀。正如智能城市与智慧城市的区别，"智能城市是把城市看作一个有机体，不断培养它的监控、学习、反应、调整和适应能力等。智慧城市是智能城市的高级阶段，是在智能城市的基础上，强调通过动态感知，来实现对城市各个构成要素的动态管理，以人为本和实现可持续发展是其内在的核

---

* 戴 哲，浙江传媒学院戏剧影视研究院专职研究员，浙江大学传播研究所博士后。

心价值。"①由此可见,"慧"在智慧城市中占据了非常重要的地位,也更加侧重于人文层面。

基于此,本文侧重于探究在智慧城市这一理念之下,"智慧城市"中"个人"呈现为怎样的一种形态,其与技术之间是怎样一种关系或者技术如何实现以人为本。对于这些问题的思考和回答,无疑有助于甚至引领智慧城市在技术层面的设想和构建。必须强调的是智慧城市的核心技术与物联网技术密切相关,而物联网重要的技术来源和基础是互联网技术。同时,移动互联网技术作为互联网技术的全新发展方向和模式,某种程度上已经具备了人的功能,或者说它是具备人的智能的技术的突出表征。它不仅可以暴露人的具体位置,而且可以依靠其各种移动终端构建一个虚拟的人,同时这个虚拟的人又与现实中的人以及空间是紧密相连的。因此,本文试图以移动互联网作为中介和纽带(譬如智能手机及其附载的各类应用软件将是本文重点考察的对象和案例),讨论在移动互联网时代,个人及其身体如何被精准地定位,被纳入一个作为有机体存在的网络中,物理空间与虚拟空间、物理身体与虚拟身体被联系起来,从而实现如麦克卢汉所言"媒介是人的延伸",达到技术为人服务的这一目的,而这也正是智慧城市理念的重要体现。智慧城市既是技术的,又应当是富有诗意的。

二、手机人:技术化的身体

智慧城市极为重要的一个面向是信息化高速发展。毋庸置疑,我们所处的时代已经是一个极为现代化、科学技术空前发展的时代,互联网的普及是其最显在表征之一,而近些年日趋发展并逐渐占据主流的移动互联网对于我们今天的生活而言显得尤为重要或者说不可或缺。毫不夸张地说,个人已经被纳入一个作为有机体存在的网络之中,并且这个网络是无限扩张又没有边界的。更重要的是,在这个过程中,我们的身体也发生了巨大变化。在移动互联网时代,身体已经是完全技术化的身体,技术与身体牢固结合在一起,技术可以让我们的身体更好地组织日常生活。对此,移动互联网时代最典型的媒介代表——手机是最好的表征。

随着互联网接入方式的多样化,以智能手机为代表的移动终端与移动互联网一起,构筑起了新的身体——人机结合的身体,也随之产生了新的个体——手机人。目前中国的手机持有者已经相当普遍,无论哪个阶层,可以没有电脑,但不能没有手机。"截至2012年12月底,我国网民为5.46亿人,手机网民为4.20

---

① 赵大鹏.中国智慧城市问题研究[D].长春:吉林大学,2013:75.

亿人,网民中使用手机上网的用户达到74.5%。"①当然,身体的技术化所指向的并非仅仅是个人对手机及其功能本身的使用程度,而更多的是指向手机作为身体的一个组成部分而存在的这一层面。

时至今日,作为社会的个体,我们每个人都已无法离开手机。我们依靠手机联系朋友、完成工作,甚至是依靠手机来拯救危难;作为一个工具,手机不仅可以接打电话和视频,还具有时空压缩的强大功能;手机还可以随时随地记录身体的一举一动,比如微信、跑步软件等手机应用的功能;人们甚至开始习惯于用手机来组织这个社会,如果没有手机,那么个体很可能被抛弃在这个社会之外;或者说,没有手机,个人的身体将不再是完整的身体,其功能将会被弱化。正如汪民安所言:"手机或许不是人的一个单纯用具。实际上,它已经变成了人的一个器官。手机似乎长在人们的身体上面。它长在人们的手上,就如同手是长在人们的身体上面一样。"②汪民安将手机当作身体的一个新器官来看待,此一洞见与本文所言的"技术化的身体"恰好对应。但是,其落脚点并不在于认为手机的出现可能强化人的某些能力,而是更倾向于认同手机的另一方面作用——压制人的另外一些能力,也就是说手机会削弱身体自身的某些功能,甚至是导致人的异化。这一观点自然不乏其道理可言,当社会日趋发展和进步,难免会有一部分人担心个体会被手机及技术所异化和控制,但这与本文的议题并没有冲突;相反,本人之后所论及的智慧城市及其"以人为本"的核心理念正好回应和解释了这一问题(下文详细述之)。

3G门户创始人兼总裁张向东在一次以"all in one"为主题的演讲中谈道,"所有的数字终端都落在一个东西上面,那就是手机(这里的手机显然可以指代所有的新兴技术),手机将成为另一个'你',手机操控一切,它开始具备人的智能,手机也在促进社会的巨大变革,但是,手机并不与人争斗,它在输入群体智慧的同时,其实也正在输出群体智慧,它是为人类服务而存在的,所以手机并不是异化,而是说我们正在走进智能时代。"③实际上,张向东所言的"智能时代"我们完全可以将其替换为"智慧时代",在这样的一个时代,技术是为人服务的,这显然是智慧城市最根本的理念,也是其落脚点之所在。所以,所谓"技术化的身体"并不是指向身体的异化,若将附着在技术之上的价值判断剥离,我们实际上可以看到手机实际上正是人的延伸,它作为我们身体器官的有机部分,使我们身体在整体意义上得到了强化,这个"技术化的身体"某种意义上更是一个"虚拟的身

---

①　常俪.关于移动社交对日常活动空间影响的实证研究——基于对手机用户的调查数据[J].广告大观(理论版),2013(12).

②　汪民安.手机:身体与社会[J].文艺研究,2009(7).

③　张向东.你,手机人[DB/OL].http://v.youku.com/v_show/id_XNDc0NTgxOTI0.html.

体",它已经超越了物理的身体。这对应的正是麦克卢汉认为的:"一切媒介都是人的延伸,它们对人及其环境都产生了深刻而持久的影响,这样的延伸是器官、感觉或曰功能的强化和放大。"①

当然,"技术化的身体"不只表现在手机上,可穿戴设备也是一个极为典型的代表。作为一种可以直接穿在身上,与用户的衣服或配件整合到一起的设备,可以极为贴切地让我们理解技术与身体的结合。譬如谷歌公司 2012 年研发的谷歌眼镜,将智能手机、GPS、相机集合于一身,在用户眼前展现实时信息,用户只需要眨眼的动作就能够拍照上传、收发信息、查询天气和路况等。虽然是智能设备,却能够让个体的行为和活动更加便捷,并使个体接触的现实相对变得更广阔,所以它又被称为"拓展现实"的眼镜。又如由苹果公司研发和推出的可穿戴设备——iWatch。作为一款手表,iWatch 具备了传统手表所没有的功能:看视频、听音乐、查看各种信息、日历提醒甚至拨打电话,并且,其外观极为轻薄,除手腕之外,它还可戴在身体的任何一处。

从手机到可穿戴设备,我们其实可以看到,移动终端设备具有离身体越来越近的趋势,手机距离身体约为 40～60 厘米,而可穿戴设备,从其名称便可得知,随时随地可以携带,无论是活动的时候,还是睡觉的时候,又或者是洗澡和游泳的时候,并且与身体肌肤可以完全贴合。我们完全可以想象和有理由相信,未来的某一天,它甚至可以植入我们的体内。实际上,利用技术使外在的设备移入体内,某种程度上已经成为事实,例如赛博格(Cyber Cell),其正是利用机械替换人体的一部分,从而将机械与大脑连接起来,替换大脑的部分技能。此技术被用在需要置换假肢或者身体器官的人体之上,同时还可用于治疗抑郁症、强迫症等疾病。因此,"技术化的身体"也是一种"人机结合体",依靠外在技术,身体的器官和感觉被强化和放大。正是在这个意义上,与其说"技术化的身体"是一种异化的、被控制的身体,倒不如从更客观的意义上来说,它只是象征着在我们日益更新的时代和社会中,身处其中的个体所发生的一些变化,它实际象征着"智慧城市"未来生活的走向。

三、移动的身体:从 PC 到移动互联网

"技术化的身体"依靠什么得以实现?或者说"智慧城市"凭借什么将人与技术有效地结合在一起,并使人的身体的功能更加强大——互联网显然是作为一

---

① 埃里克·麦克卢汉,弗兰克·秦格龙.麦克卢汉精粹[M].何道宽,译.南京:南京大学出版社,2000:360。

个非常重要的中介而存在的。正如"'智慧城市'就是让城市更聪明,它是通过互联网把无处不在的被植入城市的智能化传感器连接起来形成的物联网,实现对物理城市的全面感知"①。互联网对于智慧城市,以及智慧城市中的个体有着极为重要的作用。因为互联网的出现,我们的身体被重新进行组织,个体的生活方式也因此发生了巨大的变化。尤其是当 2010 年酝酿已久的移动互联网正式走向人们的生活时,整个世界再次为之震荡。从 PC 到移动互联网的转变,首先是技术上的进步,推动的是产业上的进化,比如手机阅读、手机游戏、移动社交网络、移动支付、移动电子商务等新兴业务模式的出现;同时各种移动终端也如雨后春笋般出现,比如换代频繁的智能手机、平板电脑、POS 机等,而与之相应的是各种应用软件的成功开发和推广,譬如社交软件——微博、微信、陌陌,以及一出现便争议不断的打车软件等。"KPCB 公司于 2011 年 5 月发布的《移动互联网趋势报告》中就从移动平台进入大中市场、移动互联网是全球性的、社交网络加速向移动网络发展、移动网络使用时间增长等 10 个角度分析了全球移动互联网的发展趋势,指出随着各种移动终端和移动互联网的普及,原有的互联网生态正在被改变,我们正在经历由'PC+互联网'到'移动终端+移动互联网'的转型,这一转型将给互联网及其相关行业带来革新,尤其在社交网络和移动互联网领域,将发生极具变革性的发展。"②

正如互联网改变了人类的生活方式,移动互联网更重要的地方也并不在于产业上的革新,而是对生活方式的进一步革新。如果说互联网时代,我们是通过一台电脑才能确认自己与整个世界的联系的话,那么到移动互联网时代,我们已可以摆脱电脑,随时随地与这个世界发生关联,譬如在城市覆盖率极其广泛的"无线网络"(Wi-Fi)便是典型代表,经由它,在城市中我们可以随心所欲与世界各地的朋友保持联系。显然,"移动"成为最为关键和核心的元素,"移动"使个体的身体更加自由,我们可以依照自己的意愿去到世界上的任何地方而不必担心与这个世界失去联系,可以实现 24 小时通联,从而确认自己的位置。因为从某种意义上说,正如杰姆逊在其"认知图绘"理论中所认为的,后现代社会中,个人往往无法知道自己处在世界的哪个位置。并且,这里的位置不仅是从地理意义上而言的,更指向形而上层面的内容。"移动互联网"显然已经成为个人/身体与世界及城市之间的中介,并且,个人/身体是可以移动的,无所不在,被世界所看到。

2014 年,打车软件出现在我们的生活中,再次颠覆和超越了我们对生活的想

---

① 赵大鹏.中国智慧城市问题研究[D].长春:吉林大学,2013:68-70.
② 张晓瑞.移动社交网络的传播学研究[D].北京:北京邮电大学,2013:1.

象。打车软件是一种智能手机应用,但凡在手机内安装此软件者,都可以随时随地便捷地通过手机发布打车信息,并可以选择任何时间和任何地点乘车,且价格极为便宜。这完全是一种产生于移动互联网状态下的软件,其基本的操作流程为:发出乘车信息—接收出租车发来的信息—线上支付—线下定位—乘车,而这一流程得以实现必须依靠的是移动互联网这一中介。对于这样一种全新的,并已经在试图改变我们的日常生活的应用,争议自然非常多,比如乘客在使用打车软件乘车时,可自行决定给司机小费的数额,批评的声音认为这种现象可能导致出租车行业的灰色收入增多,引发不良竞争;另一方面,该软件虽然能够给消费者带来方便,但也可能给另一部分不会使用打车软件的人(比如老人)带来不便,同样会导致"打车难"的问题。批评所指的问题确实存在,但与本文所论及的移动互联网时代"移动的身体"的出现并不冲突,或者说是两个不同层面的问题。一定意义上,如果从更为客观的方面来说,部分人因为不懂得使用打车软件而无法乘车这一问题,在某种层面上恰恰印证了"移动"使身体和整个世界随时随地通联这一论断。在移动互联网时代,我们只有依靠移动互联网,只有在"移动"的状态中才能与这个世界和城市取得"联系"。

当下流行的品类众多的手机应用——如跑步软件其实昭示的也是"移动的身体"与这个城市之间的关联。跑步软件运用GPS的算法,精准定位跑步者的位置和运动路线,并对其跑步时速进行实时监测,准确计算消耗的卡路里。同时跑步者也可以将自己的跑步路线和进步历程在社交网络中随时随地与朋友进行分享。跑步软件勾画和定位出的跑步路线图正体现着跑步者与这个城市的一种新的关联方式——依靠移动互联网,不仅自己的身体得到测绘,同时在跑步移动的过程中,其重新以一种新的方式与城市产生对话。这个城市不仅是为技术化的身体而存在的城市,也是为"移动的身体"而存在的城市,所有的城市设计都是围绕身体而展开,拓展和延伸身体器官的各项功能,同时令其随时随地都可定位自己在这个城市中的位置,这里的位置侧重的是虚拟层面,或者说只有通过这个随时随地的定位,才能确认自己的存在和价值。正如微信的出现,其意义不仅仅在于为我们提供了更加便捷的社交平台——随时与好友取得联系,并显示自己所在的具体地理位置,其更重要的意义在于经由这个平台,我们可以随时随地展示自己,并得到他人的回应和认同,从而获得一种因为被随时关注而产生的心理上的极大满足感,比如在朋友圈发状态,瞬间可以得到朋友的回应和秒赞。总而言之,这就是"移动"的魅力,我们的身体不再只是从生理意义上而言的身体,它具有了更广泛的意义。同样的,我们所处的这个城市也无限被扩大,变得更加充满想象力。

四、从虚拟性到物理性：智慧城市与身体

互联网尤其是移动互联网，让我们的世界无限扩大，并且让个体的身体得到延伸和更加自由，个体与城市之间的联系更加紧密。正如跑步软件通过"跑步"使个体重新绘制城市的地图，延展出一种个体与城市之间的新型关系。但是，毋庸置疑，由移动互联网作为中介而呈现的这种个体与城市的关系更加侧重于虚拟层面，个体对世界的感知也常常是经由移动互联网所构建的拟态环境所形成的，因而这个世界某种意义上是虚拟的，并没有一个确切的实体。譬如我们常常是通过新闻报道来认识当下的社会，"议程设置"成为其中极为重要的一个环节和理论。因而，我们不得不去思考，这种"虚拟性"如何重新回到物理性的"接地性"，或者说，技术所创造出来的对于个体身体和感知的延伸，如何更加具有真实性，正如跑步软件所勾绘出来的城市路线图，跑步者通过路线图在头脑中构建"城市"的印象，但这一印象显然是虚拟的，也受到了诸多外在的对于"城市"的信息的影响。那么如何让这种虚拟性转换成真实性，或者说如何让虚拟性与物理性结合起来？——"智慧城市"便是使二者有效结合的形式和落脚点。

前文论及，技术的身体和移动的身体是智慧城市的重要表征。因为智慧城市的宗旨和出发点，在于依靠新一代信息技术对城市公共管理与服务领域进行智能化建设。因而"智慧城市"必定要回归到"物理性"和"接地性"，因此，我们需要一种具体形式用以承载"智慧城市"的一切理念。这个具体的形式和载体便是"城市"。正因为有这个物理实体的存在，个体及其身体也才能真实感受到自身在城市空间中的存在感，或者说，城市与身体之间的关系才显得更加具体和真实。

那么，智慧城市的理念如何落实到具体的城市空间？或者说，智慧城市的虚拟性怎样具有了"接地性"，其如何从虚拟性回到身体本身，使得城市与身体真正关联起来，呈现虚拟性和物理性的结合？我们同样以打车软件作为典型案例纳入讨论。打车软件最重要的一个环节在于"定位"。用户通过网络和手机进行操作，将乘车信息发送给出租车司机，并告知自己的具体位置，出租车司机便可以在城市中找到需要乘车的用户。这一"定位"不仅意味着更加方便——有的放矢，无需太长时间随机性的等待，更象征着身体与城市空间之间有一种极为具体的联系和交集，从而克服技术，尤其是网络技术带给人的虚拟感和不真实感。打车软件的用户不再仅仅是虚拟网络中的个体，其最终可以在城市的某个地点，被出租车司机非常精准地找到，从而二者之间发生一种关联。这实际上正是智慧城市生活方式的实体表征。通过打车软件，我们可以具体地想象和亲身体会具

有真实可感性的智慧城市。也就是说,作为一种通过发达的现代信息技术(尤其是互联网技术)来进行管理的城市模式,智慧城市给生活在其中的人们的印象,不再是飘散和游移在网络中的各种代码和符号,其构建和描绘的也不只是虚拟的城市路线图或空间形态,而是一个具有物理形态的、具备所谓的"接地性"的实体空间。

实际上,当下发达的电子商务产业呈现给我们的也具有相同意义。人们凭借电脑或者手机随时随地轻触按钮购买商品已经不再是新鲜事。我们可以通过网络上的物流信息清楚看到我们所购买的商品的运送线路图、具体的发货时间、途经的地点和时间,以及到达购买者手中的地点和时间,信息标注得极为详细和清楚。在这个意义上,商品被拟人化了,购买者仿佛在等待一个从远方而来的朋友,其所经过的地方以及与自己会面的时间都是可以预见和控制的。这一过程之所以能够实现,关键在于对购买者的定位。当购买者在网上点击购买,并输入自己的具体位置之后,其所在的具体位置——某个城市某个区某个街道甚至是具体的小区名称和房间号立即被锁定,因而作为购买者的个体是真实可见的,其"身体"本身被定位在城市的某个坐标,从而被发现和找到,购买过程才真正完成,智慧城市的"物理性"与"接地性"也由此得以实现。

五、技术与诗意的结合:想象一种"智慧"生活

毋庸置疑,随着科技的高速发展并不断颠覆和更新人的生活方式,有一部分人会对"技术"产生怀疑甚至否定,认为技术会对人造成"异化",导致个体被控制,从而丧失自我。不可否认,这种担忧有其必要性和合理性。事实上,互联网时代,尤其是移动互联网时代的到来,确实带来了不少问题,表现在手机上最为明显:每天在地铁上,我们会发现大约百分之八九十的人都在埋头看自己的手机,我们依靠手机与人交流、依靠手机储存信息,这可能导致我们与人面对面沟通能力的丧失,导致记忆力的衰退。也就是说,没有手机,我们的身体可能失去意义。

当然,不可否认的是,反省和思考技术可能给人类带来的问题也同样有其必要性。因为从本质上而言,人类促进技术的发展其终极目的显然不在于被技术所控制,而是使其为人类服务,并且技术的进步实际上根源于人的进步,技术根源于人的智慧。但是,对技术所带来的问题的反思,与本文前面的论述并不矛盾和冲突,无论是"技术的身体"还是"移动的身体",都是对在信息化高速发展的时代,个体的生活方式发生的巨大改变的一种呈现和描述,并且它是极为客观的。而从更确切的意义上来说,以"技术的身体"和"移动的身体"所呈现出的个体的

生活方式无疑是充满想象力的,却又是可以落到实处的——这个实处便是颠覆了我们对于生活的想象,同时又可以以一种物理空间的形式存在的新的城市模式——"智慧城市"。因而,从这个意义上而言,智慧城市及其理念恰恰表征着一种克服"技术异化"的努力,这一"克服"更加明显地体现在"智慧城市"这一概念本身所包含的巨大张力上。

智慧城市这个概念因为它不仅仅象征着城市在智能管理与服务上的进步,更指向一种对生活的无限想象和期待。简单来说,除去各种技术化的设计之外,智慧城市还蕴含着某种"诗意",它更强调某种精神层面的内容,而不仅局限于技术的进步和使用本身。所以经由"智慧城市"的技术,我们看到的并不是完全高科技、信息化的,同时又是僵化的、机械化、程序化的生活,而是作为"人"的想象力延伸和进步,它某种意义上带有浪漫主义的色彩。

城市信息化过程大致包含了三个阶段——数字城市、智能城市、智慧城市。数字城市强调实现城市运行与管理的可视化、数字化与网络化,在此基础上发展出智能城市。智慧城市则产生于智能城市的基础之上,即使学界对此概念还没有一个确定和统一的解释,但如果我们从"智慧"与"智能"两个语词之间的差异出发,也能够较为容易理解智慧城市与智能城市的差别,以及智慧城市自身的特殊属性——"智慧"显然不仅包含了智能,更侧重于"慧"的部分,其相对而言是一个更加抽象的、从形而上层面出发的语词,因此智慧城市的特殊性在于"其更强调人的因素、体现人文关怀,这也是'智慧城市'的最主要特征。智慧城市是智与慧协同发展的城市,是比智能城市更高级的城市发展模式"①。当然,区分"智慧城市"与"智能城市"之间的差异并不是本文的主要目的,更重要的是,从这一区分中,我们可以知道,"智慧城市"不仅仅象征着城市管理,还包括城市空间中人的生活的高度智能化,其终极目的或者说落脚点在于"人"本身,或者更为具体一点来说,其定位和目的在于个体的"身体",为了让我们的身体器官和感觉更加灵活化和多样化。因而,无论是"技术化的身体"还是"移动的身体",最后都可以归结为"智慧城市"中的人的生命表现形式。依靠"智慧城市"的理念试图建构的是一个技术和人高度融合的城市。因而这样的城市和生活是充满智慧的,是富有诗意的,而这一诗意并不是从古典意义上而言的,它更多地指向"充满无限想象的生活"这一层面。

正是因为"智慧城市"理念所具有的"诗意"特征,我们可以以此为契机反思所谓"技术对人的异化"的论断。如果我们以智慧城市作为一种理念和视野的话,我们将发现技术其实是充满诗意的,技术不仅让我们的生活变得便利,其魅

---

① 赵大鹏.中国智慧城市问题研究[D].长春:吉林大学,2013:75-76.

力更在于让我们永远无法预测未来的生活会发生怎样的改变,但是我们却又坚信它将是美好的。同时,它又是可以与作为物理性空间存在的"城市"相结合的,并作用于具体的"身体"。正如我们从前根本无法想象今天我们坐在家中便可以轻松购买商品,也无法想象有朝一日可以随时随地与想见的人对话和见面,时空压缩带来的体验让人感到极为神奇;同样,一个失明的人更无法想见自己能够依靠某种信息技术(赛博格)重见光明……充满想象力的生活才是最精彩的生活,虽然无法完全预见,但是"想象"依然在人类的控制范围之内,是可以把握的,并具备了具体的形态。而这一切源于于"智慧城市"及其承载的理念——未来城市以及城市生活将是高度科技化和智能化的,但又将是人性化的,所以它是极富魅力和诗意的。

六、结　语

从电脑到智能手机再到可穿戴设备,从互联网到移动互联网时代,我们与技术越来越紧密贴合,我们对于生活的想象因为技术的进步不断被颠覆和超越,我们的身体器官和感知功能变得越来越强大。我们无法预测我们的生活将发生怎样的变化,也无法想象个体的身体与社会的关系将呈现怎样一种关系,但是我们坚信,技术的发展、生活的进步,必须定位于个人以及个人的身体,技术终将落实到人的日常生活,并使我们的生活更加人性化,这样的生活是技术的,也是智慧的,还是不乏诗意的——而这正是"智慧城市"理念的内核所在。

"智慧城市"的核心内涵经由"技术化的身体"与"移动的身体"两个方面得以展开,继而落实到具体的城市空间,实现了从物理性到虚拟性的转换,回归到身体本身。"智慧城市"这一新的城市模式让我们看到的,它不是不可捉摸的代码和其建构的"虚拟空间",而是将其理念落实到具体的、真实的个体身上,并且这一个体可以被"定位"在城市的某个坐标,从而被寻找和发现。由此,我们可以看到,个人及其身体如何被精准地定位,并被纳入一个作为有机体存在的网络中。物理空间与虚拟空间、物理身体与虚拟身体被联系起来,从而实现"媒介即人的延伸",达到技术为人服务的这一目的,这也是建设智慧城市的宗旨和目的所在。

2.3 数字媒介语境下网络身份
的建构与管理[*]

江根源[**]

【内容提要】数字媒介语境下,电子邮件、电子商务、博客、微信、论坛等一系列新媒介成为网民社会互动的中介,网络应用也经历了"信息搜索""概念分享"和"社会化"等多个阶段;在网络空间从私人空间往公共空间过渡,线下物理空间往线上虚拟空间转化的同时,网络身份的管理研究具有十分重要的现实意义。本文把网络身份分为外显身份与内隐身份两类,前者的管理主要由电子身份管理系统决定,可以看成数字媒介与网民个体之间互动的结果;而后者可以概括为围绕"信任"建构起来的声誉管理系统,在不同的媒介应用阶段具有不同的社会表现,在"信息搜索"阶段更多的是自我管理系统,在"概念分享"阶段主要是声誉管理系统,在"社会化"阶段则为版主制度或群主制度等。随着网络应用的发展,电子身份系统与声誉管理系统的结合是网络用户网络身份管理的发展方向。

【关键词】数字媒介;网络身份管理;电子身份系统;声誉管理系统

随着互联网的快速发展与智能手机的迅速普及,根据 CNNIC 最新发布的统计报告,到 2020 年 3 月份,我国网民规模达到 9.04 亿,互联网普及率为 64.5%,手机网民规模达到 8.97 亿,智能手机使用率超过 96.3%。[①] 与此同时,网民使用网络已经从搜索信息、阅读新闻发展为网络购物、电子政务、在线游戏与网络社交等。随着中国正式进入网络社会时代,网络身份逐渐成为一个极为重要的问题,对于技术人员而言,"网络身份"就是"电子身份"(digital identity),他们更为

* 本文得到了国家留学基金委 2016 年"地方合作项目出国留学人员"资助项目(留金法〔2016〕5113)资助。

** 江根源,浙江大学城市学院传媒与人文学院副教授,博士。

① 中商产业研究院(2018).中国互联网络发展状况统计报告[C].CNNIC、中商产业研究院整理,askci.com.

关注如何通过签名、语音识别等技术手段进行个人身份的认证与管理。但是从社会学、传播学等视角来研究这个问题时,我们强调网络身份是网民参与网络互动的结果,因此本文试图从互动的视角来重点研究在数字媒介语境下,网络用户的身份是如何在网络互动中得到建构与管理,以及其相关的身份管理机制等问题。

一、新媒体的发展与网络互动内容

网络身份的建构与管理,无疑与网络用户在网络社区中的人际互动密切相关。对于互动而言,戈夫曼曾经对虚拟现实中的互动进行了分析,把互动分为前台和后台行为、印象管理、仪式等等[①],这与物理社会的互动几乎没有区别,所以是不够完善的。网络互动具有多个层面互动的复杂性。[②] 计算机或信息学科则一般从计算机与用户之间的互动交流来看,那就是"人机互动";社会学家则经常会把互动看成人与人之间的交流,而这个"人"又是社会关系中的人,因此这种互动更是特定社会关系中人与人之间的交流,社会背景扮演着绝对重要的地位;对于传播学或语言学来说,网络互动更重要的是网络用户之间编码与解码的过程,是理解与阐释的过程。

网络空间属于一种虚拟空间,具有很多独特性。网络互动更多的是一种个体之间的互动,社会性隐藏在个体的社会身份之后;这种互动虽然也是符号互动,但符号媒介更多的不是话语,而是文本、图片、影像、表情符号等形式;人际互动时的理解与解释不是面对面的,更多地依赖计算机中介化之后的想象。网络活动参与者之间的互动建立在一种相互之间的信任上,而不是相互之间的社会关系,而更多地依赖虚拟形象与网络身份。这种复杂性主要来自人与计算机对话的信息属性,也有人与人交流的社会属性,还有对媒介符号解读的意义特性。这些都会影响互动活动参与者对网络时空意识的重建。在这里,我更加倾向于三者的有机融合。也就是说,网络互动,在数字媒介的语境下,是网络用户以网络技术为中介,通过网络用户对网络符号编码和解码这些网络行为的接受、理解和阐释,从而建立起一种新型的网络关系与网络社会结构。

当前有关网络身份建构与管理的研究,一方面把建构与管理分开,把身份建构看成单纯是网民之间互动的结果,而管理则是政府部门与网站的政策管理;同

---

① Goffman, E.. The Presentation of Self in Everyday Life[M]. London: Penguin Books. 1959: 1 – 16.
② Stine Gotved. Time and space in cyber social reality[J]. New Media & Society. 2006(3): 467 – 486.

时不管是建构研究，还是具体管理，更多的是关注网络空间中某一特殊群体。这样的研究往往缺乏一种新媒介技术应用的动态视角。我们发现，网络身份的建构管理研究与网络用户的新媒介应用密切相关，而这也是研究前者的先决条件。

我们根据新媒体的发展来进一步分析网络用户的媒介应用。Kweno、Sang-Hee 等人根据互动程度以及传播内容的差异将网络空间发展分为三个阶段（见表1）。①

表 1　内容和空间发展阶段

内容 （contents）	信息搜索； 网络学习； 旅游和生活信息； 邮件、聊天之类交流等	游戏（互动）； 网上银行（网络交易）； 个人网站； 电子政府等	社会化网络； 市民行动； 电子政治等
			阶段 3（社会化媒介阶段）
		阶段 2（虚拟空间中的概念化时期）	
阶段（stage）	阶段 1（在线空间一般作为一种传播媒介，是虚拟时空的初级阶段）		

表1的优点是根据网络用户新媒介的应用目的分成了三个基本阶段，同时又把大部分新媒介类别分成了三个相应部分；但是缺点在于这些分类缺乏对网络互动的研究。

Thierry Nabeth 则围绕网络互动的集中程度（集中在一起还是相互分离），以及媒介所扮演的角色（作为交流的中介还是互动平台），对数字媒介的环境进行了空间分类（见表2）。②

表 2　数字社会环境的集中性和互动性

	交流或互动 （communication & interaction）	中介（intermediation）
集中的 （centralized）	虚拟社区系统；论坛；维基；大型多人在线游戏（MMOG）；内容管理系统（CMS）	电子商城（信誉和推荐系统）
分散的 （decentralized）	博客、微博、即时通信、邮件	在线社交网络；人对人网络

① Kweon, Sang-Hee, Hwang, Kyung-Ho, Jo, Do-Hyun. Time and Space Perception on Media Platforms[J]. Proceedings of the Media Ecology Association, 2011(12): 25 - 48.

② Thierry Nabeth. Understanding the Identity Concept in the Context of Digital Social Environments [M]. FIDIS(Future of the Identity in the Information Society), working paper, 2005. http://www.fidis. net.

在表 2 中,网民之间的互动情况可以从两个方面区分:第一是这些媒介语境是通过人与人之间的交流来达成一种意见与情绪的交换,还是这种平台只是作为一个交流平台;第二是"媒介角色"考察的是网民之间的交流是集中在一起的,还是各自分散的。显然,这个分类的特点就是紧紧围绕网络互动对数字媒介进行了区分,缺点是忽略了新媒介的发展特点。

综合以上两个研究的优点,以网络用户之间的网络互动为核心,同时进一步根据网络用户媒介应用的目的差异,我们进一步把新媒介分为三个阶段:信息搜索、概念分享和社会化阶段(如表 3)。

表 3　新媒体语境的发展阶段与互动程度

互动时间	互动内容类别		
同步 (directed)		即时通信(Skype\QQ)	大型多人在线游戏(MMOG); 在线社交网络;人对人网络
异步 (indirected)	新闻浏览;信息搜索;网络学习;旅游和生活信息;邮件	博客;微博;网上银行(网络交易);个人网站;电子商务;电子政府	市民政治
			阶段三:社会化阶段
		阶段二:概念分享阶段	
	阶段一:信息搜索阶段		

在第一阶段信息搜索阶段,网民在网络空间中主要是搜索(尤其是新闻信息)与交流信息。在新闻网站、邮件等网络平台中,传播者与接受者分别处在不同的空间环境下,可以在世界的任何互联网连接的地方。传播与接受的行为受本人控制,经常在异步语境下跨空间传播。第二阶段为概念分享阶段,这个时候的交流不仅仅限于单纯信息,更多的是各种概念、观念,包括个人社会观点、政治或经济概念等。这个时候,线下空间与网络空间已经连接在一起,代表性的新媒体平台是博客、微博、个人网站、电子商务、电子政府等,从单纯的信息搜索空间发展为个人娱乐、商业、政治和社会民生等多个领域。这些数字媒体空间中的交流更多的是集中在同一空间中,大部分还是属于异步交流。不过这个时候,以Skype 和 QQ 进行的同步交流已经开始,但是这个交流的功能还比较有限,大部分还停留在信息传递与个人观点交流层次。第三个阶段称为新媒体的社会化阶段,涌现出大量网络社区、多人在线游戏、在线政治等,物理空间与在线虚拟空间真正融合为一体,虚拟空间甚至替代了物理空间的作用,担负起了大量的社会功能,例如政治选举、经济交易、社会关系的建立等,最显著的特点是通过网络空间的互动交流建立起了全新的社会角色,也建立起了独立的社会关系。虚拟空间

也可以被称为担负着政治社会等传播职能的公共空间。

我们看到,与现实有机空间相比,数字社会语境是一种互联网和计算机技术创造出来的虚拟空间,这种交流语境的差异直接影响了网民的身份建构。在多种形式的社会交往活动过程中,社会身份的建构以及社会群体的认同成为数字网络空间中的一个重要内容。网民的社会身份是否明晰以及网民对群体的社会认同程度直接影响了数字媒介空间运行的秩序与质量。Thierry Nabeth 认为,"身份质量对从这些空间获得的价值和互动的质量具有直接的意义"①。

网络身份,就是网民在网络空间中的一种社会位置以及与之匹配的意义。斯特赖克(Sheldon Stryker)认为,人类社会行为是被周围(物质和社会的)环境方方面面的象征性称呼所组织的。其中,人们在社会结构中所占位置的象征性符号及关联的意义最为重要。与称呼相关联的则是如何充当身份或角色,以及如何处理好自己与他人关系的预期。② 他强调的是一种位置的社会意义。在网络空间中,网络身份属于一种群体属性,其社会意义不仅涉及别人认为"你是谁"的普遍看法,还涉及"我是谁"的自我认同。从社会层面上来看,包括"个体生活方式"(我们的身体管理和休闲活动)、"基本信任"(互动交往过程获得的情感、价值认同)和对性别刻板类别的态度(归属意识)三方面。

网络身份的符号意义直接与网络用户的数字媒介应用相关。数字媒介在网络交往过程中或者充当网民互动的中介,例如淘宝网等商业交互平台;或者充当互动交流的虚拟空间,例如博客、论坛等等。数字媒介性质与服务效果的不同直接影响网民社会身份的建构与认同。根据我们的观察,前一类数字媒介语境控制下所建构的社会身份,更多地由身份管理系统设定,这个系统会更多地要求网民本人填写更多的个人数据,典型的表现为昵称、性别、年龄、教育程度等个体人口统计数据,以及其他社会地位等相关信息。大部分参与互动交流的网民都可以看到这些数据。由这些数据建构起来的社会身份可以称为外显身份;二是网民们在虚拟空间中通过张贴各种信息的形式进行的互动所建构的身份,这类身份是网民之间互动交流(讨论、发表观点,或者其他实际行动)的结果。这类身份不是显而易见的,因而可以称之为内隐社会身份。

① Thierry Nabeth. Understanding the Identity Concept in the Context of Digital Social Environments [R]. FIDIS(Future of the Identity in the Information Society), working paper, 2005. http://www. fidis. net.

② Sheldon Stryker. Identity Salience and Role Performance: The Relevane of Symbolic Interaction Theory for Family Research[J]. Journal of Marriage and the Family, 1968:558 - 564.

二、数字媒体语境下外显身份的建构与管理

外显身份的建构,是数字媒介的身份管理系统与网络用户之间互动的结果,既体现了新媒介平台作为技术供应商的机构属性,也作为国家与行业协会对网络用户个体的身份管理属性,也是网络用户个体对数字媒介的选择意愿。

影响网民外显身份建构的社会语境主要来自三个方面:第一是国家与行业协会的制度性管理。这些管理文件,有关于营业方面的,有关于信息安全的,有关于技术层面的;而上级主管部门也是各不相同,有全国人大的,也有公安部、新闻出版管理局的。目前比较权威的有《全国人民代表大会常务委员会关于维护互联网安全的决定》(2011 年)、《中华人民共和国计算机信息网络国际联网管理暂行规定》(国务院 1997 年)、《计算机信息网络国际联网安全保护管理办法》(公安部 1997 年)等一系列法律法规和管理条例,也有一些还没有形成法律法规的重要讲话,如习近平 2016 年 4 月 19 日在网络安全和信息化工作座谈会上的讲话等。这些规定一般涉及几个方面内容:对非法信息的界定;对用户监护人的责任界定;对互联网企业的内容责任;互联网信息内容的政府管理体制等。这些管理规定不仅规范着各类互联网媒介语境的正常运行,也制约着互联网用户的使用规范与身份建构。这种身份的建构不仅包括外显身份,也包括内隐身份的建构。当然有关具体网络身份的建构不是本文讨论的重点。

第二是互联网企业的数字身份管理系统,这是最直接、也是最有效的措施。只要网络用户接触各种互联网平台,不管是浏览还是发帖,这些互联网企业为了管理的需要,一般会采取一定的限制措施,一方面为了保证网民接触互联网能够遵纪守法,另一方面也为了促进网民能够自由地使用互联网以及浏览互联网上的各种信息。为此,国内外科学界和产业界普遍采用互联网身份管理系统,目前使用比较普遍的有 PKI 技术(Public Key Infrastructure,公钥基础设施)。这种体系解决信息网络空间中各种主体(组织、个人、设备等)身份的唯一性、真实性和合法性。它主要目的是通过自动的密钥和证书管理,为用户建立起一个安全的网络运行环境,使用户在多种应用环境下可以方便地使用数据加密和数字签名技术,从而保证网上数据的机密性、完整性和有效性。PKI 体系结构采用数字证书来管理公钥,通过第三方可信机构 CA(Certificate Authority)把用户的公钥和用户其他标识信息(如名称、E-mail、身份证号码等)捆绑在一起,从而达到在互联网上验证用户身份的目的。例如天涯社区(http://www.tianya.cn/)会要求登记昵称、密码、身份证号、手机号码和地区等人口统计信息,已经相当于实名认证,只不过论坛公开区域只显示昵称信息,不仅保证了与现实物理空间的一致

性,也保证了网络讨论的匿名性与自由性。猫扑网(http://dzh.mop.com/)的注册更为严格,要求登记"昵称"(4～20 个字符,推荐使用中文昵称,注册后不可更改)、"邮箱"(用于密码找回,请您务必填写真实邮箱)、"密码"(6～20 个字符,建议使用字母加数字或符号的组合密码)、"性别"(男、女、不告诉你)、"手机号码",同时还采用"短信验证码"和"图片验证码"。一些新闻网站也有相应的数字身份管理措施,例如新浪和搜狐之类的新闻网站,如果要参与新闻互动(例如跟帖),也需要用手机号或者邮箱注册,否则就无法发表评论。我们发现,这一系列的数字身份管理系统虽然呈现形式有所差异,但是基本原则是一致的,一方面要求注册时提供大量的现实身份信息,例如身份证号、手机号码、邮箱、性别等,保证了严格的后台管理;同时允许采用昵称或笔名,在具体互动的时候,网民可以不用实名,通过网络互动的隐身与匿名制度,保证了互动交流的开放与自由。

第三是网络用户的自我选择管理。用户只要想登录个人邮箱、博客、微信,或者登录天猫商城、京东、当当网等平台进行商业交易,就需要进行个人注册登记。虽然相关新媒体平台在进行数字身份认证方面做了很多设置,然而用户个人在注册登记时还可以根据自身喜好进行差异化注册,主要涉及大量个人隐私方面的信息,例如昵称、邮箱、爱好、地址,以及交往的朋友圈等。选择的不同也影响了个人网络身份的建构结果,下面以论坛中网民个体身份的自我表现为例重点讨论一下网民外线身份的自我建构管理。

论坛这种数字媒介形态是目前比较普遍,也是深受网民喜爱的形式。国内比较著名的网络论坛有网易社区、新浪主题社区、Verycd 论坛、Tom 社区、搜狐社区、21CN 社区、天涯社区、中华网论坛、强国论坛、西祠胡同等。论坛活动参与者的注册程序与内容与其他新媒体的电子身份注册没有大的区别,注册名可以是昵称或笔名,而身份证号、手机号等信息必须是真实的。昵称是匿名的,可以由网民自由选择,同时在论坛中也是公开的。因此,对昵称的选择使用能够很好地表达网民个体对个人兴趣、社区身份等方面的诉求。这里选择天涯社区中的"百姓声音"为例子,由于这个板块成员有 134169 位,因此我只选择了第一页的前半页(一共 45 个)的成员作为分析对象,他们的昵称呈现了多样性(如表 4)。①

表 4　天涯社区·百姓声音成员昵称分布情况

类别	数量	比例/%	具体例子
纯数字	0	0	
纯字母	3	7	Angus__Chen、Gsyyh、fkdeshu

---

① 以上数据来自笔者于 2016 年 8 月做的调查统计结果。

续表

类别	数量	比例(%)	具体例子
数字＋字母	14	31	u＿113173575、u＿113173559、u＿113172484、u＿112970237、u_113098055、u_111792696、u_111002889、u＿112976872、u＿112536636、u＿113158271、u＿112831660、u_113167305、tianya13254、zhb3261833
汉字	19	42	上岛凉介、范世伯克、变身的苏菲、天救救我吧、花开富贵总吉祥、文松对曰、爱眼抗蓝光钢膜、加头贝庆、印度阿三与猪头三、坏退壤蜀黍、梦中为谁画柳眉、嘞里啪啦稀里哗、幸有花开、无人管事、东印国际天天店、眉眼盈盈＿、皓然一生掌乾坤、我名字叫什么、笔道哉
汉字＋其他	9	20	在路上888D、青山依旧在14、西风瘦马2016、继续宠爱2016、cw西夕、a王哒哒、鱼儿sara、带刺玫瑰7NG、吕三2016
总计	45	100	

从选取的45个成员的网络注册昵称来看,居于第一位的是纯汉字昵称,一共有19位,占了总数的42%。从昵称内容来看,没有一个是实名,其中少量的与自身工作有关,例如"东印国际天天店",而大部分表达了一种情感诉求与现实境遇,例如"皓然一生掌乾坤""花开富贵总吉祥""无人管事"等。这些远离实名与个人信息的昵称,恰恰表征了论坛非物理空间的虚拟属性。居于第二位的为"数字＋字母",有14个,占了31%,其中最多的是"u＋数字"格式,经过多方考证,"u＋"昵称已经成为一种网络文化,"u"可以理解为"你",也可从读音"哟"来理解,也可以看作右手食指所在键盘位置的上一格,这些都体现了一种快捷、方便、随意和随心的网络消费文化。第三位的是"汉字＋其他"格式,基本表现了一种情感或理想诉求,例如"在路上888D""青山依旧在14""西风瘦马2016"等。这些昵称表征了一种角色扮演,具有强烈的个人倾向性。钟瑛和刘海贵认为,"网络角色扮演具有认识自我、完善自我的意义。"①网络昵称表征了一种理想角色的扮演与社会身份的自我确认。它们或者为了弥补现实空间身份的不足,以此表达一种理想与愿望;或者为了强化现实空间中自我的群体身份归属或者群体内的角色扮演,以此来强化现实空间中的自我价值。

除了个体背景之外,昵称的命名也与不同网络平台的组织文化密切相关。网络空间就是一个独特的场域,充满特定的权力斗争关系。一方面,这种网络空

① 钟瑛,刘海贵.网络身份的意义探析[J].复旦学报(社会科学版),2003(6):78-82.

间会受到独特的政治权力的制约,有些论坛由政治宣传机构主办,有些则由纯粹的商业机构主办,有的则由教育机构负责,从而也承担了不同的运营宗旨与具体任务;另一方面,因为承担任务与论坛目标的差异,从而使得这一网络空间具有了一种独特的标签特性,吸引了特定的相似人群,在话题选择、议题讨论、语言运用、文化气氛等方面建立起了自身的独特性。这些独特性也直接影响了网民网络昵称的使用。钟瑛、刘海贵比较了"强国论坛"(人民网主办,以时事政治为特色)和"第九城市"(我国最大的网络游戏论坛)网民昵称之间的态度倾向差异。①发现"强国论坛"中的网民在取昵称时表现出了强烈的政治色彩、积极的社会态度、对社会现实和个人境遇的关注,以及男性色彩的激情,例如"替下岗工人说句公道话""刹那间狂风暴雨""国富民强政通人""坚持必定胜利""强国论坛真客"和"正直的人"等。而"第九城市"中的网民昵称则体现了一个游戏网站的独特性,其中有以各种符号的混合使用来命名的,如"﹡﹒…﹡﹒﹡""十一△十""多情贝贝一@…一一先生"等;有以动物名及相关之义命名的,如"金鱼""小羚羊""寂寞的紫蝴蝶""阳光下的小懒猫";有以神仙鬼怪恐怖刺激命名的,如"目与垂爱""妖花怒放""小悟空";有以夸张感情的词语来命名的,如"我的坏采宝""宝地萍萍""非常色狼""文明好流氓"。总之,该网站由于其游戏的定位,在命名上体现出灵活、生动、张扬、个性的色彩,没有强国论坛时政网站命名上热衷时事、积极进取的特点。

虚拟论坛中网民昵称的命名还直接受到隐身与匿名的影响。也就是说,这些论坛由于属于虚拟空间,与讨论现实事务的社区网络具有本质区别。网站的管理者为了尽可能地激发网民的自由讨论以及提高网站的开放性,在会员注册时一般不要求网民上传照片以及使用实名。学者们很早就研究过以昵称注册的网站与以实名注册的网站之间的差异。②结果发现:第一,网络的匿名性导致了使用者无限自由的错觉,似乎创造了另外一个完全不受限制的新空间。大部分网民自认为别人根本不认识我,而我也不认识别人,这是一个完全陌生而又自由的世界。以这种基本信念为基础,网民开始了一种完全不同于现实环境中的匿名的虚拟身份实践。他们随意地、不负责任地发言,以为这是在行使自身的言论自由。他们把网络生活当作一种游戏,以为大家来到这里都是如此。这种匿名性会使部分网民完全把自身置于一个虚拟的空间里,遵循了一种无所节制的行为道德。第二,网络的匿名性还便于个人身份转向社会身份,模拟扮演一种公民角色。匿名性容易使网民失去一种约束意识,从而减少一种责任感,这时,网民

① 钟瑛,刘海贵.网络身份的意义探析[J].复旦学报(社会科学版),2003(6):78-82.
② Meadows B. et al. The web:The bully's new playground. People,March 21,2005:152-155;张霁.网络匿名性再审视[J].作家,2009(4):3.

往往会把社会的标准当作他们自身的判断标准,而自己就是社会标准的执行者或见证者。为了实践这种社会身份,这些网民就会在网络世界中表现得异常活跃,以获取他人关注与社会身份的认同,他们所实施的各种网络行为就会放弃社会对个体的控制而变得更为冲动、非理性和有侵略性。

论坛网民自我身份的表现特点与相关影响因素的分析显示,论坛的参与者对自身外显身份的自我管理中,充分考虑了论坛媒介公共性与个人性之间的关系,较多的人把它当作一种具有一定隐私侵犯危险的公共空间。使用昵称与网民自我角色的扮演以及社会身份的建构密切相关,既体现了后台管理的合法、合理性,也体现了论坛开放性的特征。

三、数字媒体语境下内隐身份的建构与管理

在数字媒介环境下,网民注册数字媒体的电子身份,也是国家、网站与网络用户互动的结果。作为电子身份的社会身份,其个体身份信息比较外显,可以通过身份管理系统直接来判断正确或者错误;与此同时,网络用户的社会身份还可以通过网络活动参与者之间的互动交流来建构完成。在此过程中,网民需要通过综合各种行为线索来判断是否可信,因此我们一般称之为内隐身份。Thierry Nabeth 认为,这种内隐身份是由他们的网络行为建构而成的,这些行为包括张贴、讨论以及其他网络行动,它们在网络数字系统中经常被记录和持续地保存在那里。[①]

通过网络行为建构而成的网络身份也同样存在一个"信任"的问题,既包括互动双方之间的信任,也包括网络用户对数字媒体平台的机构信任。"信任"直接构成了网络身份的核心内涵,因此有关互动信任的管理系统就成了网络互动的重要管理手段。本人通过文献与实践观察,认为随着新媒体平台的逐渐演变,这种信任管理系统也在逐步变化着。在网民的信息搜索阶段,主要依靠网民和网站所设置的自我管理系统;在概念分享阶段,新媒体平台主导的信誉管理系统极为普遍地被电子商务、电子政府和博客之类重视;在社会化阶段,由于线上和线下的频繁互动,网民之间互动得更为频繁与深入,在由社会互动所构成的新型社会关系中,由版主、群主等意见领袖负责的信任管理系统成为主导(如表5)。下面继续探讨这三种网络内隐身份的管理制度。

---

① Thierry Nabeth. Understanding the Identity Concept in the Context of Digital Social Environments [R]. CALT-FIDIS working paper. This paper was produced as part of the Network of Excellence FIDIS (Future of the Identity in the Information Society),2005. http://www.fidis.net.

表 5 新媒体语境的发展阶段与网络内隐身份的管理

新媒体语境	新闻浏览；信息搜索；网络学习；旅游和生活信息；邮件	博客；微博；网上银行（网络交易）；个人网站；电子商务；电子政府	大型多人在线游戏（MMOG）；在线社交网络；人对人网络；市民政治；即时通信（Skype\QQ）
内隐身份的管理系统	网站与网民的自我管理	新媒体平台主导的声誉管理系统	版主、群主等意见领袖负责的信任管理系统
			阶段三：社会化阶段
		阶段二：概念分享阶段	
媒介使用	阶段一：信息搜索阶段		

(一)网站与网民的自我管理系统

这个阶段,正处于网络技术发展的初级阶段,也就是我们说的 Web1.0 时期。Web1.0 基本采用的是技术创新主导模式。从知识生产的角度看,Web1.0 的任务是将以前没有放在网上的人类知识,通过商业的力量放到网上去;从内容产生者角度看,Web1.0 是以商业公司为主体把内容往网上搬,而 Web2.0 则是以用户为主,以简便随意方式,通过 blog/podcasting 方式把新内容往网上搬;从交互性看,Web1.0 是网站对用户为主。中国各大网站在创立之初,基本上以技术创新为基础。新浪的技术平台、搜狐的搜索技术、腾讯的即时通信技术和盛大的网络游戏,都是如此。[①]

在以商业公司为主导的内容为王的 Web1.0 时期,网民之间的交流还停留在单向传递,而缺乏真正意义上的网络互动,因此其网民身份的建构管理更多地来自商业公司的电子身份证书以及网民自身的甄别管理。相比而言,电子邮件是 Web1.0 时期应用最为广泛、互动性相对比较强的传播媒介,下面希望以普通用户的免费电子邮箱管理为例来分析这种自我管理模式。

电子邮件地址是用"用户名称@机构地址"来表示。邮件地址表明了特定的虚拟空间,例如"＊＊＊@sina.cn"指的是"sina.cn"这个空间。当你利用自己的"sina.cn"邮箱往"163.com"发送邮件时,就是两个虚拟空间之间的互动交流。在互联网语境下,邮件交流不仅可以发生在同一国家里,也可以发生在不同国家之间的网络用户间。但是,电子邮件都通过@后面的机构或单位才能传递,这个机构或单位能够控制所有相关邮件的收发资料。因此,在电子邮件大大提高了人际通信效率的同时,用户之间的"信任"体系也受到了前所未有的冲击。你往

---

① 搜狗百科[EB/OL]. Web 1.0,http://baike.sogou.com/v15839.htm? fromTitle＝web1.0.

往很难辨别这种机构的声誉和可信任程度，同时发信人身份也是可以伪造的。随着现代传播技术的发展，一些诈骗集团和商业机构利用其中的漏洞发送诈骗邮件以及垃圾邮件。

相比而言，电子邮件用户的身份管理是比较初级原始的，其策略围绕"信任"展开，通过设置不同程度的限制措施来确认互动对方的身份。以新浪网站的免费邮箱为例，其中主要有两个方面的措施：第一，用户可以对"收信"行为进行"标记""移动"和"设置"。"标记"主要包括标记为阅读的状态"未读"和"已读"邮件重要性"星标"，以及邮件来源"网站通知""订单账单""社交网络""订阅资讯"和"商讯信息"等。而"移动"也是对相关邮件移动到相应的邮件分类之中。而邮箱的"设置"功能中的"来信规则"则直接对这些邮件的性质进一步进行界定，最严厉的措施就是把来信地址列为"黑名单"，相关邮件直接被删除。当然，"白名单"则为信任的来信地址。第二，用户可以管理联系人，把联系人分为"同事""同学""家人""朋友"和"网友"五类，对联系人身份的识别集中围绕相互之间的社会关系与信任程度。从字面来看，其中四种分类似乎十分明确，"同事""同学""家人"和"网友"的内涵都十分清晰，而"朋友"似乎并不清晰，实际上是对以上几类的重新细分，就是把一部分关系比较亲密的同事、同学和其他人当作朋友。因此，不管是对"来信"的处理，还是对"联系人"的设置，都是围绕"信任"程度的甄别而展开，由此也建构起了互动双方的网络身份。

由于 Web1.0 时期互动技术的缺陷，以及以网络供应商技术创新为主导的思想限制，网络用户之间的互动还只能是一种相对有限的交流，对相关互动行为以及网络身份的建构管理更多的是一种自我管理而已。

（二）商业空间中的信誉管理系统

数字媒介发展的第二个时期可以称为"概念分享阶段"，这个时期，网络被应用到商业、政治、文化等多个领域，更多的是为了表达个人思想、商业模式、办公模式，与此同时，网民的网络身份也在这种广泛的网络互动过程中得以建构，对网络身份的管理更多地演变为新媒体平台主导，网络用户参与的信誉管理系统。淘宝网、天猫商城、京东、苏宁等电子商务运营商的出现是这个时期最受人关注的代表，笔者以此为例子来分析"概念分享阶段"网络身份的信誉管理系统。

由电子商务平台设计的"信誉管理系统"，也可以理解为围绕"信任"建立起来的对"声誉"评价的体系。它虽然由网站设计，但更多地体现了一种社会化的评价标准。不管是来自卖家，还是来自买家的评价，一般涉及两个阶段：首先表现为买卖进行之前的信息收集阶段。有经验的卖家会主动收集各种消费者信息,然后根据这些情报信息来设计网店的各类资讯以及进行互动交流。有学者通过研究淘宝网女装网店的文本信息,发现有经验的卖家会通过运用"信息的有形化""正反面说服"等多种策略,来提高文本表达技巧,以此达到刺激消费者购买行为的目的[①];同理,有经验的买家也会在正式购买之前充分地收集信息,包括以往购买经历、朋友推荐或经验、其他顾客的购买体会、网店经营者的促销信息等,以此来帮助自己对购买什么以及到哪家网店购买作出决策。这是一种对商品以及商业活动信息的预评估,从而形成一种以"信任"为内容的刻板印象。

接着是用户的网络评论机制,集中于"声誉"的级别,或者说涉及买卖过程中的评价与行为过程。这种声誉评价系统,买家对商品的看法可以通过卖家所售商品的整个交易历史来得到,同时卖家也可以获得以往买家在系统里面留下的所有评论。很显然,以往交易不好的评论或者一个新的买家缺失的评论,都会对卖家的商业声誉以及相关能力产生负面影响,从而严重减少潜在顾客参与交易的欲望;同样地,作为卖家,也可以对买家的可靠性或声誉做检查,然后做出是否进行交易的决策。对于具有不良声誉的顾客的信息也可以从多个渠道获得,例如这个顾客在网络交易平台中的交易时间长短,参与网络交易的数量,以及他(她)在过去交易中给其他卖家做出的评论或者其他卖家对这位顾客的评论等。

例如在淘宝网中,卖家与买家的这些评价高低集中体现为"信用等级"。它们分别用红心、金钻或皇冠来表示。这些"信用等级"就是买卖双方在商业交易过程中所建构而成的社会身份。它们不仅是一种至高无上的荣誉与声誉,更意味着拥有一系列的话语权、搜索的优先权、买卖过程中特殊的品牌地位等。信用越高,你的店在网页排列的位置就越靠前,产品在同类产品中的位置也越靠前,而且你的橱窗推广位也会越多,这些特权使你的宝贝很容易被买家找到;这样的特权还体现在你在交易纠纷中拥有极大的主动权。当然,与之相适应的是,买家在选择不同卖家相同产品时,也会买信用级别高的。因此,信用等级也意味着一种品牌号召力与独特的商业权力。

李凌卉、张艳辉等学者的研究也证实了商业网站中的评论内容、信用等级与商品购买之间的密切关系。[②③] 他们发现:消费者涉入度、评论数量、评论内容、评

① 文春英,张淑梅.网络购物说服策略的运用——基于淘宝网女装销售文本的内容分析[J].当代传播,2013(5).
② 李凌卉,刘渝,臧晓娟.消费者接受淘宝在线评论的影响因素研究——以大学生为例[J].商业评论,2013(10).
③ 张艳辉,李宗伟,赵诣成.基于淘宝网评论数据的信息质量对在线评论有用性的影响[J].管理学报,2017(1).

论质量和价格折扣等自变量对消费者接受在线评论的程度具有显著的正向影响关系。举例说，对于涉入程度高的商品，消费者涉入得越高，他们就越容易接受在线评论；对于其他因素也是如此。与此同时，评论者资信度与消费者接受在线评论程度没有显著性关系。这个研究告诉我们，在线评论的内容与质量，所涉及商品的类别和价格等因素直接建构了淘宝网中卖家的社会身份（"钻石"或"皇冠"），而社会身份的地位高低、诚信程度和社会影响力等直接制约了消费者的消费欲望与购买行为，以及相应的再度评价水平。

与此同时，学者们也指出了这种在线身份建构过程中的欺骗性或危险性。[①]由于在线身份依赖在线评论来完成，而在线评论的生产者（或买家）作为购买的个体，本身因为经济条件、个性追求、文化偏见等一系列自然、社会和文化层面的差异，他们对同样服务或商品的评价是不同的，有些人因为过于严格而给的评价比较低，有些人则因为相对宽容就会给较高的评价。而且，有些卖家为了提升在线声誉，有可能通过创造虚假交易来提升销售量，也有可能通过开设多个账户来销售同一品牌商品，从而提升这一品牌的市场占有率。但是，从更大的样本来分析，这种欺骗性和虚假性所产生的影响相对有限。

以上研究证明，不管是卖家还是买家，他们的在线身份依靠在线信誉体系构建而成。而这种信誉体系又外在表现为买卖双方的在线评论。由评论所构建起来的社会身份具有强大的销售特权、话语权以及社会地位。这些社会身份的建构与在线商务活动者的个体等级性背景关联度不大，但是与参与者的社会性背景因素以及参与网络评论的行为之间密切相关。

（三）论坛中的版主制度

在数字媒体发展的"社会化阶段"，网络空间的"现实性"出现了分化现象：一方面，在线媒体与物理空间几乎融为一体，两者的相互影响日益深化。例如在线政治讨论本身就是一种现实政治，对具体政策、法令的制定具有巨大影响力。而这些参与者又往往包括了现实行政部门的工作人员，线上线下的互动对参与者社会身份的建构具有社会化意义。另一方面，部分在线媒体所建构的虚拟空间具有独立的社会化存在价值，网民通过虚拟活动的参与获得社会化价值和社会身份。不管如何发展，这个阶段的数字媒体为网民之间的互动提供了社会化的平台，促进了网民社会化的过程。在这个阶段，由于网民之间的互动频繁多样、内容丰富，因此依靠网站的管理显然已经不现实，于是在不同的公共空间中就涌现了形态各异的自组织和自组织管理群体。在微信、论坛、多人在线游戏、在线

---

① 刘弯弯.C2C网站在线信誉系统缺陷与对策分析——以淘宝网为例[J].科技创业月刊,2013(7).

政治等新媒体语境中均形成了具有舆论引领作用的一个自我管理体系,往往由群主和其他意见领袖构成,也就形成了论坛中的"版主制度"、微信中的"群主制度"等。

论坛中的版主制度对论坛参与者社会身份的建构也起着重要作用。版主扮演把关人的角色,不仅可以直接参与互动,而且通过发主题帖、跟帖、删帖等多种形式引导着该论坛的发展方向以及网络活动参与者对论坛的集体认同和自身社会身份的现实建构。版主,有时候也称为斑竹,或班主、版猪、斑猪,后面的几种称呼都是谐音。对于各大论坛而言,版主一般通过个人申请、论坛审核、站长批准并且公示之后才能正式走马上任;他们既是管理者,拥有一定的责任与权利,更是普通网民。

论坛版主对板块的管理是在网站规则的制约下进行的,例如《网易论坛版主管理制度》明确规定了版主的职责与义务,包括"遵守国家法律法规,遵守论坛各项规章制度,自觉维护论坛形象;根据版面主题,合理制定和规划版面发展方向,促进版面良序发展;参与版面内容引导和版务规划,积极推荐优秀帖子,培养推广优秀写手;发掘并运作版面热点话题,策划制作版面大型活动和其他专题,活跃版面氛围;积极发帖、回帖,积极参与版面讨论,活跃本版讨论氛围;严格审帖,删除违反国家法律法规和论坛规则以及被上一级主管部门禁止的言论"[1]等。这些义务实际上也是网民进入网易论坛这一虚拟社区的条件,或者可以说,一个普通网民如果要成为这个社区的合格成员,获得社区赋予的社会身份,首先需要认同和内化这些义务条款;如果简要概括,网易论坛社区的版主,其社会身份的功能意义包括:遵纪守法,活跃社区交流,组织社区线上和线下活动,谋划社区发展等。在论坛的授权下,版主通过运用"引导""选择""改造""禁止"等权利策略,把来自四面八方的不同个体改造和建构成为对论坛社区具有高度认同感的社区成员。

"引导"策略主要依靠发主题帖以及线下组织活动。这是论坛版主常用的管理策略。在网易论坛中则体现为"登录相应内部版面及发言"以及"策划和组织与版面主题有关的活动的权利"[2];大众网体现为"结合版面主题组织讨论或相关活动,并鼓励网友积极参与,扩大本论坛的影响力和知名度","积极配合实施并推广论坛举办的各项活动"[3]。"天涯论坛"版主的策略也基本如此,以"新闻纵

---

① 网易论坛站长. 网易论坛版主管理制度[EB/OL]. http://bbs. service. 163. com/bbs/bulletin/143452549. html.

② 网易论坛站长. 网易论坛版主管理制度[EB/OL]. http://bbs. service. 163. com/bbs/bulletin/143452549. html.

③ 大众网站长. 大众论坛版主管理规定[EB/OL]. http://bbs. dzwww. com/thread - 42774455 - 1 - 1. html.

横"为例,该论坛板块 2003 年 3 月 20 日开版,以探讨国内时政话题为主旨。版主一共有四位,分别为"欧亚大陆""崇拜摩罗""枯荷听雨"和"南阳旧居"。这四位版主最迟注册的是"南阳旧居"(2006 年 11 月 8 日),注册最早的在 2002 年 1 月,基本上与论坛同龄;他们随后分别发了主帖 2210、4797、900 和 828 条,回帖 5631、5254、1691 和 854 条;四人一共平均每个月要发主题帖 58 条,回帖 90 条。但是,"崇拜摩罗""枯荷听雨"两位版主从 2015 年 7 月开始就没有发帖子,所以这里不作分析。那么这些帖子起到了怎样的引导作用呢?这里简单分析"欧亚大陆"和"南阳旧居"最新发表的 5 个主题帖(如表 6)。

表 6　近 5 条主题帖的比较①

版主	年排序	总点击量/次	年发帖量/个	最近五个帖子
欧亚大陆	14	315614	173	2016 年各地高考作文题陆续出炉;拳王阿里被证实死于败血性休克;拳王阿里与病魔抗争 32 年逝世享年 74 岁;克癌在望:抗癌进入个体化精确疗法时代;希拉里说特朗普当选将是"历史错误"
南阳旧居	38	84284	39	一周热点评述:高考日当日,要公平地拼;一周热点评述:先生仙去归何处,世间不见我们仨;一周热点评述:高考名额谁吵,洞房花烛谁抄;一周热点评述:为毛啥需远见,为鉴需反思;一周热点评述:围观新常态,结果需等待

这两位版主的总点击数在年度排序中虽然只是排在第 14 名和第 38 名,但是不容否认的是,他们的主题帖都是传播了"奋斗""进取"的正能量,而且形成了自己的鲜明主题。"欧亚大陆"侧重抗击困难之类的新闻,而"南阳旧居"倾向一周来的"热点评述",也倾向传递一种"公平""高尚""反思"和"耐心"之类的社会正义思潮。

"引导"的另一种策略就是举行各种线上与线下结合的社区活动。例如山东政务专网公益版块"爱心家园"版版主段修国在业余时间经常会通过"爱心家园"论坛号召大家参与各种爱心活动,例如组织为贫困地区学校捐款买文化用品,或者一起参加公益劳动,资助孤儿,救助失学儿童等,不仅团结了众多网民,也扩大

---

①　根据本人 2016 年 8 月 1—10 日对"天涯论坛""新闻纵横"版主发帖的统计,统计时间从每个版主的第一个帖子到 2016 年 6 月 30 日为止。

了"爱心家园"的社会影响力。版主段修国认为,他们十多年来"坚持纯民间的立场,纯个人的行为,没有利用任何工作方面的方便或影响力来做事情,这样做让我们避免了不必要的猜疑、减少了参与者的顾虑,让这个爱心活动保持了最初的味道'百分百'"①。可以说,这些由版主或者论坛管理人员发起的线下活动进一步引导着网民与社会的舆论导向与现实行为,也进一步引导着社区网民对特定社区共同体的身份认同。

"选择"和"改造"应该是目前论坛版主最为常态化的策略,"选择"指的是及时发现符合论坛发展宗旨的好帖,同时把它们推荐为精华帖置顶;而"改造"则指把一些有价值但是也有缺陷的帖子进行修改,使其成为符合论坛思想的帖子。由于网络论坛属于一种自媒体,只要是网民都可以参与发帖和跟帖,因此网络世界的内容生产已经由传统媒体时代的记者主导转变为自媒体时代草根主导的格局。通过把优秀帖子推荐为主题帖、精华帖,是一种"活跃"论坛气氛、弘扬论坛宗旨最为便捷的路径。只要比较分析不同论坛,就会发现这些精华帖无一例外都是版主选择改造的杰作。这里我们可以比较"天涯论坛·新闻纵横"②和"强国论坛·深入讨论"③前面5条精华帖(2016.5.12—6.11,为期1个月)。

表7　近5条精华帖的比较

论坛名称	精华帖	点击/跟帖	主题
天涯论坛·新闻纵横	加油！940万考生们……	60433/410	高考制度/家庭教育
	副市长的寒窑不过是一个中国式造神笑话	8049/21	副市长废弃的寒窑/廉政
	蔡英文"三把火"为何反烧自己屁股?	618/30	蔡英文新政
	折腾着为城市改名岂能忽视民意	13449/85	城市更名
	把人权写进宪法和刑事诉讼法就没人权问题?	1596/30	人权写入法律

① 李振华.个、十、百:山东政务专网论坛爱心家园版主段修国采访实录[J].社会与公益,2014(1):74-77.

② 天涯论坛·新闻纵横·精品[EB/OL].http://bbs.tianya.cn/list.jsp? item=news&grade=1&order=1,2016/06/11.

③ 强国论坛·深入讨论·精华[EB/OL].http://bbs1.people.com.cn/elite/2.html.2016/06/11.

续表

论坛名称	精华帖	点击/跟帖	主题
强国论坛·深入讨论	"清水衙门"里的生意经何以念成"金"?	6471/24	"清水衙门"的腐败
	周蓬安:草原天路收费,是愚蠢决策还是高明营销?	4254/21	"草原天路"收费
	办公楼撂荒 官员责任心不能荒	1172/17	政府办公楼撂荒
	村官乱收费谁当"有所思"?	9002/54	村官乱收费的责任
	"官帽子"引才引争议?	4034/11	义乌市引才程序

从以上 5 条精华帖的比较中,我们可以发现版主"选择"和"改造"策略的价值观倾向性。天涯社区精华帖的主体涉及考生、安康副市长李建民、台湾领导人蔡英文、作家李辉、全国人大。既有普通百姓,也有政府官员,还有文化精英、政府部门;主题涉及教育公平、官员廉政、台湾政策、城市更名、人权等,更多的涉及百姓关心的话题。再分析强国论坛,主体无一例外都涉及地方政府或村委会,涉及主题不是腐败,就是乱收费或失职等,从中可以看出鲜明的价值观倾向性。天涯社区更为鲜明地站在一个百姓视角来关注与个人切身利益相关的各种权益,而强国论坛倾向于扮演一个政府公权监督者的身份,来监督政府公权实施过程中出现的各种权力寻租、渎职、效率低下等现象。可以这样认为,强国论坛带有鲜明的左倾色彩,意识形态色彩浓厚;而天涯社区则带有草根精神,更多地关注一些百姓所思所想的日常现实问题。

"禁止"也是论坛经常采用的策略,主要表现为删帖。版主通过删帖,排除违背国家法律和与论坛主旨格格不入的帖子,从而净化论坛声音与维护论坛宗旨一致性。大部分的论坛会明确公布删帖的对象。例如网易论坛规定版主可以通过删除、迁移等操作,"屏蔽违规用户在该版面的发言权"。大众论坛也规定版主拥有"删除不符合《大众社区服务条款》规定的帖子",这些被删除的帖子根本上威胁了"言论安全",或者说,它们违反了"国家法律法规以及论坛制度"。"天涯论坛·新闻纵横"版主"枯荷听雨"提到了删帖的标准:"由斑竹判定的类似 SB、白痴、TMD、粪青等针对网友公认意义上的人身攻击言辞";"进行人身攻击的 ID 用户人身攻击言辞回复删除,封论坛的发言权 7 天,重犯者永久封杀"。① 但是,通过删帖的形式来禁止部分言论,也很容易造成量刑过当,甚至造成限制言论自由的问题。因为对是否"人身攻击"或"不符合社区条款规定"的标准,不同

---

① 枯荷听雨. 关于投诉枯荷听雨判决的复议帖[EB/OL]. (2012 - 09 - 28)[2019 - 11 - 11]http://bbs. tianya. cn/post-complaint - 60092 - 1. shtml.

的人会有不同看法,而且处罚的尺度也是因人而异的。因此,"禁止"手段一旦标准或处罚方式失当,很容易破坏互联网最宝贵的"言论自由"特性。

以上列举的几种版主管理论坛内容的形式,实际上是围绕论坛的利益展开的;或者说,通过这些策略,维护与发展了一个符合论坛根本利益与发展目标的网络社区,从而建构起了一个具有共同价值观,尤其是有关言论自由的价值观,也有大致共同的兴趣爱好,甚至有相似知识储备的网络社群。如果形成了这样的网络群体,那么就意味着群体中的成员也具有了共同的社会身份与群体认同。

四、结　论

在传统的物理空间中,身份管理系统以身份证系统为主,它利用电子信息技术在一张电子卡里输入各种个人信息(姓名、出生年月、家庭住址、联系方式等),而所谓的管理系统主要围绕"隐私"和"安全"展开;在数字媒体语境下,网络用户的身份系统显然有所不同,其管理过程也是社会身份的互动建构过程。

在 Web 1.0 时期,网络互动更多的是进行信息搜索与邮件传递。电子邮件,通过发信与回信,做到了有限度的互动交往,突破了空间与时间的限制;信息搜索功能,实现了全球信息的共享与处理,实现了对物理空间的突破与自然时间的超越,成了"无时之时"[①]和"地球村"[②]。到了 Web 2.0 时期,社会应用与网民互动成为常态,网络活动围绕"兴趣"展开,也促进了个体的自我表现,更包括商业交易、在线游戏、网络政治等各种形式。网民广泛的网络参与进一步促进了网民的社会化过程,网络虚拟空间成为社会活动的公共空间与新型社会关系的建构场所。

然而,与此相关的社会应用也由此产生了涉及网络身份的社会问题与管理缺失。例如银行储户电子身份盗用与银行业监管、网络个人隐私(个人信息、个人社会交往等)泄露与名人(身份侵权)、网络诈骗与普通网络用户信息安全等,都是备受关注的问题。本文所考察的网络身份管理,不仅包括计算机系统对网络用户电子身份信息的管理,还包括网络用户对相关网站以及自己网络社会身份的选择管理。除了这种通过人机互动所建构的外显身份之外,还存在网民之间通过多种符号进行内容交流所建构起来的内隐社会身份,对其身份的管理,更多的是通过围绕"信任"展开的声誉管理系统。随着网络应用的发展,电子身份信息系统与社会互动声誉管理系统的结合,将是未来网络用户网络身份管理的发展方向。

---

① 曼纽尔·卡斯特.网络社会的崛起[M].夏铸九,王志弘,等译.北京:社会科学文献出版社,2003:466－563.

② 马歇尔·麦克卢汉.理解媒介——论人的延伸[M].何道宽,译.南京:译林出版社,2011:75.

2.4 平台把关：基于理性选择理论的 互联网广告自律研究

孟 茹*

【内容提要】作为互联网广告的发布平台,数字互动媒体在相关法律规制尚不健全时期,积极承担起广告监管的责任,成为监督广告行业自律的一支重要力量。数字互动媒体平台基于科尔曼的"理性选择理论",为实现与广告客户的长久共赢发展,建立起与平台受众的信任关系,通过颁布广告规范、限制广告发布、添加显著的广告标识、成立专门监管团队、开展专项整治行动、采取惩戒行动、给予消费者主动选择权等方式,对发布于其上的网络广告进行把关,促进了互联网广告行业的健康、规范发展。

【关键词】数字互动媒体平台;互联网广告;理性选择理论;把关人;自律监管

2016 年 7 月中旬,有关微信是否应该封杀"柏拉图 App"公众号①引起不少网民的争议,这场辩论的背后是社会公众对数字互动媒体平台②所拥有的信息内容"把关"权利的肯定或质疑。随着互联网的飞速发展,越来越多的事实表明"技术中立论"开始受到挑战,数字互动媒体平台要为其上所发布的内容负责已经成为大势所趋。2018 年 6 月,抖音平台在搜狗搜索引擎广告投放中,出现侮辱英烈邱少云的内容,北京市网信办、市工商局责令网站立即清除相关违法违规内容并

---

* 孟 茹,浙江大学传播学博士后,浙江大学城市学院传媒与人文学院教师。

① 柏拉图开发了一款性格标签测试小游戏在朋友圈刷屏,想要制作个性测试图,需要扫描二维码关注柏拉图公众号或下载 App。微信因其裂变活动涉嫌诱导关注违反 2015 年 7 月 1 日《微信公众平台关于禁止发布签类测试信息的公告》,对其作出阶梯性处罚,封号 7 天,并删除所有诱导分享获取的 1000 万粉丝。

② 《国际商会广告与营销传播实务统一准则(2011 年)》中给出了"数字互动媒体"的定义,"是指使用互联网、在线服务及/或电子和通信网络(包括可让接收方与平台、服务或应用程序进行互动的手机、个人数字助理及互动游戏机)提供电子传播的任何媒体平台、服务或应用程序"。本文依据互联网广告的互动传播特性,将承载这种广告形式的媒体统称为数字互动媒体。

进行严肃整改。① 上述两个案例都说明了数字互动媒体平台应对发布于其上的内容承担把关的责任，尤其是对出于商业目的发布的广告负责。在互联网广告规制尚不健全时期，数字互动媒体平台行使信息把关权利，是基于理性选择的结果，有利于推进媒体平台与互联网广告的协同发展。

一、互联网广告市场遭遇监管难题

1997 年 3 月，IBM 为宣传 AS400 计算机付给比特网（Chinabyte）3000 美元，第一条互联网广告正式进入中国市场，②经过 20 多年的发展，我国的互联网广告市场日趋成熟。网络技术的不断推陈出新，使得互联网广告发布平台也越发多样化，除了早期的电子邮件广告、网络旗帜广告、网络横幅广告等形式之外，又逐渐诞生了关键词广告、微博广告、地理定位广告、二维码广告、App 应用广告、赞助内容广告、推荐消息、原生广告、H5 广告、微信朋友圈广告、直播广告、短视频广告等。由于新媒体平台缺少如传统媒体一般严格的广告发布前审查制度，专门性的法律法规也正在完善之中，目前互联网广告市场相对混乱，广告质量也良莠不齐。广告发布便捷、违规成本低，一些广告主趁乱得利，违法广告或虚假广告严重损伤了消费者的利益。

为了有效监管互联网广告，早在 2004 年 10 月 8 日，原国家工商行政管理总局就发布了《关于加强广告执法办案协调工作的指导意见（试行）》，明确了互联网广告的管辖权问题，"互联网站中的广告违法案件，由违法行为发生地（即媒介广告经营登记所在地）县级以上工商行政管理机关管辖，实行分级管理的，适用级别管辖"③。2012 年 11 月 1 日，原国家工商行政管理总局发布《工商总局关于进一步做好整治虚假广告工作的通知》，加大对虚假互联网广告的查处力度，加强对相关网站广告的监测监管，并指出媒体平台所应承担的把关责任。我国除了出台通知以及意见之外，还以更为严格的"法令"形式监管互联网广告。2014年 2 月 14 日，原国家工商行政管理总局出台《网络交易管理办法》，第三条将"为网络商品交易提供宣传推广服务"列入管理内容，第十四条规定"网络商品经营者、有关服务经营者提供的商品或者服务信息应当真实准确，不得作虚假宣传和

---

① 人民网.广告涉嫌侮辱英烈 抖音、搜狗被约谈并立案查处[EB/OL].（2018－06－07）. http://media. people. co m. cn/n1/2018/0607/c120837－30040923. html.

② 比特网.最早获得网络广告 Chinabyte 网站[EB/OL].（2007－04－10）. http://net. chinabyte. com/70/3163070. S. html.

③ 中国广告监管网.关于加强广告执法办案协调工作的指导意见（试行）[EB/OL].（2012－09－10）. http://www. saic. gov. cn/ggs/zcfg/201209/t20120911_129310. html.

虚假表示"。与《网络交易管理办法》同时出台的《工商行政管理部门处理消费者投诉办法》中第三十七条规定"为网络商品交易提供宣传推广服务应当符合相关法律、法规、规章的规定。通过博客、微博等网络社交载体提供宣传推广服务、评论商品或者服务并因此取得酬劳的,应当如实披露其性质,避免消费者产生误解"①。随着互联网广告监管探索的不断深入,我国于 2015 年 9 月 1 日起正式施行新《广告法》,又于 2016 年 9 月 1 日起施行《互联网广告管理暂行办法》,分别对互联网广告做出了更为细致的专门规定。

除了政府监管之外,广告行业自律协会也积极探索有效的互联网广告管理方式。2007 年 6 月 13 日,"中国广告协会互动网络委员会"经原国家工商行政管理总局和国家民政部的批准成立,通过并签署了《中国互动网络广告行业自律守则》,这是中国互联网广告界的第一部自律守则。② 2013 年 3 月 3 日,中国第一个《互联网 IP 地理信息标准库》由中国广告协会互动网络分会面向全行业正式发布,为进一步推动中国互联网产业向精确化、标准化方向的发展奠定了基础。③ 2014 年 3 月 15 日颁布生效的《中国互联网定向广告用户信息保护框架标准》,是我国第一部互联网用户隐私保护的行业标准,建立了行业主体全部参与的用户信息保护机制。④ 2015 年 3 月 15 日,中国广告协会颁布、实施我国第一部规范移动互联网广告的行业标准——《中国移动互联网广告标准》,主要解决目前移动广告市场上各平台内部业务种类不同、规范标准不统一,造成了各系统之间接口标准不一致,不能无缝对接投放,广告指标不一致等问题。⑤ 2015 年 10 月 24 日,中国广告协会互动网络分会发布了《2015 移动互联网广告标准》,这一系列标准包括《移动互联网广告用户信息保护标准》《移动视频广告标准》《移动互联网广告效果评价标准》,以及《新版互联网 IP 地理信息标准库》四部分。

通过政府他律与行业自律监管的共同努力,近年来我国的互联网广告市场环境得到了明显的改善。不过,随着互联网广告发布平台的迅速增多,广告投放的总量也逐年增长,网络中的违法广告不仅难以杜绝,而且还一直呈现出持续上

---

① 查灿长,孟茹.第四种力量的崛起:网民舆论监督助推新媒体广告行业自律[J].上海大学学报(社会科学版),2015(3):121-122.

② 新浪科技.中国广告协会互动网络委员会成立[EB/OL].(2007-06-26).http://tech.sina.com.cn/i/2007-06-26/15491584155.shtml.

③ 网易科技.中国互联网 IP 地理信息标准库已正式发布[EB/OL].(2013-03-06).http://tech.163.com/13/03 06/20/8PAE33VB000915BF.html.

④ 爱微帮.陈永:互联网定向广告用户信息保护标准是怎么出台的[EB/OL].(2015-09-17).http://www.aiweib ang.com/yuedu/51420652.html.

⑤ 本标准协议仅适用移动互联网端的 Mobile Web 和 Mobile App 的广告投放;适用于广告主或者广告代理商的广告系统平台与媒体的广告系统平台间的接口对接标准定义和规范;对接的资源为广告主与媒体协议约定的资源。

升的趋势。数据显示,2018 年上半年,全国工商、市场监管部门共查处互联网广告案件 8104 件,同比增长 64.2%。① 由此可见,互联网广告市场监管还是存在一些难题:海量的互联网广告信息拉大了政府相关部门的监管范围,超越国家边界的广告发布与传播能力削弱了管理权限与惩罚能力,互联网广告主及时删除广告的能力制造了取证的困难,新的广告方式层出不穷导致相关规制滞后因而缺少惩戒的威慑力。由于互联网广告主的违规成本相对较低,因而单纯依靠行政力量与法律法规来约束互联网广告市场还是存在不少困难。

二、数字互动媒体平台积极为互联网广告把关

由于互联网广告规制的更新速度滞后于新广告诞生与流行的速度,在政府他律监管"无规制期"或规制不健全期,互联网上频繁出现的违法广告、虚假广告,因不断地损伤了消费者的利益而导致社会公信度下降。数字互动媒体平台作为互联网广告信息的发布渠道,出于理性选择的考虑,近年来开始主动承担起广告"把关人"的角色,积极探索有效监督互联网广告的方式方法,成为推进互联网广告行业自律发展的一支重要的影响力量。

数字互动媒体平台作为发布广告的新兴媒体,可以凭借其资源控制能力对广告进行监管,具有区别于传统媒体时代"把关人"的新特点,即借助平台所掌握的新媒体技术更强地控制广告,即刻屏蔽、断开链接或删除问题广告,从而约束广告主体的行为。数字互动媒体平台主动承担起部分新媒体广告监督的职责,符合科尔曼的"理性选择理论"的主要观点:作为"理性人",数字互动媒体兼有经济人和社会人的双重性质,它既以合理性行动追求效益的最大化,又受社会关系的管束和制约,在社会的、文化的、情感的、道德的多种偏好影响下发挥综合效用。平台与广告主作为利益共同体,存在一种共存共荣的关系,虽然很多时候他们的共同发展是通过相互之间的力量博弈来最终实现的。在《社会理论的基础》一书中,科尔曼用大量的篇幅来论证,"在法人层面上的利益最大化,已经不一定是每一个参与者个体的利益最大化,保障每一个参与者达成社会选择的往往是社会关系和社会规范的因素。社会规范对于社会选择的达成具有重要的保障意义,而良好的社会关系、信任关系,有利于团体行动的最终实现"②。作为需要赢得消费者信任的利益共同体,数字互动媒体平台对互联网广告进行监管,引导每个广告主遵守规

---

① 国家市场监督管理总局.国家市场监督管理总局公布 2018 年典型虚假违法互联网广告案件[EB/OL].(2018－07－20).http://samr.saic.gov.cn/xw/yw/zj/201807/t20180720_275139.html.
② 刘少杰,等.社会学理性选择理论研究[M].北京:中国人民大学出版社,2012:85.

范,有利于实现平台与广告主整体利益的最大化。数字互动媒体平台对互联网广告把关的主要目的,是为了与消费者建立起良好的信任关系,因为"存在着激烈竞争的行业中,有大量证据表明,信任在市场活动中非常重要"①,媒体之间的相互替代性太强,赢得消费者信任、培养出品牌忠诚才能在竞争中制胜。

放眼国际市场,数字互动媒体平台对互联网广告进行把关已是大势所趋。以美国为例,不少数字互动媒体平台意识到自身的"社会性公民"身份,纷纷制定、修订内部广告发布规范,主动加入相关协会,并保证遵守国际互联网广告规制。Facebook 在 2013 年 12 月 19 日更新的《广告指南》(*Facebook Advertising Guidelines*)中,规定了七条总原则,②并对数据与隐私、广告创意与定位、广告内容、广告社区标准、关联引用(References)、他人的权利分别进行了细致的规定;③ Twitter 于 2014 年 9 月 30 日更新的《广告政策》(*Twitter ADS Policies*)中共有六大原则,④该政策"适用于 Twitter 的付费广告产品,包括:微博(Tweets)、趋势(trends)和账户(accounts),广告商要对他们在 Twitter 上的广告负责,传播诚实的广告、注重安全性,从而赢得大家的尊重"⑤;Pinterest 在《广告规则》中,"倡导广告应在帮助人们激发更多生活乐趣中发挥重要的作用,广告应当具有观赏性、促进行动、有趣",为此设定了在该网站中的四条原则⑥,涉及一些禁止性广告的规定。⑦ 此外,上述几家媒体平台还将广告主收集用户数据、保护消费者隐私、版权保护、链接标准、网站品牌背书以及关联引用、敏感信息等内容有选择性地在自律规范中进行了明确规定。个别网站还有特别细致的规定,例如 Facebook 对于广告账户与客户的关联进行了声明。由此可见,美国数字互动媒体平台在对

---

① 詹姆斯·S. 科尔曼. 社会理论的基础[M]. 邓方,译. 北京:社会科学文献出版社,2008:103.

② 这七条原则分别是:(1)我们的广告指南包括广告内容标准、社区标准和其他适用性要求;(2)广告指南与数据使用政策、权责声明均适用于 Facebook 上出现的所有广告和商业内容(包括美国广告代理商协会和美国互动广告局规定的标准条款和条件);(3)Facebook 应用平台上的所有广告均必须遵守所有 Facebook 平台的附加政策;(4)通过页面上的帖子生成的广告和彩票、比赛、竞赛或特价优惠(offer)广告均应遵守网页条款;(5)广告不得包含虚假、误导、欺诈或欺骗性的主张或内容;(6)不得通过单一的账号管理多个广告客户或客户端,不得改变广告客户或客户端与一个既定广告账户之间的关联;(7)发布定向广告需要遵守相关规定。

③ U. S. Securities and Exchange Commission. Facebook Platform Policies[EB/OL]. 2015 – 10 – 14. http://www. sec. gov/Archives/edgar/data/1580732/000119312514056089/d564433dex1012. html.

④ 这六大原则分别是:(1)保障用户的安全;(2)实现诚实的内容、负责的目标;(3)不要发送垃圾邮件、有害代码或其他破坏性内容;(4)为你在 Twitter 上的广告内容创建高编辑水准;(5)为您创建的独立于 Twitter 的链接设定高标准;(6)请知悉 Twitter 广告相关的支持性政策。

⑤ Twitter. Twitter Ads Policies[EB/OL]. (2015 – 10 – 14). https://support. twit ter. com/articles/.

⑥ 这四条原则分别是:(1)可信(authentic);(2)引以为豪;(3)不要发送垃圾邮件及其他不好的广告内容;(4)遵守适用的法律规制。

⑦ Pinterest. Advertising Rules[EB/OL]. (2015 – 10 – 09). https://about. pinterest. com/en/advertising-rules.

互联网广告监管方面的努力。

三、我国数字互动媒体平台对互联网广告把关的主要方式

我国相关广告法律、法规中明确指出,数字互动媒体平台具有信息把关的权力。《互联网广告管理暂行办法》第十二条规定应为互联网广告设置"把关人","互联网广告发布者、广告经营者应当配备熟悉广告法规的广告审查人员;有条件的还应当设立专门机构,负责互联网广告的审查";第十五条明确了数字互动媒体平台所拥有的把关权力,"媒介方平台经营者、广告信息交换平台经营者以及媒介方平台成员,对其明知或者应知的违法广告,应当采取删除、屏蔽、断开链接等技术措施和管理措施,予以制止";新《广告法》第四十五条也规定,"公共场所的管理者或者电信业务经营者、互联网信息服务提供者对其明知或应知的利用其场所或者信息传输、发布平台发送、发布违法广告的,应当予以制止"。"权利的实施必须以权力予以保证,即权利持有者凭借权力保护其要求",①法律赋予媒体平台的监管权利为其更好地承担社会责任奠定了基础。

我国的数字互动媒体平台近年来也越发意识到对互联网广告把关的重要性。为实现与广告客户的长久共赢发展,建立起与平台受众的信任关系,数字互动媒体通过颁布广告规范、限制广告发布、添加显著的广告标识、成立专门监管团队、开展专项整治行动、采取惩戒行动、给予消费者主动选择权等方式,促使互联网广告遵守规范,促进了行业的健康与规范发展。

(一)制定发布互联网广告规范

互联网信息传播的开放性特征,为商业言论创造了前所未有的自由与宽松环境,但这并不意味着可以放弃相应的规范,因为自由向来伴随着义务,互联网广告行业的健康发展需要相应的规范来约束广告主体的行为。正如桑斯坦(Cass Sunstein)所言:"对于网络和其他传播科技,问题不在于我们是否有规范,而是我们应该有什么样的规范。言论自由从来不是绝对的。每个民主体制都会规范某些形式的言论,这其中就包括虚伪不实的商业广告。"②为保证腾讯开放平台以及Qzone平台的用户体验,维护广大广告主的权益,腾讯制定了《社交广告审核标准及规范》,要求广告主在腾讯社交广告系统上提交广告必须遵守法律法

① 詹姆斯·S.科尔曼.社会理论的基础[M].邓方,译.北京:社会科学文献出版社,2008:62.
② 凯斯·桑斯坦.网络共和国:网络社会中的民主问题[M].黄维明,译.上海:上海人民出版社,2003:139.

规以及腾讯开发平台的有关规定,广告主应该保证广告真实可靠,不得有误导用户的嫌疑。第二章的"广告规范",分别对所有及部分广告位禁止投放的广告类目、广告主的投放行为进行了规定;第三章公布了具体的广告审核标准。①② 微信为监管发布于其上的互联网广告,也先后发布多个相关规范:在《微信公众平台运营规范》(2014 年)中,对"欺诈虚假广告类、违法广告类以及广告推荐商品本身和公众账号所示身份无关"这三种类型的广告进行了规定;③在《微信朋友圈使用规范》(2015 年)中对广告限定发布内容做出了具体规定;④在《微信外部链接内容管理规范》(2016 年)中,明确了"诱导分享、诱导关注、H5 游戏及测试、欺诈、谣言题文不符及内容低俗信息、非法获取用户数据信息"的发布规范。⑤ 2018年发布的《微信公众平台广告投放服务协议》对于公众账号信息、资质要求、行为规范、数据使用规则等广告投放做出了明确的规定。⑥

(二)限制发布未经许可的广告

数字互动媒体平台凭借对资源享有的所有权利,可以对依托媒体发布的内容进行限定,为了降低良莠不齐的商业信息传播中的风险,有些平台规定,未经许可的互联网广告不得发布。"土豆网"在 2012 年 1 月发布的《使用协议》中,明确指出平台所拥有的监督权利,"土豆网保留根据国家法律、法规的要求对上载、传播的节目进行不定时抽查的权利,并有权在不事先通知的情况下移除或断开链接违法、侵权的作品"。该协议在"用户行为"中规定,杜绝发布未经许可的互联网广告,"除您与土豆网另有约定外,您同意土豆网的服务仅供您个人非商业性质的使用,不可利用土豆网服务进行调查、广告或其他商业目的"⑦。此外,土

---

① 共有八条审核标准,分别是:(1)广告严禁出现与黄赌毒相关的信息;(2)涉及中奖内容的广告不能使用好友信息作为诱导;(3)如果广告素材中涉及中奖、领取红包等信息,需要是用户点击广告图后能马上领的,如果是需要达到一定条件以后才能领取的,需要在文案上备注说明;(4)广告不允许出现带恶意或者虚假信息的广告;(5)不允许出现表达不明晰的广告内容;(6)广告图片及文字不得侵犯他人肖像权,如有明星代言,需提供相应证明;(7)广告素材与推广内容不得不相符;(8)广告素材设计符合上述要求。

② 腾讯开放平台.广告投放相关问题[EB/OL](2016 - 02 - 25). http:// wiki. open. qq. com/wiki/faq/%E5%B9%BF% E5%91%8A%E6%8A%95%E6%94%BE%E7%9B%B8%E5%85%B3%E9%97%AE%E9%A2%98.

③ 360 百科.微信公众平台运营规范[EB/OL]. (2016 - 09 - 30). http://baike. so. com/doc/8988316- 9317023. h tml.

④ 腾讯科技.微信发布《微信朋友圈使用规范》[EB/OL]. (2015 - 03 - 15). http://tech. qq. com/a/20150315/0124 53. html.

⑤ 微信.微信外部链接内容管理规范[EB/OL]. (2016 - 04 - 12). http://weixin. qq. com/cgi-bin/readtemplate? t=weixin_external_links_content_management_specification.

⑥ 微信.微信公众平台广告投放服务协议[EB/OL]. (2018 - 11 - 01). https://mp. weix in. qq. com/promotion/rea dtemplate? t=apply/agreement.

⑦ 土豆网.使用协议[EB/OL]. (2012 - 01). http://www. tudou. com/about/cn/agreement. html#s6.

豆网在 2018 年 5 月 25 日更新的《用户服务协议》中，再次明确禁止"发送任何未获邀约或未经授权的垃圾电邮、广告或宣传资料，或任何其他商业通讯"①。

（三）广告信息增加显著的标识

"认知"是人们对作用于感觉器官的外界事物进行信息加工的过程，由信息的获取、编码、贮存、提取和使用等一系列连续的操作阶段组成。商业推广喜欢弱化广告的特征，以在海量的信息中赢得消费者的关注，减少排斥心理，从而形成正面认知，但这种行为往往因涉嫌欺骗消费者而遭受指责，如百度竞价排名引发的"魏则西事件"。随着相关法律的不断完善，加之广泛的社会舆论监督，以百度为代表的媒体平台开始严于自律，为广告增加显著的标识以便于消费者清晰地认知。2016 年 5 月 15 日，百度完成了对搜索页面的整改。5 月 17 日，百度推广标识全面更换，将原来的"推广"标识全部替换为"商业推广"字样，并更换字体颜色、增加下划线，加入明显区别于其他区域的底纹颜色等。5 月 24 日，百度实现了每页面商业推广信息条数所占比例低于 30％，每个页面上下和右侧的推广信息合计不超过 4 条。② 随着《互联网广告管理暂行办法》的正式实施，百度"商业推广"自 2016 年 9 月 1 日开始又直接被"广告"字样所替代，并且增加了粉红色底色，以便于消费者与普通的信息显著相区分（见图 1）。与百度一样，微信也为

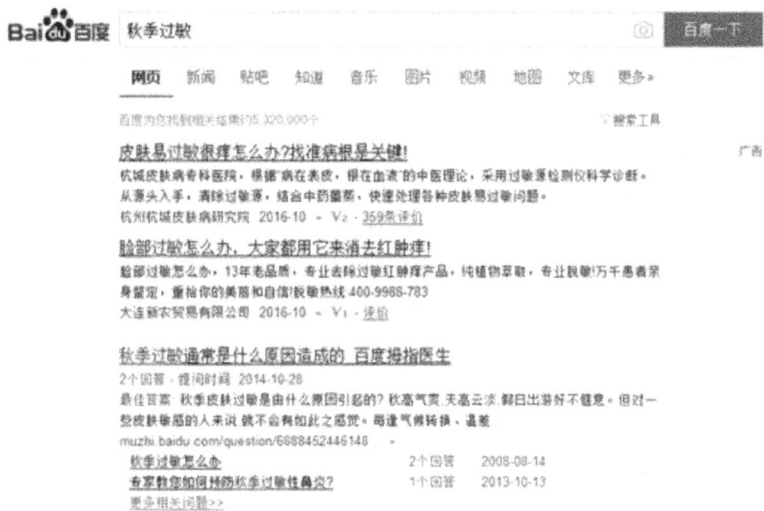

图 1　百度搜索页面的广告信息截图

① 土豆网.用户服务协议[EB/OL].(2018-05-15).http://compaign.tudou.com/law/user.
② 搜狐科技.百度宣布完成搜索整改 对搜索页面调整完毕[EB/OL].(2016-05-26).http://tech.163.com/16/0526/02/BNV7T4G2000915BF.html.

其在"朋友圈"推广的产品明确标明了"广告"字样,以清晰地提醒消费者该信息的商业化特征,大大降低了他们认知混淆的几率(见图2)。

图 2　微信朋友圈发布的视频广告截图

(四)成立专门的监管团队

数字互动媒体平台为监管互联网广告,成立了专门的管理团队,可以充分发挥专人负责效率高、问题处理速度快等优势。新浪微博成立了"反垃圾团队",以惩治"僵尸粉丝"与大量垃圾广告对用户造成的干扰,"所有个人认证用户新增的粉丝中,被系统判断为垃圾用户的粉丝,则将被完全清除,如果有误判的情况造成新增粉丝数异常,请及时联系你的微博专员或者@微博客服解决"[1]。淘宝网安排了2000多名专职人员以及5000多名编外人员处理投诉,[2]监督的内容包括商家在平台上对其商品进行的宣传,一旦发现违规或收到消费者举报、工商来函,就会对违规商家进行相应的处理。

(五)开展专项整治行动

专项整治行动可以对相关问题进行集中性处理,突出问题的严重性,以引起

---

[1]　新浪微博.新浪微博反垃圾官方账号[EB/OL].(2014 - 02 - 21).http://weibo.com/weiboantispam.
[2]　中国经营网.阿里大战工商之后[EB/OL].(2015 - 02 - 03).http://www.cb.com.cn/special/show/708.html.

广告主的重视。淘宝网通过自查发现,其平台上的"广告商品"严重影响了消费者的购物体验和购物选择,虽然淘宝网之前对严重违规卖家进行了永久店铺屏蔽处理,但是部分卖家仍然无所顾忌地继续滥发广告商品,为了维护淘宝网健康的交易秩序,从2016年8月12日起开展了对"广告商品作弊情节特别严重卖家专项整治行动",对"发布不以成交为目的的商品或信息"以及"发布易导致交易风险的外部网站的商品或信息"等作弊情节特别严重的卖家,执行店铺监管的处置。[①]

(六)采取惩戒行动

平台对互联网广告监督最有效、最直接的方法就是奖惩分明,"如果规范为社会成员所遵守,他们将获益;如果人们违背规范,他们将受到伤害"[②],遵守规范才能创造一个良性竞争的市场环境。以淘宝网为例,该平台对于违规广告的惩罚力度是比较大的。2015年11月3日生效的《淘宝微淘平台管理规范》(2016年7月1日修订),规定"发布危害信息、垃圾广告、夸大宣传、绝对化用语,删除违规信息并暂停微淘功能30天,违法违规内容累计达3次及以上的,永久关闭微淘功能"[③]。2018年6月7日《淘宝直播平台管理规则》首次生效,规定"平台上发布的推广内容,须与所推荐的实际信息(包括但不限于商品参数、商品描述、商品属性)保持一致,不得进行不实、虚假、夸大宣传,误导消费者。违规处理:对于主播:1.警告并下线直播,2.删除直播内容,3.直播权限冻结30天;对于主播的阿里创作平台账户,扣10分/次。对于互动参与用户:1.删除违规信息,2.暂停淘宝直播评论功能15天"[④]。

(七)给予消费者主动选择权

给予消费者选择权,在保障消费者权益的同时也可以为广告主赢得良好的口碑效应,从而有助于提升品牌形象。2015年6月,农夫山泉在爱奇艺上大胆尝

---

① 淘宝网规则.广告商品作弊情节特别严重卖家专项整治公告[EB/OL].(2016-08-05).https://rule.taobao.com/detail-4612.htm? spm=a2177.7231193.0.0.WHPt7N&tag=self&cId=118.

② 詹姆斯·S.科尔曼.社会理论的基础[M].邓方,译.北京:社会科学文献出版社,2008:224.

③ 淘宝规则.淘宝微淘平台管理规范[EB/OL].(2015-11-03).https://rule.taobao.com/detail-3360.htm? spm=a2177.7231193.0.0.iNAFS8&tag=self&cId=115.

④ 淘宝规则.《淘宝直播平台管理规则》变更公示通知[EB/OL].(2018-05-31).https://Zhongyiyuan.alitrip.com/detail-8258.htm? tag=self.

试 Trueview① 广告,5 秒钟后消费者有权决定是否继续观看(如图 3),在社交媒体中赢得广泛的赞誉,仅仅半个月,相关评论的帖子在新浪微博就被转发超过 2 万次。②

图 3　农夫山泉 5 秒后无条件免费关闭广告页面截图

　　为保障消费者的选择权益,百度在《隐私保护声明》中指出,如果用户不希望在访问百度联盟网站时,接收百度基于 cookie 的个性化推广信息,"可以通过个性化配置③限制百度对 cookie 的使用"(如图 4)。

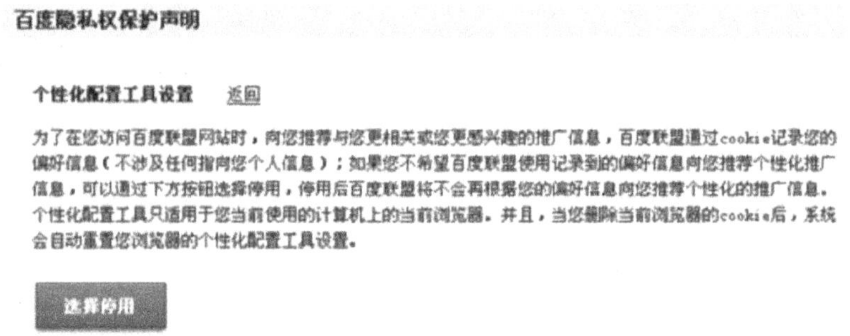

图 4　百度个性化配置工具设置页面截图

---

　　① 视频观众可以在广告播放 5 秒后选择"跳过"广告,直接观看视频内容。与此同时,广告主只为观看超过 30s 的消费者买单,不必为那些选择跳过的观众支付广告投放费。从某种意义上而言,Trueview 在提升 TVC 质量进而改善视频观众观看体验的同时,也为品牌做了次以兴趣为筛选标准的观众匹配,从而提高了广告主的投入效率,是个多方共赢的模式。

　　② RTBChina. Trueview,广告的选择权真的可以交给用户? [EB/OL]. (2015 - 08 - 20). http://www.rtbchin a. com/trueview-be-or-not-to-be. html.

　　③ "个性化配置工具设置"是为了在用户访问百度联盟网站时,向他们推荐与其更相关或更令他们感兴趣的推广信息,百度联盟通过 cookie 记录用户的偏好信息(不涉及任何指向用户的个人信息);如果用户不希望百度联盟使用记录到的偏好信息向他们推荐个性化推广信息,可以通过下方按钮选择停用,停用后不会再收到相关信息。个性化配置工具只适用于用户当前使用的计算机上的当前浏览器。当用户删除当前浏览器的 cookie 后,系统会自动重置他们的浏览器个性化配置工具设置。

四、结　语

数字互动媒体平台对于发布于其上的广告承担着部分"连带责任",出于理性选择的需要,为了追求与广告主相互间利益的最大化,同时减少负面影响,这些媒体平台主动承担起互联网广告的"把关人"角色。近年来,国内外的数字互动媒体平台均呈现出强化自律意识,不断收紧对发布于其上广告传播的控制与管理权的趋势,我国代表性的搜索引擎网站、视频播放网站、购物网站、社交媒体平台等,也积极承担起监督互联网广告规范发展的社会责任。这股来自于媒体平台"自内而外"的自律监管力量,虽然尚未发展成熟,对于互联网广告的监管方式与发布的相关规制也不尽完善,但已经成为政府他律监管的很好补充。政府与数字互动媒体平台通过共同努力,推进互联网广告行业走向成熟,也在很大程度上保障了消费者的权益,赢得社会公众对新媒体以及网络广告的信任。

2.5 区块链视野下的公民新闻再思考

——基于对 Civil 的考察

林丹菁[*]

【内容提要】公民新闻运动自产生以来便面临着内容浅薄、缺乏激励机制与虚假新闻难稽查三大难题,而区块链技术拥有去中心化运作、数据可回溯、不易篡改等特点,为去中心化的新闻生产和打击虚假新闻提供了条件,由此将助力公民新闻运动再发展。本研究从区块链技术特征视野出发,以区块链新闻生产平台 Civil 为分析个案,围绕区块链将如何深化公民新闻运动这一问题,对传统公民新闻进行反思,并进一步思考未来区块链可能为新闻业带来的影响。研究认为,区块链技术在参与和信任维度上实现了公民新闻的瓶颈突破:参与方面,区块链新闻扩大公民新闻主体,在保证非专业人员参与新闻生产的前提下,将专业记者纳入公民新闻当中,既保留公民新闻"去中心化"的生产优势,又优化了新闻内容,同时,加密经济为公民新闻主体持续参与新闻生产提供了奖励机制;信任方面,可回溯和不可篡改等特征将有助于虚假新闻的问责稽查,重构新闻专业主义。最后,区块链促进公民新闻再发展,将带来新闻需求、供给与观念和融合新闻的变革。

【关键词】区块链;公民新闻;去中心化;Civil 虚假新闻

一、研究背景与问题

2016 年 12 月,《十三五国家信息规划》当中首次提到了区块链,并将其与大数据、人工智能、物联网、基因工程等高新技术一起并列为引领全球新一轮科技变革的技术之一。2018 年 5 月,国家工业和信息化部发布了《2018 年中国区块链产业白皮书》,其中指出,区块链作为一项颠覆性技术,正在引领全球新一轮技

---

[*] 林丹菁,浙江大学传媒与国际文化学院博士研究生。

术和产业变革,有望成为全球技术创新和模式创新的"策源地"……区块链几乎在所有场景领域都能实现落地,未来三年也成为区块链和传统产业融合更为紧密的时期。①

　　目前,区块链对于新闻业的应用还在起始阶段,业内和学界的关注点也聚焦在"区块链能为新闻业带来什么变化"这一问题。区块链媒介公司的执行总裁哈格雷夫(John Hargrave)表示区块链技术带来一种去中心化的媒介模式,这将有效解决媒介领域的社会正义问题——遏制媒介权力腐败,打击假新闻,解决西方新闻媒介长久以来面临的政治宣传问题;②邓建国也从媒介偏向和新闻生产的政治经济学角度对区块链新闻的未来进行展望,认为在区块链支持下,新闻很可能抵达真相,化解美国新闻业商业和政治操控猖獗的危机;③邵鹏关注了基于区块链的新闻生产平台 Civil,认为借助区块链技术,Civil 能为新闻业打造一个自我维持的市场,不受经济干扰,保障新闻公正,从而生产高质量的新闻。④

　　从相关的讨论中可以发现,去中心化的生产模式和遏制虚假新闻是目前"区块链＋新闻业"的成果,而这两点也分别是公民新闻运动的优势和短板:公民新闻主体借助自媒体平台实现自我赋权,新闻生产过程不受传统媒介生产机制束缚,颠覆传统媒介信息霸权地位,但是非专业生产方式也导致新闻内容浅薄、虚假新闻频发等问题,这成为公民新闻进一步发展的壁垒。由此让人深思:区块链技术能否克服公民新闻的先天缺陷? 区块链的新闻生产模式又能在哪些方面深化公民新闻力量? 这又为未来区块链融合新闻业带来哪些启示? 当下区块链与新闻生产结合的先锋便是 Civil,该平台基于区块链的新闻生产模式对于我们考察区块链＋新闻的趋势具有参考价值。围绕以上问题,本文将以 Civil 平台为个案,从区块链角度对公民新闻运动进行再思考,以此对传统公民新闻进行反思,并借此管窥未来新闻业在新闻供给、需求和观念方面的发展趋势。

二、区块链:从"分布式账本"到"分布式数据库"

　　区块链新闻生产是基于区块链技术而实现的新闻生产模式,那么何为区块链? 2016 年《中国区块链技术和应用发展白皮书》中将区块链定义为分布式数据

---

①　工业和信息化部信息中心.2018 年中国区块链产业发展白皮书[R].2018:3.

②　How Blockchain Will Decentralize the Media[EB/OL].[2018 - 10 - 16]. https://www.mediashower. com/static/media/White_Paper_-_How_Blockchain_Will_Decentralize_the_Media.pdf.

③　邓建国.新闻＝真相? 区块链技术与新闻业的未来[J].新闻记者,2018(5):85 - 92.

④　邵鹏,魏丽丽.为新闻业创造一个"自我维持"的市场——区块链新闻平台 Civil 的"理想国"[J].传媒评论,2018(4):23 - 26.

存储、点对点传输、共识机制、加密算法等计算机技术在互联网时代的创新应用模式。[①] 到目前为止，区块链经历了 3 个阶段技术升级：区块链 1.0 阶段主要的应用是数字货币（如比特币）；在区块链 2.0 阶段，基于智能合约，所有的金融交易都能在去中心化情况下实现交易转移，应用范围从数字货币扩展到所有资产形式；在区块链 3.0 阶段，区块链可以存储货币信息在内的所有数据内容，从而实现区块链在各个领域的落地应用。因此，此前人们称区块链实质是一个分布式账本，是一种不可篡改和不可伪造的账本，而今区块链更多地被理解为一种分布式的数据库。

麦肯锡公司曾向美国联邦保险咨询委员会提交一份区块链技术报告，该报告将 2009—2016 年称为"黑暗时代"，这期间区块链解决方案都依赖比特币，而在 2016 年后区块链应用将空前广泛。[②] 区块链能够应用在如此广泛的领域与其技术特征密切相关。

（一）P2P 传输与去中心化

去中心化是区块链典型特征之一，这一特征源自于区块链的核心技术——P2P（Peer to Peer），即点对点的传输技术。在传统系统结构中，往往存在一个中心化的机构进行数据处理，例如人与人之间的交易往往借助银行，而在区块链体系中，每一个计算机都可看成一个节点，节点与节点直接实现资源传输，不需要借助任何第三方中心机构，由此用户之间直接实现信息共享，弱化了中心服务器的作用。去中心化的优势之一便是实现资源有效利用，以往中心系统的维护需要高额成本，而且一旦中心服务器遭到黑客攻击将导致数据资金泄露、系统瘫痪等后果，而在去中心化的系统中便没有这些问题。原本属于第三方中心机构的监管职能，直接转交给社会监督，每个数据节点都担任起信息验证和管理的职责，大大降低了监管成本。

（二）分布式存储与不可篡改性

在区块链的数据存储过程中，每一笔交易记录完成，都会在各区块节点进行记录保存，那么如何确保每个节点记录的一致性和同步性呢？对此，区块链借助共识机制，直接以记录最好最快的节点数据为标准，将该节点的信息备份给所有节点，从而解决了一致性和同步性问题。这种所有节点对数据进行分布式存储

---

① 工业和信息化部信息中心.中国区块链技术和应用发展白皮书[R].2016:1.
② 许子敬,程剑波,等.链接未来:迎接区块链与数字资产的新时代[M].北京:机械工业出版社,2018:165.

的技术能保证信息的公开性和不可篡改性,因为每一个区块节点中的数据都是一样的,且都经过哈希算法进行不可逆的加密,一旦某一节点的数据被篡改,区块链会默认存储相同数据较多的版本具有真实性,而舍弃被篡改的节点,不会影响到整体数据的安全性,由此实现数据的稳定性、公开性和不可篡改。

(三)时间戳与可溯源性

目前,区块链技术已被用于数字资源的版权保护,其能在数字版权领域落地便是得益于时间戳技术。在区块链中,区块是按照时间顺序先后逐个形成并连接成链,每个区块都记录了创建以后的所有信息。区块分为数据头和数据体,数据头会连接到前一个区块当中并加盖时间戳保证数据历史的完整性。时间戳类似于传统商务交易当中的"签名盖章",一旦为某笔交易信息盖上时间戳,便是标注了不可篡改的时间证明,也形成了可以进行回溯的时间链条,因此通过时间戳技术便可以为作品确权,作品数据被加盖了时间戳,便是确认作品存在的真实唯一性,后续交易都会被记录。

(四)智能合约与自信任

区块链用计算机语言代替法律语言记录条款,一旦满足合约条件,系统便会根据脚本自动执行功能,进行交易结算。在这一过程中,不需要出示用户的身份信息作为保证,也造就了区块链自信任的特征。虽然区块当中的数据公开透明,但进行数据传输共享的节点用户则不需要进行公开,完全可以保持匿名性,保证了用户的信息隐私。这种自信任特点颠覆了传统契约制度当中需要的高昂信任成本,能够有效规避违约风险。因为事先设定的条款具有不变性和安全加密性,一旦程序判定合约有效后便自动执行命令,可在无需公开对方身份的情况下对双方产生信任,从而解决交易双方信任执行的问题,从制度信任走向机器信任。

三、公民新闻的特征与痛点

区块链和公民新闻之间存在着天然关联,二者都有着去中心干扰的优势,但若要继续挖掘区块链对公民新闻的影响,首先便需要对公民新闻的特征进行梳理,找到其发展痛点,再论述区块链特点如何具体解决公民新闻的痛点。

(一)公民新闻特征:非专业性主体与非制度化传播

公民新闻产生于 2000 年,一名韩国记者对传统新闻生产中存在的经济政治操控问题感到不满而自己建立了 Ohmynews 新闻网,号召志同道合的人一起制作新闻,以"人人都是记者"为口号,强调公民都可以以自身生活周遭或是职业与经验领域来报道公民新闻,公民新闻完全是以公民为主轴的媒体,都是由公民自发的公众议题的公民新闻报道。[①] 本文的公民新闻具体指公民或者群体(主要是非专业新闻工作者)通过专门的公民新闻网站、非制度化自媒体、小众媒体等渠道,积极主动参与事件报道与时事评论的社会活动。[②]

公民新闻(citizen journalism)刚引进国内时,常与公共新闻(public journalism)概念混淆,也有人对此进行了辨析。余建清便认为公共新闻更加强调新闻工作者以参与性立场去报道与公众利益密切相关的事件,[③]而公民新闻的主体则在于普通公民,而非专业的新闻工作者,由此强调公民新闻特点之一——参与主体的非专业性。同时,与公民新闻相关的另一概念——另类新闻(alternative journalism)也引起讨论关注。对此,克里斯(Chris Atton)认为,另类新闻是指非专业人员利用 Twitter、Facebook 等不同于传统媒体形式的另类媒体(alternative media)进行线上播报和评论新闻消息的现象,用另类新闻指代公民新闻更加合适,因为公民本身更加强调政治概念,而此类非专业化的媒介实践深入到日常生活中,有着更加广泛的政治、经济、社会和文化背景。[④] 虽然称谓不同,但克里斯对于这种非专业化新闻媒体实践的分析,实际上突出了公民新闻的重要特征:普通人参与+新媒体传播,前者是对新闻主体的特征描绘,后者则概述了公民新闻的传播渠道。在参与主体方面,公民新闻主体往往不是专业新闻从业人员,其身份不受专业媒介机构的制度规范限制,新闻生产行为具有自主性、非职业性、业余性和自发性,消弭了受众和专业生产者之间的界限;在传播渠道方面,公民新闻传播的主要渠道不是传统大众媒介机构,而是非制度化媒体平台,因此传播速度快、更新播报及时,内容具有短平快和零碎化的特点,对于突发新闻也更具敏感性。这种非专业化主体和非制度化传播是公民新闻的特点所在,但也成了公民新闻难以为继的桎梏。

---

① 刘亮君,蔡美瑛.公民新闻报道主题之内容分析——以〈PeoPo〉〈WEnews〉平台为例[A].媒体汇流与创新——影音传媒发展与趋势[M].台北:秀威资讯科技股份有限公司,2012:165.
② 申金霞.自媒体时代的公民新闻[M].北京:中国广播电视出版社,2013:11.
③ 余建清.公共新闻与公民新闻辨析[J].国际新闻界,2008(7):58-61.
④ Atton C. Alternative and citizen journalism[J]. The handbook of journalism studies,2009:265-278.

(二)公民新闻特征带来的痛点与矛盾

参与主体非专业性是公民新闻去中心化生产的前提。公民记者具有自我雇佣(self-employed)色彩,他们不是专业记者,并不从新闻生产中谋生,或只单纯依靠读者获取回馈,这种民间性、志愿性和非营利性让公民记者摆脱了传统媒体人自我审查意识的束缚,也较少受到政治权力和经济利益的干扰,因此在报道新闻时拥有更大的自由度和灵活性,[1]更能提供透明、多元和反霸权的新闻视角。此外,非制度化的传播平台成为公民新闻生长的土壤。在公民新闻中,传与受的双方不是简单反馈交流,而是一种你中有我、我中有你的共同协作,传者、受众之间的界限不再清晰可辨。[2]借助自媒体平台,受众自主提供公共辩论主题或介绍亲历的事件热点,在传受双方大量的互动讨论当中,信息更容易发酵成为社会普遍关注的议程,通过各种渠道对社会现象、政府作为、企业经营进行集体监督,从而提升公民意识,正如 Firmston 等人所言,公民新闻能够在促进公众和当局者之间的沟通,通过公民在新媒介平台的信息交流,建立横向与纵向的传播模式,为公众和当局者之间的对话提供了可能。[3]

但另一方面,非专业性主体意味着生产业余性和无偿性,非制度化传播也隐藏着虚假信息病毒式扩散的风险,这也成为公民新闻与生俱来的痛点:内容浅薄化、缺少制度化奖励和虚假信息难问责。专业新闻从业人员在长期的新闻生产训练过程中形成了一套内化的新闻生产准则,这些准则是生产高质量的新闻前提之一,而非专业人员在缺少专业训练的背景下生产的新闻内容具有主观性、情感化和个人化特点,内容浅薄,缺乏专业深度,消解了新闻专业主义。而且公民记者的业余性意味着他们并不从新闻生产中获利,对信息的揭露更多是建立在社会责任感和对社会公众议题的关怀之上,在缺乏物质激励的条件下,仅凭借责任感难以长久维持公民进行新闻监督和生产的热情。此外,这类浅薄或具情感化的内容借助自媒体平台快速传播,容易在散播过程形成舆论,也可能在传播链条中失真而制造大量虚假新闻,业余性和非制度化传播特点使虚假新闻自公民新闻诞生起便饱受诟病。

总之,非专业性主体与非制度化传播是公民新闻运动的一对矛盾特征:要实

---

① 吴果中,谢婷婷.从公民新闻到众筹新闻:新闻生产"专业化"和"参与式"两个维度的博弈[J].湖南师范大学社会科学学报,2016,45(2):147-153.

② 赵俊峰,张羽.公民新闻的发展与传媒生态的再建构[J].国际新闻界,2012(6):79-83.

③ Firmstone J,Coleman S. Rethinking local communicative spaces:Implications of digital media and citizen journalism for the role of local journalism in engaging citizens[J]. Local Journalism:The decline of newspapers and the rise of digital media,2015:130.

现去干扰的新闻生产模式,需要保障非专业公民记者的参与,但这种业余公民的参与又容易导致新闻浅薄化和热情丧失的问题;非制度传播平台实现新闻传播的技术赋权,但也使公民新闻流于细碎和狭隘,虚假信息难以溯源,纯粹的公民新闻似乎不能自动让生活迈向佳境。① 对此,区块链的去中心化特征、代币奖励机制和对数据溯源不可篡改的特征或许能为公民新闻突破桎梏提供可能。

四、区块链技术:公民新闻的痛点解决方案
——基于对 Civil 的考察

如前文所述,区块链拥有去中心化、分布式存储、可溯源和自信任等技术特点,那么这些技术特点将如何具体应用于新闻生产,并为解决公民新闻痛点带来哪些方案?下文将以区块链与新闻生产结合的典型代表 Civil 平台为例,进一步讨论该问题。

(一)区域区块链的新闻生产——以 Civil 为例

Civil 由拥有新闻学位的营销专家马修(Matthew Iles)以及几位技术专家于 2017 年联合创立。② 2018 年 9 月 18 日,该平台正式发行基于以太坊区块链的功能代币(token),表示平台与区块链技术连接进一步深化。

Civil 在白皮书中将自己定位为一个透过区块链和加密货币运行的新闻平台,其成立的初衷是为借区块链技术保护新闻记者,防止知识审查和知识产权侵权,同时保证新闻生产不被假信息和第三方权力机构干扰,为公民们提供高质量新闻,重建公民对于新闻报道的信任,建立公民与记者之间互信透明的关系。③ 由此可见,Civil 的创立背景与公民新闻的诉求有相似渊源,都是对传统新闻生产受到权力机构干扰而忽视公民利益这一现象感到不满,力图恢复新闻业对社区和公民服务的功能。

Civil 参与者包括管理人员、记者和公民读者。记者和公民读者的身份是交融的,记者本身可以参与到新闻投票、资助过程,公民读者也可通过投票参与议程设置,或成立新闻工作室,直接参与新闻生产,具体运作有以下主要内容。

1. 新闻工作室(Newsroom):任何人或机构都可通过平台虚拟币 CVL 在平

---

① 胡元辉.更审议的公民,更开放的公共——公共新闻与公民新闻相互关系的思考[J].新闻学研究,(119),2014:81-120.

② 谭小荷.基于区块链的新闻业:模式、影响与制约——以 Civil 为中心的考察[J].当代传播,2018(4):91-96.

③ The Civil white paper[EB/OL].[2018-9-30].https://civil.co/white-paper/.

台上提出成立工作室的申请,同时提交新闻议题、资金计划和证明等,经过委员会审核批准后则列入社区登记所(Registry)。发起人或机构可以直接对工作室进行管理,发布新闻议题,并为议题定价。平台参与者也可通过 CVL 直接点对点地对记者、新闻内容或者工作室进行奖励,并对新闻议题进行资助,获得较高关注和资金的议题便可投入调查,整个过程不受第三方机构影响,实现去中心化的新闻生产,也促使公民参与到议题设置过程中。

2.平台登记所(Civil Registry):登记所相当于一个记录合格工作室的白名单,只有在登记所中成功注册的新闻工作室才有资格发布新闻内容。

3.平台条约(Civil Constitution):平台条约以保障新闻质量、参与者自治为目标,对新闻运作过程和参与者的权利义务进行了规定。所有参与者,无论是记者、管理者或者普通读者都应遵守条约,如条约对新闻工作室发布的新闻产品设置了透明性、真实性、问责性和独立性等标准,以此规范新闻产品质量。一旦读者发现工作室违规,即可通过 CVL 向登记所发起投票,投票将由全社区公民参与,遵从少数服从多数原则。若确定违规,工作室将被除名,并没收其所有 CVL 分发给获胜的投票者。

平台中的新闻采用分布式存储技术,将永久保存,无法删除,便于回溯直接查证信息,用于投票的 CVL 也记录于区块链之中,投票记录被广播至每个用户节点,不可篡改,保证投票透明公开。

4.委员会(Civil Council):委员会是由自由律师、资深记者和新闻学者们组成的管理机构,主要对新闻工作室的成立进行审核,公开审查争议。Civil 白皮书当中强调,委员会将作为暂时性的存在,随着平台技术的建构完善,将日渐去除委员会,把 Civil 打造成一个完全由参与者自治的平台。

通过对 Civil 运作模式的整理发现,代币 CVL 有着重要作用,它是维持平台运作的基础,也是将平台与区块链技术进行连接的桥梁。以太坊是一个具有智能合约功能的公共区块链平台,CVL 便是在以太坊基础上形成的代币,由 Civil 智能合约管理,存储在去中心化的数据库中,使得 Civil 平台的运作与区块链实现对接。参与者们可以利用 CVL 在平台上发起新闻室、发布内容、进行投票等。基于区块链,CVL 每次交易转移都有据可查,且无法篡改,去中心化的操作机制防止了投票操控的情况出现,并能对优质新闻进行奖励,对不良行为进行查处,保持平台运作透明公开,激励良性行为,形成平台自我驱动式的管理。

(二)区块链助力公民新闻再发展

通过对 Civil 的考察发现,面对公民新闻的痛点,区块链技术在参与主体和传播平台两个方面进行了扩大和优化,从而在参与和信任两个维度深化了公民新闻力量,使去中心化新闻生产和新闻专业主义、非制度化传播和假新闻溯源之间的矛盾得以解决,这又为将来新闻生产的供给、需求和观念的转变带来了新启示,如图1所示。

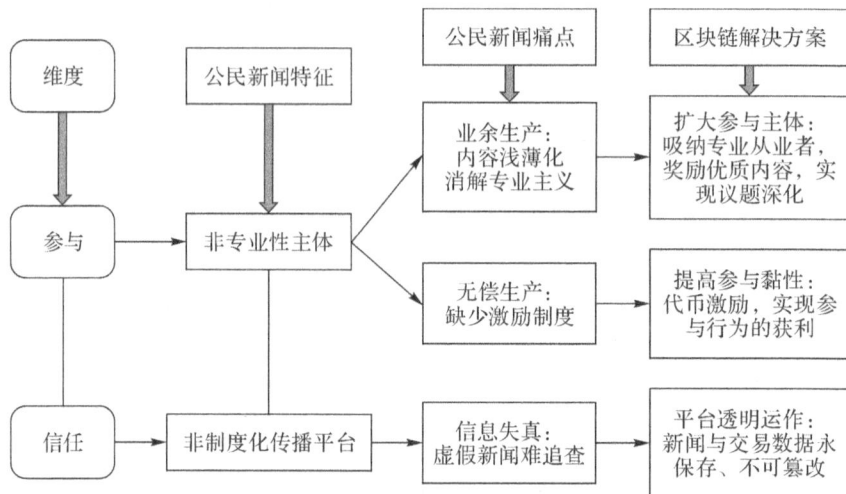

图1　区块链技术对公民新闻痛点的解决方案

1.扩大参与主体,回归专业主义

Axel Bruns 和 Tim Highfield 曾对新闻公民的概念进行质疑,认为公民新闻中"公民"内涵并不准确,因为公民新闻主体强调非专业新闻从业者,"公民"的使用意味着将专业新闻从业人员从公民之中排除。[①]　因此,区块链技术让所有人都可以参与线上新闻制作,在保障普通公众参与的同时,也将专业记者、机构纳入其中,鼓励专业的内容生产,解决去中心化和专业性生产之间的矛盾。

以 Civil 为例,在平台中记者与普通公众并没有十分明确的界限,双方之间角色相互转换,共同承担新闻生产任务和稽查责任,任何人都可以发起新闻工作室,也可以参与议题投票,任何对新闻内容怀有疑虑的人都可发起投票。这种形式下的新闻活动既非由专业领域垄断,也不是完全业余式生产,而是一种"专业＋业余"(por-am jounralism)形式,如此形成一个由专业人士和新闻爱好者共同组成的新闻生产场域,保证公民新闻去中心化生产的内核;同时将专业人士纳入其中,有助于新闻内容回归深度化和专业化。因为那些具备较高新闻媒介素养的人往往能生产更为优质的内容,并获得更多奖励,以此投入新的优质新闻生产

① Bruns A, Highfield T, Lind R A. Blogs, Twitter, and breaking news: The produsage of citizen journalism[J]. Produsing theory in a digital world: The intersection of audiences and production in contemporary theory, 2012(8):4.

过程。此外,新闻工作室要获得更多阅读奖励,便必须提供详实的新闻议题,进行深入调查后,发布具有深度、公正客观和高质量的报道。这种对深度内容的奖励机制也将在一定程度剔除新闻素质较差的人,实现对专业主义的回归,但这种回归并未排除普通读者的生产参与,而是在将他们纳入议题决策和内容监督过程的前提之下实现的专业性回归。

2. 代币奖励,提升参与黏性

社交媒介平台存在着一个问题,即随着市场白热化,原本以公开透明为标识的平台也将逐渐出现权威化的问题,[①]日渐中心化的平台并不能为使用者带来真正良好的体验,例如平台当中的活跃用户最终会成为平台各种广告推荐的对象,平台从中抽取费用,而用户却并未从广告阅读或者平台使用行为中获利。借助这些社群媒介勃兴的业余记者也面临相同的问题:当缺少正向的激励机制,仅靠热情和责任感如何能够触发更多人投入公民新闻? 对此,区块链提供的加密经济便可突破这一瓶颈:在区块链技术上实现用户行为和资产的通证化(token),让用户的每个参与行为都能变现,如 Civil 的做法便是让用户主动发布、阅读、支持和投票等良性行为中获得代币奖励,实现用户平台行为的货币化。

以 CVL 为例,CVL 作为虚拟货币,是一种数字资产,具有升值空间。用户用CVL 对优质新闻进行打赏,实现了线上内容的货币化,新闻发布者获得利润回馈。另外,作为一种平台投票权的象征,CVL 的使用分配突破传统用户付费阅读模式,让阅读者本身也能受益,如参与者可以用 CVL 参与投票决定工作室的去留,一旦工作室被除名,其相应的 CVL 也会转入到投票发起者和胜出一方的投票者手中,以此鼓励用户负责的监督行为和高质量内容的发布。区块链技术下的新闻生产让平台所有参与者的行为变为可以计量的存在,区块链新闻平台也不仅是一个新闻市场,而是一个生态系统,在这个系统中参与者能因良性行为受到物质激励,保持公民记者们持续进行新闻生产的热忱。

3. 平台优化,打击虚假新闻

传统公民新闻运动依赖于非制度化的传播平台,这些平台让人们能够快速传播信息,使得去监管的讨论互动得以产生,但即时发布分享的特点也让信息更替速度加快,信息来源容易被覆盖,导致信息失真和原始信息难以溯源。因此,阿克塞尔·布鲁斯(Axel Bruns)等人认为诸如 Twitter 等社交化媒体平台仍

---

① 张仲骐.媒体产业之用户聚合系统初探:基于区块链之概念性架构[D].桃园:台湾中央大学,2018:12.

旧是新闻线索的发现平台,而不能成为完全替代新闻报道评论的综合平台。① 借助区块链去中心化、信息可回溯与不可篡改的特点,将实现公民新闻平台优化,在保证非制度化传播去中心化优势的同时,解决虚假信息难以查清溯源、问责难度大的问题。

以 Civil 为例,在去中心化方面,Civil 的平台运作借鉴了众筹新闻的模式,但是 Civil 的模式基于区块链,还具备与传统众筹不同的特征:点对点传输、去中心化和自信任的机制使公众可以直接将资金与新闻发起人对接,不需要第三方众筹机构背书,且每一笔交易资金去向可溯源、不可篡改、数据公开向所有节点用户开放,因此克服传统众筹模式当中可能存在的虚假炒作、资金流向被控或是项目产品流产等市场风险。在这一过程中,新闻生产者的资金直接来自于受众,不受第三方机构的利益导向影响,既实现了平台透明化运作,又延续了公民新闻一定程度上摆脱政治、资金和媒介内部机构控制的去中心化特征。

在信息追查方面,基于区块链技术,新闻内容一旦经过验证发布,便会分布式地存储于各个节点,并且留下不可篡改的痕迹,这不仅有利于新闻作品版权保护,而且任何在转载过程中对数据的篡改都会被发现并广播到各节点,经过溯源可发现虚假信息的源头和在传播过程中发生的变动,如此对发布和传播虚假新闻的问责变得更为容易,也更容易还原新闻的原貌。虽然此种方法不可能完全排除虚假新闻,但是提高了虚假新闻传播的成本,如 Civil 要求新闻工作室必须出资进行新闻核查,而且 CVL 奖励机制也鼓励参与者主动履行新闻真实性核查的责任,发布虚假新闻将面临经济损失的风险,由此在信息传播源头防止虚假新闻产生。

五、小结与反思:新闻行业未来发展与挑战

(一)新闻供给、需求、观念的变化

综上所述,传统公民新闻中存在矛盾特点,即新闻主体非职业性和非制度化传播保障了新闻生产在一定程度上逃离媒介垄断、政治与资金控制,但业余性和非制度化平台也容易造成信息浅薄化、新闻生产热情丧失、虚假新闻传播。通过对基于区块链新闻生产平台 Civil 的考察,发现区块链技术去中心化、不可篡改、可溯源、自信任的技术特征能在"参与"和"信任"两个维度化解公民新闻的矛盾。

① Bruns A,Highfield T,Lind R A. Blogs,Twitter,and breaking news:The produsage of citizen journalism[J]. Produsing theory in a digital world:The intersection of audiences and production in contemporary theory,2012(8):13.

在参与维度上，区块链去中心化的运作保障公民新闻独立生产的优势，在普通公众参与新闻生产的前提下，将专业从业人员也纳入公民新闻运动中，实现专业深度内容的回归，而其加密经济的激励制度弥补了业余生产热情不足的问题。在信任方面，区块链自信任、信息可溯源、不可篡改的特征，有助于生产平台透明化操作，实现对虚假新闻的问责，保障新闻可信度。

值得一提的是，梳理区块链与公民新闻运动的关系，意义不仅在于反思传统公民新闻，更重要的是在反思和考察的过程中思考未来新闻行业的发展趋势。随着技术迭代，新闻业面临着大数据、区块链和人工智能等高新技术带来的挑战，这要求新闻业在需求层、供给层和观念层上进行相应的变化。在需求层面上，未来人们对新闻的需要不仅是真实优质的内容，还包括深度参与新闻议题决策、融入新闻生产和进行新闻稽查全过程的需求，新闻行业不仅需要来自受众的互动反馈，还需要拥有更加去中心化的生产模式；在供给层面上，未来新闻行业除了需要提供内容，还要增加用户体验：新闻生产者既是内容的提供者，更是体验的创造者，要为公众提供良好的新闻参与体验，包括阅读优质内容的体验、参与生产便捷性的体验、反馈可获利的体验等，才能提高新闻用户的黏性；在观念层面，打破新闻生产由专业人士独占的传统思维，参与新闻生产应是所有阅读者、传播者的权利和义务。专业记者需要摆脱"我提供你阅读"的传统思维，而每个阅读者也需要承担信息传播、监督、问责的责任，才能更好地将新技术应用于新闻业。同时，区块链技术的代币发行对未来新闻融合发展也具有助推作用，2018 年 9 月 7 日，网易旗下游戏《逆水寒》推出了基于区块链的游戏币伏羲通宝，并计划利用区块链技术将游戏币打造成可以在各个不同游戏之间流通的公允道具，从而实现旗下所有游戏产品的跨平台整合，这对未来新闻媒介跨平台合作也具有借鉴意义；基于区块链，一种代币可以在不同媒介平台中流通使用，从而建构一个大型媒介平台生态圈，实现资源互通互流，从而进一步推动和深化新闻媒介融合的层次。

(二)区块链＋新闻的挑战

区块链作为一项正在发展中的技术，目前在新闻生产领域的前景并未完全明朗。Civil 平台的运行仍旧处于初步阶段，对于新技术的应用还有许多需要思考和解决的问题。

1.推广难题待解决

区块链的去中心化和共识机制之间存在着矛盾，去中心化程度越高，共识机制效率越低。这是因为若要提高区块链去中心化程度，需要生成更多区块节点，而共识机制将所有节点纳入运算范围才能取得全部节点共识,运算速度随之变慢。因此随着未来区块链技术普及,生成节点越多,其共识机制的运算效率越低,去中心化程度和共识机制之间的两难问题可能成为进一步普及区块链的障碍之一。再者,高耗能问题也是技术推广的障碍,区块链的共识机制本质是每个节点(每台计算机)之间的算力竞争问题,在竞争中胜出的区块会将其记录的信息广播到全部节点,保持全链数据一致,但是这种计算本身不会产生实际的社会价值,而是一种纯粹的 CPU 计算,因此耗费大量 CPU 物力和电力,[①]当参与区块链的节点增多,资源消耗便可能超出社会能够承担的范围。

2.不可回避的安全隐患

区块链技术虽然具有高度稳定性,但是也不能完全排除安全隐患,其中一个显著的安全问题便是私钥的保管。如 Civil 平台运行模式依赖于虚拟货币 CVL,私钥管理对保证这类智慧资产安全有重要作用,但是现在私钥都存储在用户终端本地,一旦用户私钥被窃取或丢失,便会给数字资产带来损失。另外,政策法规的制定落后于技术更新发展,现在对于数字资产管理安全问题的相关规范还不甚完善,可能出现借此炒币等虚假宣传问题。2017 年发布的《关于防范代币发行融资风险的公告》,便指出了资本市场过分炒作而产生虚假代币融资行为。

Civil 平台借助区块链技术实现了数据永久保存和管理自治,但也同样会面临区块链 51% 的攻击问题,这对数据安全性也是潜在威胁。区块链被认为具有高度安全性,原因之一是区块链会自动认为相同数据数量较多的节点为真,而舍弃被篡改的节点,所以当其中一个节点遭到攻击不会影响区块链整体安全,但这也存在安全隐患:当区块链中超过 51% 的节点被攻击时,区块链的数据记录便遭到整体篡改失去价值。虽然目前 51% 的攻击问题还停留在理论上,实际操作需要巨大成本,但不能排除随着日后技术发展安全隐患可能会变成现实,而要防止这一问题便是尽可能多地产生新节点,增加攻击成本,这就涉及前文所提到的共识机制效率问题,也需要动员更多人改变以往新闻生产习惯加入到区块链新闻生产中,这需要花费一定的时间。

3.区块链与数字鸿沟

早期互联网发展过程当中面临的数字鸿沟问题同样转移到区块链上,新技术的推广普及总是优先达到一部分信息素养较高的人群之中。基于区块链技术的新闻生产也需要参与者掌握一定平台操作能力和区块链知识,新闻生产过程还是优先掌握在特定的信息精英群体中。随着技术应用进一步扩大,节点的规

---

① 许子敬,程剑波,等.链接未来:迎接区块链与数字资产的新时代[M].北京:机械工业出版社,2018:228.

模化增长,参与节点硬件资源的门槛提高,等技术信息到达后来者手中,其想要进入和参与其中的难度也随之增长。

区块链技术为解决公民新闻痛点提供了思路,但也存在诸如技术推广、安全性和政策规范等制约。不过也正如保罗·莱文森所言,任何一种后来的媒介都是对过去某种媒介不足的补偿,区块链技术的出现在某些方面弥补了之前基于社会化媒介平台的新闻生产问题,随着未来技术的深化,这些技术问题可能得到解决,由此引爆传媒业的变革。

2.6 人工智能路径下突发事件
传媒预警与策略分析

黄 杰[*]

【内容提要】突发事件带来的风险与危机,将会对社会造成不同程度的负面效应,传媒预警具有降低突发事件的负面效应作用,随着人工智能等技术的发展,将进一步提高突发事件传媒预警的价值。本文首先对人工智能、突发事件以及传媒预警进行了相关的文献综述;其次分析了人工智能路径下,传媒预警具有媒介泛在化、受众多维化以及传播内容全细化等新特性;最后在此基础上,提出了突发事件传媒预警在信息收集、信息分析以及信息发布等方面的策略。

【关键词】人工智能;突发事件;传媒;预警

一、研究缘起

处于转型期的中国社会,社会结构和环境在不断变化,突发事件频发,受到了各方的关注。从关注的目的上说,重点往往不是突发事件本身,而是突发事件可能带来的各种风险与危机。[①] 面对可能出现的各种危机,如果当其处在萌芽期时即进行预警并果断进行应对,其负面效应将会大大降低。

传媒作为监测环境的重要社会公器,对突发事件发生前可以进行传媒预警,降低各种风险。技术的进步带动传媒的变革,同时对传媒预警起到促进作用。以人工智能为代表的新技术,被写入"十三五"规划纲要。新华网撰文称,2017年将迎来"人工智能应用元年"[②],这将会对包括传媒业的众多行业产生影响,传媒智能化发展趋势已经开始彰显,并正在加速。[③]

---

* 黄 杰,浙江工商大学杭州商学院讲师。
① 夏雨禾.风险视角中的突发事件微博舆论及其治理[J].新闻大学,2016(1):105.
② http://news.xinhuanet.com/tech/2017－03/29/c_1120713573.htm.
③ 吕尚彬.传媒智能化与智能传媒[J].当代传播.2016(4):4.

二、文献综述

(一)人工智能

人工智能(Artificial Intelligence,简称为 AI),是在 1956 年的达特茅斯(Dartmouth)会上确定的概念。早期计算机科学之父阿兰·图灵、控制能之父维纳对人工智能进行了探索,为人工智能的发展奠定了基础。随着人工智能在传媒业的运用,彭兰预判人工智能将推动新一轮传媒业生态的重构。① 其改变主要在新闻信源的获取上,彭兰认为传感器拓宽了信源渠道。在新闻内容的生产上,吕尚彬认为智能机器人可以抓热点、写作、生成语音新闻。在新闻信息分发上,喻国明分析了个性化推荐,认为可以实现标签、聚类、匹配智能化。同时也有学者提出人工智能在传媒运用中存在的问题,如殷乐提出了数字刺青与"被遗忘权",郭超凯指出了"信息茧房"问题。在人与机器人的价值关系上,陈昌凤认为在判断新闻价值、信息的核实方面,仍然需要人发挥作用,情感连接与参与式新闻,人比机器温暖。②

(二)突发事件

对于突发事件的研究非常多、涉及面很广,有内涵特性分析、政府应急机制、新闻报道研究、舆论舆情引导等。有论文注重个案研究,如廖卫民以屠呦呦获诺贝尔奖议题为例,分析了突发事件网络舆论议题演化的引爆、质证、沉没、休眠四种模式;③余秀才以成都男司机暴打女司机事件为例,分析了突发事件中微博舆论的传播特征与问题。同时,还有论文深入分析了突发事件在网络传播中的内在机理和模型建构。张淑华认为突发事件信息和情绪在网络传播过程中存在着"扩音效应",具有节点和变量,遇阻"扩音",顺之则消,发展走向与问题处置的态度、方式、效果等密切相关。④ 赵振宇从系统论视野提出了突发事件舆论引导框架,兰月新、曾润喜等从情报学角度研究突发事件舆情预警指标、模型。

————————

① 彭兰.未来传媒生态:消失的边界与重构的版图[J].现代传播,2017(1):8.

② 陈昌凤.人机大战时代,媒体人价值何在[J].新闻与写作,2016(4):45.

③ 廖卫民.突发事件网络舆论议题的演化及价值沉淀——以屠呦呦获诺贝尔奖议题为例[J].当代传播,2016(3):83.

④ 张淑华.节点与变量:突发事件网络"扩音效应"产生的过程考察和一般模式[J].新闻与传播研究,2016(7):60.

（三）传媒预警

传媒预警最早是由喻发胜教授在《社会预警与传媒职责》一文中首次提出。他认为，大众传媒的社会预警作用不仅仅向公众发布相关部门授权的预警信息，更应该发挥自身的信息触角优势，对处于"未然态"的各种信息，经过科学的分析判断，及时向有关部门或公众提出预警。[①] 传播学上的"三功能说""四功能说"也为传媒预警提供了理论依据，认为大众传播具有监测环境的重要作用。拉斯韦尔将环境监测列为大众传播"三功能"之首，可以监测外部环境的变化，保证人类自身的生存与发展。赖特提出了"四功能说"，进一步丰富了环境监测功能，认为环境监测除了监测外界的风险外，还可以满足人们对各种信息的需求。[②] 这些都佐证了传媒可以担纲社会预警的重要角色，我国学者张咏华也提到了类似的观点，即"监测环境的重大任务之一是及时发现危机或危险将临的先兆，并立即发出警告"[③]。

三、人工智能路径下突发事件传媒预警特性分析

（一）媒介平台泛在化

在人工智能等新一轮技术的驱动下，会出现万物皆媒的趋势。信息网络将会打通人与人、人与物乃至物与物之间的时空间隔，形成万物相连的"泛在网络"（ubiquitous network）。[④] 在此传播情境下，我们会看到信息的传播会更加透明化，突发事件中的信息格局在媒介空间中被重构，权威机构控制信息的影响力也被消解。

这种泛媒化主要表现在两个方面：一个是物体媒介化，另一个是人体终端化。[⑤] 物体的媒介化将使得物体的角色多元化，随着传感器技术的发展，其本身具有信息触发的作用，可以直接采集信源信息。一些更加智能化的信息甚至可以直接成为信息的中介、终端，直接进行信息的传播。凯文·凯利在预言未来的12 个趋势中提到了"屏读"的出现，即不限于今天的电视、手机等，而在形式上更

① 喻发胜，王丹妮.社会预警与传媒职责[J].湖北社会科学，2003(10):59.
② 郭庆光.传播学教程(第二版)[M].北京:中国人民大学出版社，2011:102.
③ 张咏华.大众传播社会学[M].上海:上海外语教育出版社，1998:28.
④ 赵立兵.平台化＋智能化:未来媒体发展总趋势[N].中国社会科学报，2015－12－17.
⑤ 彭兰.万物皆媒——新一轮技术驱动的泛媒化趋势[J].编辑之友，2016(3):6－8.

加多元化,同时具有动态性,我们周围的环境可以"屏幕"化。

人体终端化主要在于人的各种数据外化和被独立使用。随着可穿戴设备以及其他传感器的普及,正如麦克卢汉所说的"媒介是人的延伸",人的感知以及认知信息可以被数据化。在突发事件中,人的反应以及相关信息的传播非常重要。人体终端化,为全面了解人群状况以及可能出现的趋势,奠定了传媒预警数据基础。

(二)受众关系多维化

互联网的本质在于各种对象之间的关系与连接,现已实现了人与内容、人与人之间的关系连接。[①] 随着人工智能等新设备的使用与普及,也会有新的关系与新的连接产生,在媒介平台泛在化的情境下,受众关系更加的多维化,除了现有的人与人之间的关系外,还会出现人与物以及人与环境之间的关系,这些关系也是我们在突发事件传媒预警中需要考虑的维度。

在人与物的关系中,最直接的体现是智能手机、可穿戴设备等智能传感器的使用,而且这些物体很多已经渗入我们的生活中,成为我们生活的一部分。可以借助这些物体映射出与人有关的数据,从而量化和追踪人的状态和需求。在未来受众研究中,我们不仅需要分析传统意义上的人口统计学数据,还需要通过这些物来理解受众。

在人与环境的关系中,都需要考虑场景的作用。正如梅罗维茨提及的"新媒介—新环境—新行为"三者关系,新的媒介会影响到环境变化,进一步影响到受众行为。随着网络技术发展以及人工智能等新媒介的使用,在"人人都有麦克风"的情境下,一个原本我们认为极小的事件在网络上都可能会被放大,掀起巨大的舆论风波,在这样的场景下,会引起更多受众的关注。随着智能设备的发展以及大数据支持,为环境的监测提供了可能性。

(三)传播内容全息化

全息化主要是指充分地将事件发生与发展的过程还原,展现事件的原貌。在人工智能等技术的驱动下,信息在采集、制作以及分发过程中智能化,这为传播内容全息化提供了技术基础。全息交互将延伸用户感知,现实世界和虚拟世界将实现无缝对接,受众的信息认知方式将实现又一次飞跃。[②] 传播内容全息化主要表现在内容的传播形式和传播角度。

① 彭兰.智能化:未来媒体浪潮——新媒体发展趋势报告(2016)[J].国际新闻界,2016(11):10.
② 向安玲,沈阳.全息、全知、全能——未来媒体发展趋势探析[J].中国出版,2016(1):7.

传播内容的形式更加的多元化,我们会看到现在的形式从静态到动态,即原来的文字与图片,到现在的视频以及 H5 等多种形式,接收终端也由原来的传统媒体增加到现在的智能手机、PAD 以及各种可穿戴设备传感器,观看效果也由原来的平面向现在的 3D 展现,VR、AR、MR 等技术的发展进一步丰富了传播形式,改变了以往是从某一固定视角来观看,可以足不出户带你进入事件,有助于提升传播效果。

传播内容的角度更加多元化,囿于原有报道时长、报道版面的限制,很难实现对事件信息实现全方位的报道。而且即使全面的报道,传播的受众也不一定喜欢。在智能传媒时代,可以通过受众对智能传媒平台"提问"的方式进行解决,这种方式可以满足受众当下对某一问题的信息需求,尤其是一些高质量的提问,还可以促进智能传媒的自我学习,不断扩大传播内容问题的角度,像新华社新闻客户端就具有"问记者"这一功能。

四、人工智能路径下突发事件传媒预警策略

突发事件传媒预警价值的发挥,其核心在于信息,没有信息这一基础,所有的突发事件传媒预警都失去了现实的基石,要最大可能做到信息的全面性、准确性和及时性,在人工智能技术下,做好信息收集、信息的分析以及信息发布工作,完善突发事件传媒预警策略。

(一)提高智能传感器预警信息收集全面性

信息收集作为突发事件传媒预警的第一步,也是至关重要的一步,信息收集的全面性将直接影响到后面的信息分析与信息发布。在人工智能技术下,传感器的使用越来越多,从本质上讲传感器是一种收集数据信息的方式。[①] 传感器作为载体,并结合大数据技术,可以突破现阶段存在的局限性,实现来源更多元化、更多维度收集信息,将大大地提高收集信息的全面性。

传感器的信息收集来源主要包括自然环境数据和人的生理数据。通过对自然环境的数据收集,除了已有的气象、水文等数据监测以外,现在大街小巷的摄像头等就是传感器的一种应用,自然灾害的发生很多时候会有相应的征兆,充分地利用这些传感器,改变了以往人为观察数据。如果缺乏传感器,这些数据的效率将大大降低,为各种自然灾害引发的突发事件带来更多的应急事件。传感器

---

① 许向东.数据新闻中传感器的应用[J].新闻与写作,2015(12):70.

对人的生理数据的观察,突破了原有对受众分析集中在行为、态度层面,可以更真实地反映出受众的真实状态,这些受众数据的汇集,可以一定程度上真实反映出社会民情境况。

传感器的信息收集也从时间和空间上拓宽了原有的数据收集的维度。从时间上来看,我们收集的信息数据不仅限于现状的描述,还可以进一步预测未来,因为传感器监测到的数据具有动态性,可以通过大数据技术进一步分析接下去可能发生的各种可能,如果具有突发事件发生的可能性,提前做好预警。从空间的角度来看,正如我们所说的媒介泛在化,传感器作为"人的延伸",可以进入到人所难以到达的地方,像带有摄像功能的无人机,可以称为空中传感器,在一开始就进入灾难性突发事件重灾区,用图片和视频的方式收集各种信息数据,从而可以更好地做好应对措施。

(二)着力提升智能数据对预警信息分析的精准性

信息分析对于突发事件传媒预警来说,是对收集到的信息起到鉴别、整理与归类的过滤与筛选作用。收集到的信息纷繁复杂,过滤掉错误的信息,筛选出具有价值的信息,并根据分析的结果界定是否发出相应的预警指令,信息分析复杂而且关键,随着人工智能技术的发展,在进行信息分析中实现人机协同处理,搭建信息分析的生态平台,同时对预警信息分析内容实现多层面的分析。

突发事件传媒预警信息分析生态平台的搭建,仅仅依靠传媒一己之力是很难完成的,需要多方的配合。人工智能和大数据的配合,可以在信息分析时对信息来源标签化,信息实现聚类,改变数据收集后的杂乱无章。还可以实现信息分析的全面化,信息分析必须要保障信息的全面性,不同机构掌握了不同的数据,在突发事件传媒预警信息分析时,要努力打破信息孤岛现象,加强政府以及相应的公司的合作,政府现在打造智慧政务,掌握了大量的社会、自然环境数据,而像百度、阿里巴巴以及腾讯也掌握了大量的用户数据,目前谷歌、今日头条已经开始尝试推出媒体实验室,将其数据对媒体开放,这些都有利于信息分析生态平台的搭建。

在突发事件传媒预警信息分析时,分析的内容本身也要考虑多层次性,即需要从原生预警、衍生预警以及概率预警三个层次来进行。这三个层次的分析,我们通过人机协同,充分地利用人工智能。原生预警是指我们对突发事件本身可能出现的各种危害进行分析。衍生预警则是指突发事件在原有基础上可能衍生对社会的各种影响,像台风可能会引起狂风暴雨,并由此带来社会安全事件,对此进行预警。概率预警主要是指根据类似的突发事件以往的分布与发展规律,对接下去在可能出现的时空做出预测。现在的人工智能还处于弱人工智能阶段,随着人工智能自我学习能力的加强,可以通过对以往相关数据的学习,更加精准地完成衍生预警和概率预警的分析。

(三)推进智能媒体预警信息发布可视化

突发事件传媒预警经过信息分析,可以根据《中华人民共和国突发事件应对法》中确定的应对突发事件相应的等级及措施,发布相应的突发事件预警信息。我们需要充分地考虑到信息发布的及时性,同时还要考虑到信息的可读性、差异性。

随着人工智能的运用,机器人可以运用到信息的发布中,尤其是对一些自然灾害类突发事件初始信息的发布,属于格式化的信息,可以快速准确地告知人们发生了什么,且误差少于人工,这是机器人在信息处理方面的强项。像《洛杉矶时报》在2014年用机器人写作的方式快速地完成了地震的报道。类似的机器人已在美联社、新华社以及腾讯等机构中进行信息的发布。

在突发事件传媒预警信息发布过程中,还要考虑到信息的可读性,这会直接影响到信息发布后的传播效果。有时候我们会看到信息说某类事件属于蓝色预警、红色预警,看到这样的信息,很难直观地了解其具体的严重程度以及可能出现的各种后果。随着人工智能技术的发展,机器人可以帮助我们将信息发布实现可视化,即原来的文字转换为图标、图片,我们可以在此基础上进一步说明不同预警的级别的危害案例,这样会更加的清晰明确。此外,随着 AR/VR/XR 等技术的发展,可以通过这些技术的使用,在特定的场景下,让受众参与进来,这样发布的信息会让受众更有临场感。

在信息发布的过程中,受众的思维以及语言风格也会存在个体差异,通过人工智能的算法方式和个性化分析,实现发布的信息和受众之间的意义空间最大化。比如可以通过对90后人群或者某类人使用语料库的分析,抓取到他们习惯性使用的一些词语来进行报道,进行个性化匹配提送。但是这里面也要注意到一个问题,要做好事实核查和内容审核,因为突发事件处于敏感期,所以对相应发布的信息还要发挥人的价值,做好信息的把关。此外,还可以通过对话的方式,即个人通过对平台提问自己感兴趣的问题来获得相应的答案,这也是信息发布个性化的表现,同时也要求信息的内容要足够的全面。

在社会转型时期,我们要充分发挥传媒预警价值,以求降低突发事件带来的风险和危机。在人工智能路径下,突发事件传媒预警策略也要做出相应的调整,以适应新形势下突发事件传媒预警信息的收集、分析与发布的要求和传播效果。

2.7 治理视角中的媒体社会责任内涵及层次探讨[*]

黄　诚　包国强　李佩佳[**]

【内容提要】网络时代,大众媒体和自媒体各领风骚。当前,部分媒体及其从业者、运营者社会责任意识淡薄甚至丧失的问题日益突出,社会公众对强化媒体社会责任的呼声日益强烈。本文从伦理、法制、经济、文化、政治、企业管理、结构层次及"外部不经济"八个方面对媒体社会责任及后果进行全面分析,对每个方面媒体应该履行哪些责任进行具体分析。八个方面构成了一个完整的有机体,全面深化对媒体社会责任的理解,加强媒体社会责任的治理,必须对该类传播主体失信行为进行联合惩戒,及时将其逐出传播市场。要构建立体的媒体治理体系,借助法律、网络技术、行业组织等构建一个立体的网络,进一步促进我国传媒文化市场体系构建及其相应产业的健康发展。

【关键词】网络时代;媒体社会责任;治理

网络时代,大众媒体和自媒体各领风骚。数量众多的自媒体,一度成为监管的难题,有一点可以确认,即自媒体一旦拥有大众传播的属性,它就和传统的广播电视报刊门户网站一样,具有一定的公共性,必须担当起对公众的社会责任。

早在 2002 年,习近平与浙江省新闻单位负责人座谈时指出,要"切实增强政治意识、大局意识和责任意识"。2007 年,身为上海市委书记的习近平同志针对有些媒体企业不负责任的行为及时批示指出,媒体要切实担当起社会责任。2016 年 4 月 19 日,习近平同志在网络安全和信息化工作座谈会上指出,互联网企业生存在社会之中,不能只讲经济责任、法律责任,还要讲社会责任、道德责

* 本文为国家社科基金项目"我国网络媒体社会责任治理及其评价模型研究"(课题编号:13BXW043)阶段性成果。
** 黄　诚,华中科技大学新闻学院博士生、中国社会信用研究院副研究员;
　　包国强,浙江理工大学教授,博士;
　　李佩佳,中国社会信用研究院研究助理。

任。① 习近平在十九大报告中提出:"要深化文化体制改革,完善文化管理体制,加快构建把社会效益放在首位、社会效益和经济效益相统一的体制机制。"同时,党的十九大报告指出:"满足人民过上美好生活的新期待,必须提供丰富的精神食粮。"这就对网络文化企业提出了新时代要求,即切实履行社会责任,坚持以人民为中心,坚持把社会效益放在首位、社会效益和经济效益相统一,为人民提供、传播思想精深、艺术精湛、制作精良的产品,不断满足人民日益增长的精神文化需求。②

社会责任理论是国际通行的一种规范理论,用社会责任理论来规范媒体的行为是一种基本手段。"媒体社会责任是指媒体在谋求自身经济利益的同时,所应承担的维护和增进全社会利益的职责和义务。这是一种基于法律责任基础之上的自律性责任,是具有普遍性意义的责任,即'责任'面对和惠及的是社会各个层面,而不仅仅是媒体利益相关者。"③目前,我国传统媒体大都已经完成"转企改制",媒体要承担的责任更为广泛。大众传媒的社会作用和功能,也决定了媒体与其他经济社会主体不同的社会责任。媒体能够反映社会现象,传达各类社会信息,在不同时期和不同场合,社会和人们对它的要求更为多元和复杂。

近年发生的一些互联网事件,尤其是"魏则西事件"等,再次掀起人们对互联网企业责任的反思。我们认为有必要从伦理、法制、经济、文化、政治、企业管理等方面,对媒体的社会责任内涵及层次进行具体分析。

一、媒体社会责任的伦理分析

2015 年 2 月,《新闻记者》杂志发布了《2014 年十大传媒伦理问题研究报告》。该报告提出"抄袭侵权、暗访报道、报道煽情、恶俗炒作、群体极化、遮蔽重大议题、新闻敲诈"等是 2014 年中国媒体比较突出的十大传媒伦理问题,至今这些问题并没有得到很好的解决。美国罗伯特·拉罗斯教授等认为:"伦理是关于职业传播者在他们的行为可能对他人产生消极影响的情况下,应该如何行动的指导方针或者道德的规则。传播媒介中主要的伦理问题围绕着准确性或真实、公平与处置责任以及媒体主体的隐私。"④如同一切社会伦理现象一样,媒体伦理

---

① 田丽.既要讲发展 也要讲责任[N].人民日报,2016-05-09.
② 黄诚,包国强.习近平的媒体社会责任观及其意义[J].中国广播电视学刊,2017(7).
③ 宋东风,徐立谦.媒体的社会责任及其伦理讨论——对媒体"权利越位"现象的反思[J].今传媒,2015(4).
④ 马文波,刘贺.从媒介伦理的视角谈大众传播媒介的社会影响与社会责任[J].电影文学,2012(20).

的核心内容通常也集中表现为媒体所特有的伦理价值取向。学者李健认为："媒介伦理就是在媒体生活共同体中所蕴含和活跃着的社会成员的道德意识、道德活动、道德品格及其所遵循的道德准则的总和，它包括传媒信息中所渗透和体现的道德价值，人们处理传媒生活中各种社会关系所遵循的道德准则以及传媒工作者的道德品格和职业道德素养。"①媒介伦理对媒体起着一种规范、引导的作用，是媒体的"道德指南针"。媒体要肩负起伦理道德的责任。

(一)媒体及其从业者要遵循职业道德

"新闻职业道德，也叫新闻伦理或新闻道德，是新闻工作者在长期的职业实践中形成的用来调整和处理新闻机构内外相互关系的行为规范或准则。"②它包括四个方面：报道的内容要真实客观、快速、全面、准确。真实客观是新闻的生命，避免在报道中出现个人偏见，对新闻事件做全面、理智、客观的报道；在互联网的冲击下，媒体的时效性越来越受到冲击，媒体要取长补短，在报道的深度和全面上下功夫。媒体及其从业者要有自律意识。坚持舆论导向正确性，要把大众(公众)的利益放在首位，不利用其所掌握的新闻报道权利，为自身牟取不正当的政治、经济利益，不搞新闻寻租、舆论审判；要重视对人性的关怀，特别是在突发事件、灾难报道中，遵循最小伤害、生命至上原则。新闻报道和日常信息传播不宜展现详细的血腥暴力细节，从业者要尊重采访对象的人格权利等。但是，我国一些媒体出现对人性忽视的例子。2015年1月，在歌手姚贝娜去世报道中，有些记者在医院"焦急等待她死亡"；姚贝娜去世后，《深圳晚报》的三名记者乔装成医务人员，跟随姚贝娜眼角膜捐献手术主治医生进入太平间，在未经家属允许下拍摄遗体，引发社会舆论的强烈谴责。为了得到真实及时的新闻没错，但是在成为记者之前，首先是一个人，要坚守人性的道德。"现阶段我国新闻行业职业道德的整体状况仍然存在着一些不可回避的问题。这些问题中有一些是历史遗留下来的痼疾，还有一些则是随着时代变化，特别是转企改制后而孳生出来的新问题。"③解决中国新闻传播业的职业道德问题，就要坚持继续普及最基本的社会道德教育。

(二)维护内部劳动者的合法权益，肩负道义责任

新兴媒体的发展，要求新闻从业人员成为全能型人才，不仅仅会采、写、编，还

① 李健.传媒伦理论纲[J].西安政治学院学报，2007(4).
② 黄瑚.新闻法规与职业道德教程[M].上海：复旦大学出版社，2010:3.
③ 展江.社会生病媒体吃药，不公道——媒体道德与法治争议三题[J].采写编，2010(12).

要懂得运用电脑、摄像机等高科技设备。媒体企业在互联网的冲击下，更应注重对职工的培训，而不是面对困境不负责任地裁掉老员工。加强培养一批具有高素质的员工队伍，让每一个员工能在企业中快速成长，是一个企业对员工职业生涯和个人规划负责的重要体现。这符合道义伦理，媒体更应该重视。作为经济实体，媒体企业在困境中始终要坚持以人为本，适当增加员工工资，减小员工生存压力，这不仅能大大调动员工的积极性，更会鼓励员工生产出更加优秀的新闻作品来。

(三)肩负公益慈善责任，积极致力于增进社会的公共利益

这种责任包括慈善捐赠、扶贫帮困、报道好人好事等。同时，媒体还是联系公益慈善供求双方的"爱心中介"，在凝聚爱心资源，动员更多社会力量参与公益慈善活动中，发挥其独特的作用。公益慈善属于媒体的自愿责任，它在一定程度上能提升媒体的影响力和美誉度。这种责任的践行一定要把握好"度"，否则就会有作秀之嫌。

二、媒体社会责任的法制解读

法制责任是媒体最基本底线的社会责任，它强调媒体在从事新闻或其他传播活动中必须遵守宪法和相关法律法规，在现行法律的体系框架内承担职业责任。虽然中国目前尚无真正意义上的新闻法或传媒法，但与信息、传播相关的法律或法规却在不断地制定和完善中。

(一)媒体作为大众传播媒介需要肩负法制责任

新闻报道的内容要真实，在新闻侵权案件中，报道内容失实是最主要的新闻侵权类型。为了确保报道内容真实可靠，稿件中基本内容要符合真实性要求；在新闻报道中要注意用词准确、恰当，禁用侮辱性语言；在发表评论时立场要公正，针砭时弊，褒贬得当。媒体从业者是社会的守望者，懂法、知法、守法是每个记者最基本的素质。不搞有偿新闻，不用手中的权力影响司法的公正。遵纪守法，敢于揭露社会中违法事件，做好守望者的角色。媒体要勇于推进我国法治建设进程。"媒体通过传播活动督促立法部门不断完善法律法规，执法部门规范执法行为，行政部门加强信息公开透明化。媒体向社会传播现代文明法治理念，推动我国司法体制改革，完善法律制度。"①2003年的"孙志刚"案件，就是在媒体的推动

---

① 周蔚华,钟悠天.马克思主义新闻观与媒体社会责任[J].中国编辑,2015(2).

下,引起国家和司法界重视,最后国务院总理温家宝签署了第381号国务院令,颁布了《城市生活无着落的流浪乞讨人员的救助管理办法》,同时宣布《城市流浪乞讨人员收容遣送办法》废止的典型案例。

(二)媒体转企改制后,应承担作为企业法人的法律责任

诚信经营、合法经营、依法纳税。严格落实国家新闻出版广电总局、国家工商总局相关法律法规,规范广告、发行、活动、内容销售等经营行为,通过一系列管理制度,切实做到新闻报道与经营活动分开,确保有效地履行媒体社会责任。积极贯彻国家税收法律政策,自觉履行纳税义务,媒体企业要把诚信纳税作为合法经营和科学发展的宗旨。加强稿件审核,完善采编流程;从采编应急机制、图片报道编发、言论统筹协调、采编权限制衡、稿源平台拓展、有偿新闻防范、稿件考评程序等方面,进一步规范流程和采编行为。同时,不断完善新闻采编工作人员的管理机制、社会监督机制、责任追究机制等,建立防范和治理虚假报道的长效机制,并贯穿采编工作的全流程、各环节,引导新闻采编人员自觉抵制虚假报道和不正之风。坚持以人为本,本着对每一位员工负责的原则,始终注重维护员工的合法权益,保证聘用和职业发展的公平公正,同时制定符合国情和单位实际的薪酬体系,开展员工培训,提升单位凝聚力,提高人才队伍素质,认真落实员工的各项福利待遇,严格履行《劳动法》《劳动合同法》。

三、媒体社会责任的经济分析

有专家认为,媒体的社会责任不包括其经济责任,这只是狭义的理解。我们认为,媒体社会责任应包括其经济责任。转企改制后,我国传媒业的整体规模初步具备,自办发行、独立核算、自负盈亏,不再有财政补贴。报业集团相继成立,集中度不断提高,不仅自身创造的经济产值增加,而且拉动其他行业经济效益增长。我国的新闻媒介所承担的主要任务之一就是为经济发展服务,包括为经济界提供信息、传播信息,从而对企业和经济界实施监督与控制等。

(一)满足自身生存发展,创造财富

作为企业,媒体首先应该为社会创造财富,提供有效的信息产品,满足人们对信息的需求。与此同时,媒体企业也满足了自身生存和发展的需要。如果媒体企业没有履行创造财富、满足自身发展的经济责任,它就不能生存下去,更谈不上履行其他社会责任。传媒具有产业化的特点,能够通过市场化、产业化运

营,产生巨大的经济效益。这已被国际经验所证明。在一些发达国家,如美、英、法、德、日、韩等国,媒体作为重要的产业部门已经成为新的经济增长点和重要的支柱产业。媒体积极发展自身创造财富,为我国经济发展贡献 GDP,也是履行社会责任的一种方式。

(二)传播经济信息,促进经济发展

社会大众的个体经验范围有限,很难获得全面准确的信息。媒体是企业获取外部信息和传递自身信息的重要工具。其传播的科技信息、经济信息、知识信息等,使企业在对市场环境作出更准确全面判断的同时,也会对其经济运行中的疏忽进行提醒和改善。为企业决策发展提供指导,并产生经济效益,促进我国经济发展。同时,新闻中传播的经济信息和经济政策,也在改变着社会的经济观念,引导着公众理性投资。

(三)监督经济行为,营造良好经济环境

媒体具有持续监视环境的功能,美国传播学者施拉姆曾说:"在我们的时代,监视的任务已有很大一部分被新闻媒介所接替。"[①]当今中国的新闻媒介正以一种前所未有的姿态发挥着它们的环境监视功能,利用媒体的力量参与到营造良好经济环境中来,从而促进我国的工商企业等向更加符合市场经济规律的轨道发展。同时,"这种监督作用可以说是任何政治权力和法律都不能取代的。尽管它不是一种带有强制性的社会监督,只是一种软'监督',但它可以产生强大的无形的力量,有利于社会稳定,还可以缓和社会矛盾,增强社会凝聚力"[②]。有新闻媒体的参与,将某些企业的不规范行为暴露于公众面前,会对整个市场、各行各业产生巨大的制约与监督作用。

四、媒体社会责任的政治分析

新闻媒体是"耳目与喉舌",担负着传播政治文化,坚持正确舆论导向的责任。媒体持续不断地向公众输送着经过选择的信息和观点,以及对这些信息的分析与评价。这种对社会公众的"信息灌输",常常起着潜移默化的作用,使媒体的受众自觉或不自觉地接受,从而形成某种特定的政治倾向与态度。

① 威尔伯·施拉姆,威廉·波特.传播学概论[M].李启,周立方,译.北京:新华出版社,1982:65.
② 韩晓芳.新闻传播对经济发展的作用[D].太原:山西大学,2007:5

（一）解释和宣传党和国家政策，把握政治导向

媒体是党和人民的喉舌，能有效地传播政治文化，可以使政治理念、制度、决策等为社会所普遍了解，从而获取更多民众支持，确保国家的政治稳定。各级政府部门通过向新闻界公开政务信息，再通过媒体报道，使人民群众了解政府的立场、态度、政策和决策，给人民以知情权。媒体的新闻宣传工作必须坚持党性原则，紧紧围绕经济建设中心，服务全党全国工作大局，处理好改革、发展、稳定的关系。在关系到人民利益、民族团结、党的原则、国家安全、对外关系等重大问题上，要符合中央精神，做到思想上、行动上、政治上与党中央保持高度一致。

（二）监督政府行为和政策的实施，促进信息公开

计划经济时代，传统媒体是政府的组成部分，是政府的传声器。转企改制和互联网发展一定程度改变了媒体与政府的这种绝对隶属关系。新闻媒体从政府部门中脱离出来，成为相对独立的机构，对政府行使监督的职责。"媒体可以同时作为政府的喉舌及监督者的双重身份存在。媒体代表公众对权力运作尤其是权力滥用导致的腐败行为进行监督，媒体监督具有很强的公众震慑力而使其效果在一定程度上优于党内监督、人大监督、司法监督、群众监督等其他监督方式。目前我国很多的腐败问题和政府行为不规范问题由新闻媒体揭露出来。"[1]

（三）反映人民群众意愿和呼声，推动民主政治的进程

媒体承载民众对政治意见的反馈，在很大程度上促进和推动民主政治的进程。"社会的发展和社会结构的分化要求新闻媒体不仅仅是政府意志的传达者，它必须成为受众政治参与、利益表达的工具，例如反映其他阶层和利益群体的声音。媒体的作用应该是工具性的，即为各种不同观点、不同利益的表达提供一个公共平台。"[2]随着中国社会主义民主政治的日益发展，媒体在建设中国特色社会主义事业的伟大进程中的推动作用将更加重要，应当主动承担起见证民主进步、推动民主政治发展的责任。"媒体更是对公民进行民主意识培养和民主技能教育的有效途径，迈尔指出：在一个现代化的社会中，政治的传播不可避免地要通

---

① 杨幸芳.当前中国新闻学理论研究中的两个问题——再论新闻定义及新闻媒体和政府之间的舆论监督关系[J].现代交际,2011(2).

② 魏恭.媒体的第三种功用[J].凤凰周刊,2004(30).

过媒体来进行。由于地域广阔,社会复杂,而且需要动员许多人,不通过媒体而进行有效的政治动员,将是不可想象的。"①

五、媒体社会责任的文化分析

党的第十七届中央委员会第六次全体会议通过的《中共中央关于深化文化体制改革推动社会主义文化大发展大繁荣若干重大问题的决定》指出:要坚持中国特色社会主义文化发展道路,深化文化体制改革,推动社会主义文化大发展大繁荣。传媒因其覆盖范围广、传播速度快等特性,在文化交流与传播中扮演着重要角色。

(一)传播正态文化,引导主流文化,做先进文化的引领者

目前,传媒的低俗化、泛娱乐化的现象依然存在,情色、暴力、恶搞、炒作、重口味等成为传媒娱乐的关键词,这些很容易造成价值边缘化。媒体应广泛传播积极、健康、向上的正态信息,推动优秀传统文化的传承和健康文化的传播,维护群众的基本文化权益。媒体对形成和谐的社会文化生态环境、推动先进文化的发展有着不可替代的巨大作用和特殊功效。

(二)扩大对外宣传,推动文化交流与输出

在国际软实力竞争日益激烈的现代社会,新闻宣传是提升我国国际形象,增强国际舆论影响力的重要手段。主流媒体要积极向世界传达中国的声音,努力争取与新兴大国相匹配的话语权,才能更好地维护国家利益。同时,媒体要把自身作为中国文化的传播者和代言人,在同外国媒体同台竞争时注意加强文化交流与合作,真实地展现中国社会发展风貌,展现中华民族精神,提升我国的国际形象。在先进文化建设与发展中,坚持对传统文化的继承与发扬,坚持对世界优秀文化成果的吸纳与借鉴,取其精华,去其糟粕。

六、媒体社会责任的企业管理分析

媒体转企改制后,脱离事业单位身份,必须建立现代企业管理制度,明确发展方向,提升运作效率,让其中每个劳动成员都能充分发挥他们的潜能,向用户提供高质量的信息产品和服务,树立企业品牌形象,为社会多做实际贡献。媒体

---

① 刘佳,闫弘宇.试论媒体在政治文化与法律文化传播中的责任[J].法制与社会,2008(28).

履行社会责任需要树立社会责任管理意识,协调好利益相关者的关系。

(一)建立现代企业制度,提高经济效益

媒体转企改制后自负盈亏,必须支付雇员工资,购买设备器械,需要有保障信息生产和传播正常进行的流动资金,还需要扩大再生产积累资金,只有从事经营活动,才能维持传媒组织的自身生存和发展。这就有可能使其把盈利放在重要位置上,造成一些不负责任的情况。以市场为导向,在媒体企业内建立现代企业制度,创建科学的社会责任管理体系,形成符合其特点的清晰产权关系,让企业所有者、经营者和劳动者明确各自的权利和责任,事企分开,采编与广告经营分开。媒体企业只有成为真正的市场主体,才能不断创造经济效益,从而更好地去履行社会职责。

(二)树立社会责任管理意识,协调利益相关者关系

媒体企业把社会责任纳入其战略管理中,并融入自身的经营理念中,将遵守法律道德、诚信经营、舆论导向、保障员工权益、热心社会公益慈善事业等社会责任贯穿到媒体信息生产活动的各个环节,更加有效地整合社会资源,创造有利于媒体企业经营和发展的内外部环境,为其可持续发展奠定坚实的基础。媒体进行良好的社会责任管理,不仅可以获得良好的社会效益,也可以获得长远的商业利益。受众更乐于消费具有高度社会责任感的媒体产品,承担社会责任与媒体企业的经济绩效呈正相关。如南方报业传媒集团的《南方周末》,以"关注民生,彰显爱心,维护正义,坚守良知"为己责,将思想性、知识性和趣味性熔于一炉,具有高度社会责任感,30多年来《南方周末》的品牌价值一直位居周报第一名。

媒体企业树立社会责任管理意识更要协调好利益相关者之间的关系,概括起来主要有以下四种情况:一是对受众(消费者)的责任。媒体企业履行在信息质量或信息服务质量方面的承诺,提供给受众真实、准确、快速的信息。二是对劳动者的责任。媒体企业要对员工的安全、教育、福利等方面承担义务。三是对政府的责任。要求媒体企业按照政府有关法律、政策的规定,依法纳税和承担政府规定的其他责任,并接受政府的依法干预和监督。四是对社会的责任。主要指媒体对社会公益事业和社会、环境的可持续发展方面所应承担的责任与义务。媒体企业的社会责任实际上也就是对利益相关者承担的责任。管理者应积极了解不同利益相关者的要求,尽可能地满足各个利益相关者的愿望和要求。

(三)肩负起公共性和公益性责任

大众传播是一种制度化的传播,媒体具有很强的公共属性,这种公共属性通过公共性和公益性表现出来。媒体的公共性和公益性包括满足社会普遍信息需求,其生产和传播的信息对社会的政治、经济和文化道德具有广泛影响力,这种影响力涉及社会秩序和社会公共生活,所以媒体更要严格坚守社会责任。任何大众传播媒介都隶属于一定的阶级、政党或集团,其领导者、经营者、传播者也都持有一定的阶级立场、政治倾向和世界观。作为社会主义国家的媒体,应该把党的利益、国家的利益和人民的利益放在首位。其实,西方媒体管理的基本态度也总是为资本主义制度辩护,为资产阶级的利益服务,反映和传播资产阶级的世界观、方法论和立场、观点,没有超然的媒体。

七、媒体社会责任层级治理结构模型及分析

美国学者阿奇·B.卡罗尔在《企业与社会:伦理与利益相关者管理》一书中对企业责任有一个清晰的划分,并提出了社会责任金字塔的概念。[①] 借鉴卡罗尔的理论,我们将媒体企业的社会责任分为底线责任、基本社会责任、中级社会责任和高级社会责任。底线责任包括媒体企业舆论导向政治方面、法律法规和信息传播的真实方面。底线责任在最底层,是媒体企业在社会活动中必须履行的责任,具有高强制性。基本社会责任包括信息传播中快速、全面、准确,舆论监督中对权力和社会生活的监督,创富能力中盈利、纳税和吸收社会劳动力方面,以及内部员工满意度中职业前景和员工工资及福利方面。中级社会责任包括舆论导向经济、文化方面和健康文化方面的责任。高级社会责任具有高自愿性,包括社会伦理方面、公益事业与公共利益、公民权益方面。[②]

媒体企业社会责任履行强制性既建立在法律层面同时也包括社会成员的共识。[③] 社会共识也就是社会常识,"是指在一定程度上可以解读为常识、常理、常情。这里所谓的'常识、常理、常情',是指为一个社会的普通民众长期认同,并且至今没有被证明是错误的基本的经验、基本的道理以及为该社会民众普遍认同与遵守的是非标准、行为准则"[④]。所以它也是具有强制性的。底线责任强制性

① 高建芳.旅游企业社会责任评价指标体系研究[M].北京:北京林业大学出版社,2007.
② 包国强.基于AHP分析的报刊社会责任评价模型构建及应用[J].武汉工业学院学报,2012(3).
③ 阿奇·B.卡罗尔.企业与社会:伦理与利益相关者管理[M].北京:机械工业出版社,1979.
④ 陈忠林."常识常理常情"——一种法治观与法学教育观[M].北京:法律出版社,2003.

最高,基本社会责任的强制性相对减弱,到了中级社会责任强制性为零。而继续向上到高级社会责任,这种高级责任的层次是在其他社会责任之上的,其表现形式也更加抽象和复杂,但是在强制力方面又是最弱的,表现出的是高度的自愿性。

我们不能把媒体社会责任层次模型误认为媒体企业应按照由低到高的次序履行责任。实际上,网络应该同时尽力履行所有的社会责任,不分高低,具体包括:向受众提供真实、快速、全面、准确信息的传播责任;承担新闻舆论监督的责任;舆论引导的责任;遵守相关法律法规,尊重并维护他人知识产权的责任;坚守公共道德底线的责任;提供健康有益的休闲娱乐活动的责任;坚守正义和良知,维护公民合法权益的责任;保持一定的盈利水平,吸收尽可能多社会劳动力,并依法纳税的责任;努力提高员工工资及福利待遇,为其职业前景与规划提供广阔空间的责任等。[①]

底线责任层次是媒体社会责任的基础,是必须要履行的。底线责任包括媒体企业在舆论导向政治方面、法律法规和信息传播的真实方面。首先,真实是新闻的生命,网络传播的内容要真实,不违法、不侵犯他人的权利;其次,媒体企业是我们党和人民的喉舌,还肩负着解释和宣传党和国家政策,把握政治导向的责任。媒体企业有效地传播政治文化可以使政治理念、制度、决策等为社会所普遍了解,从而获取更普遍的民众支持,最终确保国家的政治稳定;媒体企业在从事新闻传播活动中必须遵守宪法和法律法规,在法律的框架内承担职业责任。底线社会责任是履行其他层次社会责任的基础,其强制性也是最高的。媒体企业的生产活动应在法律和社会共识允许的框架内开展,不能为了自身利益而损害他人的权益,否则它将会因此付出高昂的违法成本。

基本社会责任包括信息传播中快速、全面、准确,舆论监督中对权力和社会生活的监督,创富能力中盈利、纳税和吸收社会劳动力方面,以及内部员工满意度中职业前景和员工工资及福利方面。网络传播的信息要符合新闻传播要素,特别是在互联网的冲击下,更应该要坚守信息传播中真实、快速、全面、准确。我国媒体企业是党和国家的舆论喉舌,它作为一种社会舆论机构,掌握着一定的公共话语权,有批评和监督社会权力组织和个人、防止权力滥用和腐败变质。网络媒体作为社会信息的主要传播者,应该充分考虑受众的利益,对社会生活的监督是对大众利益的基本保证。媒体转企改制后作为独立的经济实体,要履行纳税、吸收社会劳动力的责任,同时又要具备创造财富的能力来维持生存,还需要增强员工满意度,为其提供长期发展的职业前景。基本社会责任层次建立在底线社

---

① 包国强.基于 AHP 分析的报刊社会责任评价模型构建及应用[J].武汉工业学院学报,2012(3).

会责任之上,是媒体企业生存和发展的关键,有一定的强制力,这其中很大部分来自社会共识压力。

中层社会责任包括舆论导向的经济、文化方面和健康文化方面的责任。主流媒体具有强大的影响力,能够促进、协调经济的发展。为经济界提供信息、传播信息,进行趋向预测,营造社会氛围,对企业和经济界实施监督与控制等,媒体在经济发展过程中发挥了其独特的媒介作用。网络媒体作为文化发展的前沿阵地,要肩负起社会主流价值文化的引导责任,让积极、健康、向上的信息广泛传播,推动优秀传统文化的传承和健康文化的传播,维护群众的基本文化权益。媒体对形成和谐的社会文化环境,推动先进文化的发展有着不可替代的特殊功效和巨大作用。网络媒体中级社会责任没有强制性,来自媒体企业的自愿性行为,但又是社会发展、网络媒体建设中不可缺少的。

高级社会责任包括社会伦理、公益事业与公共利益、公民权益等方面。社会伦理对媒体企业媒介起着一种规范、引导作用,是网络媒介的"道德指南针"。媒体企业严守信息传播真实、准确原则,尊重人权,维护公民权益和公民利益,还要肩负起公益慈善责任,积极致力于增进社会的公共利益。这种责任包括慈善捐赠、报道好人好事、扶贫帮困等。同时,媒体企业又是联系公益慈善供求双方的"爱心中介",在凝聚爱心资源,动员更多社会力量参与公益慈善活动方面,发挥着独特的作用。网络肩负的公益慈善责任没有强制性,是媒体企业的自愿性责任。它在一定程度上确实能够提升媒体企业的影响力和美誉度。但是,这种责任的践行要建立在经济基础之上,只有具备了一定经济基础,才能抽出精力和财力去履行慈善公益责任。高级社会责任层次具有高自愿性,对网络媒体长远发展具有深远影响。

八、媒体社会责任的"外部不经济"分析

经济学认为,某个人的一项经济活动会给社会上其他成员带来危害,但他自己却并不为此而支付足够抵偿这种危害的成本。此时,这个人为其活动所付出的私人成本就小于该活动所造成的社会成本。这被称之为"外部不经济"。如果将某媒体企业某项行为的私人成本和社会成本分别假设为 Cp 和 Cs,将该企业进行这项活动所得到的自身利益设为 Vp。由于外部不经济的存在,那么私人成本小于社会成本,即 $Cp<Cs$。再假设,此媒体企业进行这项活动所得到的自身利益(Vp)大于私人成本但是却小于社会成本,即出现:$Cs>Vp>Cp$。该活动从社会角度看是不好的,但媒体企业依然会进行此项活动。假如媒体企业不采取此项行为,那么它放弃的利益即损失为($Vp-Cp$),但社会由此避免的损失却为

$(Cs-Cp)$。如果$(Cs-Cp)$大于$(Vp-Cp)$,那么以某种方式重新分配损失的话,就可以使社会的损失相对避免或者减少,亦即增大社会"福利",见图1。

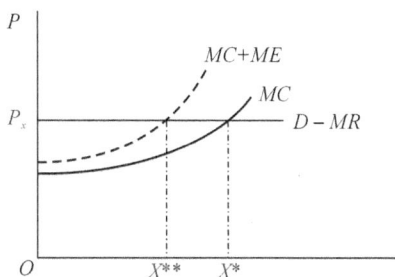

图1　媒体企业资源配置不当的后果:外部不经济

说明:设媒体企业生产的边际成本为MC,媒体企业给社会造成的不良后果形成的边际社会成本为$MC+ME$。水平直线$D=MR$是媒体企业的边际收益曲线,由于存在生产上的外部不经济,故社会的边际成本高于私人的边际成本,从而社会边际成本曲线位于(私人)边际成本曲线的上方,它由曲线$MC+ME$表示。虚线$MC+ME$与私人边际成本曲线MC的垂直距离,亦即ME,可以看成所谓边际外部不经济,即由于媒体企业增加一单位生产所引起的社会其他人所增加的成本。因此,生产的外部不经济造成产品生产过剩,社会的资源没有得到合理配置。

以传播信息为例,媒体企业生产或传递虚假信息就是一种"外部不经济"。因为虚假信息给人们的生活造成了不便,影响了人们对真实信息的获知,一定程度上造成受众观念和社会环境混乱,"魏则西事件"就是一个典型的证明。在这个事件中,百度公司的私人成本远远小于社会成本,但是对魏则西和其他社会成员来说,因为"百度竞价排名"的信息误导,就要付出巨大的代价,甚至是失去生命。而百度公司却凭借"竞价排名"收获暴利,它的获利要社会全体成员为此买单。如此看来,百度的"未尽责任"行为就给社会带来巨大的"外部不经济"。如果媒体企业在经营过程中"未尽责任"及社会资源不合理配置,媒体企业在经营过程中就会产生严重的"外部不经济"现象。这些问题包括舆论导向偏差,也包括谣言传播、文化污染、知识误导、欺诈、色情等问题,给社会带来严重的困扰,严重的甚至会危及国家统一,煽动民族分裂和宗教极端主义思想,教唆暴力恐怖活动,导致社会的动荡局面。

这种"外部不经济"造成的后果需要社会付出沉重代价,而网络媒体本身最终也将"自食其果"(不管它有没有完成"资本积累"进而"全身而退")。所以媒体企业要勇于"担责",避免"外部不经济"的状况。

九、结论与启示

媒体社会责任治理是国家治理的重要组成部分,必须予以充分重视。治理与监管根本在于对传播主体的治理与监管。传播主体包括传播运营企业及其传播技术平台和传播者。媒体治理必须以社会责任为导向,必须牢牢抓住传播主体,采取法律、技术等一系列措施,倒逼其承担社会责任,同时建立科学的评价标准,实施社会责任报告制度。国家和第三方机构应担起监测责任,对网络媒体要建立科学的社会责任评价体系,定期对其进行检测评估,对其履行社会责任情况出具报告,并予以公开,让其接受社会监督,促使其纠偏履正。同时,对媒体机构建立信用体系,实施联合失信惩戒。无论是传播运营主体还是传播者,只要没有切实履行社会责任,造成一定危害,就要承担失信责任和联合惩戒后果,将这样的"害群之马"及时清除出传播市场。

当下,习近平总书记的媒体社会责任观是治理网络及媒体责任的指导思想,对于指导媒体责任治理具有重要的指导意义。习总书记倡导的"网络清朗观"和"构建网络空间命运共用体"是我们进行媒体社会责任治理的指导原则。媒体企业要自觉履行和承担各个层次社会责任,"本着对社会负责、对人民负责的态度","做到正能量充沛、主旋律高昂,为广大网民特别是青少年营造一个风清气正的网络空间"[①],促进经济发展、文化传承、社会稳定,为构建"亿万民众共同的精神家园"发挥作用。

---

① 习近平在网络安全和信息化工作座谈会上的讲话(2016 年 4 月 19 日)[EB/OL]. http://www.scopsr. gov. cn/zxdd/zdxw/201604/t20160427_286651. html.

2.8 微信老年用户的健康信息获取行为研究

——基于对城市老年大学学员的调查

王 蔚①

【内容提要】当前,社交媒体蓬勃发展并逐渐向老年群体渗透,在我国"养生即健康"的文化背景下,城市里的老年群体更是将社交媒体平台中的健康信息获取和分享视为一种日常的生活状态。本文基于对城市老年大学学员的调查和访谈,对微信老年用户的健康信息获取行为特点和影响因素进行研究并发现:老年群体的健康信息获取行为可以分为被动浏览式、主动跟踪式、长期保存式,其中以被动浏览行为更为普遍;关系取向、交流性健康信息效能、功能性健康信息效能和网络健康信息经验,可显著影响微信老年用户的健康信息获取行为;健康信息可信度感知对健康信息获取行为不具有显著影响,本土性社会文化因素是其中重要的解释机制。

【关键词】健康信息行为;老年;社交媒体;健康传播

我国已进入人口老龄化社会,在"健康中国"的国家战略体系下,推进老年群体的健康传播工作,已成为一个重要且迫切的议题。当前,社交媒体蓬勃发展并逐渐向老年群体渗透,老年群体的角色逐渐从信息技术的躲避者、旁观者转变为参与者。与此同时,人们将社交媒体视为获取日常健康信息的重要渠道,且在我国"养生即健康"的文化背景下,城市里的老年群体更是将社交媒体平台中的健康信息获取和分享视为一种日常的生活状态。

然而,目前有关老年群体的健康信息行为研究却相对较少,更鲜有老年群体健康信息行为影响因素的实证研究。因此,本研究试图结合行为理论、媒体可信度理论和本土心理学理论资源,探究微信老年用户的健康信息获取行为特点及其影响因素。

· ① 王蔚,浙江大学宁波理工学院传媒与设计学院讲师。

一、文献回顾

(一)自我效能与健康信息获取行为

自我效能是贯穿整个信息行为过程的关键影响因素,它会影响用户的信息需求、信息搜寻、信息利用等一系列行为活动。[①] 同时,自我效能可以分为一般意义上的效能,也包括与特定情景、任务相关的特殊意义上的特指的"自我效能"。国内学者雷雳认为,自我效能包括技术自我效能、信息自我效能和联系自我效能。[②] 因此,本研究将自我效能区分为技术自我效能和健康信息自我效能。其中技术自我效能是指老年用户对新技术接触、功能使用方面的信心和能力;健康信息自我效能是指老年用户对获取、评价、使用健康信息的信心和能力。

在健康信息领域,与健康信息自我效能相关联的概念为健康信息素养。研究证明,健康信息素养是解释个体健康信息行为的重要因素,健康信息素养会影响健康信息的寻求意图。[③] 但"健康信息素养"代表一种客观可度量的能力水平,而"健康信息自我效能"代表着主观意识到的能力水平。虽然自我效能对行为有一定的预测作用,但是鉴于健康信息自我效能并不能等同于健康信息素养,因此健康信息自我效能是否会对健康信息行为具有良好的预测作用,本文将进一步做出假设并做实证分析。此外,Nutbeam 将健康素养分为功能性健康素养、互动性健康素养和批判性健康素养三个层次[④],本文认为健康信息自我效能也可区分为功能性健康信息效能(对健康信息的一般读写技能)、互动性健康信息效能(通过从多种沟通形态中获取、了解健康信息的意义并予以运用的能力)和批判性健康信息效能(批判性分析健康信息以便做出决策的能力)三个维度。因此,本文提出如下研究假设——

H1:技术自我效能可显著影响微信老年用户的健康信息获取行为。

H2-1:功能性健康信息效能可显著影响微信老年用户的健康信息获取行为。

① 孙云峰.网络用户的健康信息行为研究[D].绵阳:西南科技大学,2016:12-23.

② 雷雳.互联网心理学:新心理与行为研究的兴起[M].北京:北京师范大学出版社,2016:51.

③ Kim Y C,Lim J Y. c,Park K. Effects of health literacy and social capital on health information behavior[J]. Health communication,2015,20(9):1084-1094.

④ Nutbeam D. Health literacy as a public health goal:a challenge for contemporary health education and communication strategies into the 21st century[J]. Health promotion international,2000,15(3):259-267.

H2-2:互动性健康信息效能可显著影响微信老年用户的健康信息获取行为。

H2-3:批判性健康信息效能可显著影响微信老年用户的健康信息获取行为。

(二)媒体使用、媒体可信度与健康信息获取行为

宋美杰和喻国明通过实证调查建构了健康信息寻求模型,其中对媒介接触、媒介可信度与健康信息寻求行为的关系进行了初步研究,认为对于各信源提供的健康信息信任度越高的人,越倾向于主动寻求健康信息。[1] 这一结论提供了一个解释健康信息行为和媒体可信度关系的理论视角,但该研究没有聚焦在老年人这一特殊群体,也尚未聚焦于社交媒体这一丰富的媒介形式。

Feng 和 Yang 研究认为,健康信息来源或内容的可信度和健康信息寻求行为之间具有显著的关系,对健康信息可信度较高时,会有更多的信息寻求行为。[2] Morrison 等人的研究也发现,当个人觉得健康信息的重要性强、可信度高时,健康信息寻求行为也较强。[3] Hsu 的研究也发现,个体对健康信息可信度的评价会影响其健康信息寻求意向和行为。[4] 鲁佼佼也认为,网络信息使用行为受个体使用意图及健康信息可信性的影响。[5] 有学者研究发现,网络健康信息的信任程度是影响老年群体寻求网络健康信息的主要因素。[6] 老年群体在信息检索过程中对网络健康信息的可信度是老年群体日常利用网络获取健康信息时考虑的主要因素。因此,提出如下研究假设——

H3:健康信息可信度可显著影响微信老年用户的健康信息获取行为。

在媒介使用和经验方面,有研究认为知识经验,尤其是互联网、网页浏览、搜索引擎知识会对老年群体的网络信息寻求行为产生影响。[7] 有研究认为对互联

①　宋美杰,喻国明. 行为理论下的健康信息寻求模型构建——基于北京居民健康信息调查[J]. 现代传播,2015(31):35-39.

②　Feng H,Yang Y. A Model of Cancer-Related Health information Seeking on the Internet[J]. China Media Research,2007,3(3):14-24.

③　Morrison E W,Vancouver J B. Within-person analysis of information seeking:The effects of perceived costs and benefits[J]. Management,2000,26(1):119-137.

④　Hsu L L. An exploratory study of Taiwanese consumers' experiences of using health related websites[J]. Nursing Research,2005,13(2):129-140.

⑤　鲁佼佼. 基于 UTAUT 的医疗健康网站用户接受行为研究[D]. 赣州:赣南师范学院,2014:42-43.

⑥　Wu D,Li Y. Online health information seeking behaviors among Chinese elderly[J]. Library & Information Science Research,2016,38(3):272-279.

⑦　Sharit J,Hernández M A,Czaja S J,et al. Investigating the Roles of Knowledge and Cognitive Abilities in Older Adult Information Seeking on the Web[J]. ACM Transactions on Computer-Human Interaction,2008,15(1):310-325.

网的熟悉程度是影响老年群体寻求网络健康信息的主要因素。[①] 吴丹也研究发现老年群体在信息检索过程中表现出明显的依赖性和定势性,而网络熟悉程度是老年群体日常利用网络获取健康信息时考虑的主要因素。一般来讲,网龄较长的用户对互联网和社交媒体的理解更为深刻,信息查询经验相对丰富,而信息查询经验丰富的用户,更能够选择和利用多种信息查询工具,信息查询效果较好。[②] "过去经验"虽然不是计划行为理论中的变量,但很多研究发现,"过去经验"能对未来行为具有显著的预测能力。[③] 因此本文提出如下研究假设——

H4:网络健康信息经验可显著影响微信老年用户的健康信息获取行为。

(三)社会取向与健康信息获取行为

人类学家戴沃斯和希普勒首先使用了"文化心理学"术语,认为人的心理和行为是由文化决定和制约的,需要考察文化对人类心理和行为的制约及影响作用。[④] 文化嵌入性观点也认为,文化嵌入性是社会行为和社会事件的基本特征。[⑤] 人类社会行为必然在文化背景下被能动地塑造,具有一抹文化色彩。社会文化观念能通过形成外部压力规范个体的行为,能通过价值内化形成内在的自觉调控,从而对个体行为的影响变得具体且有方向性。[⑥] 老年群体对社会文化因素依赖更甚:例如有研究认为老年人尽管在采取行动时更为谨慎,但很容易受社会因素影响;[⑦]有研究认为,没有哪个年龄组比老年群体更依赖社会联系、社会网络来维持健康;也有研究证实,更关注朋友,有更多社会网络且具有多样性的个体会经历更低的死亡风险。[⑧] 因此,在考虑老年群体的健康信息行为时也不可忽视社会取向这一本土心理学变量的影响。

本土心理学家杨国枢认为,在研究中国人心理和行为的时候不可忽视"社会取向"概念的影响,社会取向价值观会对主体的社会交往和行为方式产生影

---

① Wu D,Li Y. Online health information seeking behaviors among Chinese elderly[J]. Library & Information Science Research,2016,38(3):272-279.

② 陈玉.Web2.0 的社会性对网络用户信息行为的影响研究[D].郑州:郑州大学,2011:34.

③ Marton C,Wei Choo C. A review of theoretical models of health information seeking on the web [J]. Journal of Documentation,2012,68(3):330-352.

④ 乐国安.社会心理学理论新编[M].天津:天津人民出版社,2009:344-347.

⑤ Kenneth J. Gergen. Experimentation in social psychology:A reappraisal[J]. European Journal of Social Psychology,1978,8(4):507-527.

⑥ Morris M G,Vankatesh V. Age differences in technology adoption decisions:Implications for a changing work force.[J]. Personnel Psychology,2010,53(2):375-403.

⑦ 徐玲,雷鹏,吴擢春.中国城市老年人自感健康与社会网络的关系研究[J].中国健康教育,2011 (7):494-497.

⑧ Litwin H,Shiovitzezra S. The association between activity and wellbeing in later life:what really matters? [J]. Ageing & Society,2006,26(2):225-242.

响。具体而言,中国人的社会取向主要包括家族取向、关系取向、权威取向和他人取向。① 本研究认为,他人取向实质上也是关系取向,是关系取向之必然延伸。那么老年群体具备的这种社会取向是否也会对其行为产生影响,是否会显著预测老年用户在社交媒体中的健康信息获取行为呢? 因此,本文提出如下研究问题——

　　Q1-1:家族取向是否显著影响微信老年用户的健康信息获取行为?

　　Q1-2:权威取向是否显著影响微信老年用户的健康信息获取行为?

　　Q1-3:关系取向是否显著影响微信老年用户的健康信息获取行为?

二、研究方法

　　本研究所指老年群体,是指男性 60 岁以上、女性 55 岁以上的人群。考虑到使用微信的老年群体主要居住在城市,且具有较高的文化程度,因此,在深度访谈和问卷调查法中主要选择文化程度较高的城市老年大学学员作为具体研究对象。在半结构式访谈中,对 40 名老年大学学员进行访谈,正式问卷调查时则以浙江省杭州、宁波两地的老年大学学员为研究对象,随机发放问卷 500 份,回收有效问卷 336 份,有效回收率为 67.2%。问卷具有较好的信度和效度(变量的测量及可靠性分析见表 1)。样本主要描述如下:性别(男=1,37.2%,女=2,占62.8%);健康状况(有慢性病=1,占 65.7%,无慢性病=0,占 34.2%);教育程度(1. 不识字;2. 私塾/扫盲班;3. 小学毕业;4. 初中;5. 高中或中专;6. 大专及以上)($M=5.39,SD=0.77$);个人月收入(1. 500~1000 元;2. 1001~2000 元;3. 2001~3000 元;4. 3001~4000 元;5. 4001~5000 元;6. 5000 元以上)($M=4.99,SD=1.08$)。

表 1　变量测量及可靠性分析

变量	测量	可靠性分析
健康信息 获取行为	关注微信中的健康类公众号;阅读微信中的健康信息;收藏微信中的健康信息	0.803
技术自我效能	对使用手机等新技术有信心;自己能琢磨学会使用微信;已经基本掌握主要的微信功能	0.817

① 杨国枢.中国人的心理与行为:本土化研究[M].北京:中国人民大学出版社,2004:43-45.

续表

变量	测量	可靠性分析
功能性健康信息效能	健康信息的文字内容难以理解;健康信息的符号、公式难以理解	0.820
互动性健康信息效能	知道如何查找有用的健康信息;可以选取自己所需的健康信息;能够利用健康信息帮助自己	0.791
批判性健康信息效能	想核实一下健康信息是否可信;会思考健康信息是否适用自身;能区分健康信息的质量好坏	0.739
关系取向	有人给我转发信息,后续我也会转发信息给他;出于面子,一般不批评别人转发的信息;微信群里要和别人处理好关系;在微信群里,我有一种集体归属感	0.735
权威取向	我比较信任政府和事业单位等公家单位;我比较信任生活中德高望重的人;知名医生的建议对我影响较大	0.778
家族取向	儿孙幸福是老年群体最大的幸福;老年群体一般比较看重家族利益;身体好就是为儿女减轻负担	0.748
网络健康信息经验	浏览专业网站获取健康信息;浏览门户网站获取健康信息;百度搜索获取健康信息	0.777
健康信息可信度	健康信息半真半假,准确性差;健康信息可靠性不足;健康信息前后矛盾,说法不一	0.789

三、研究发现

从健康信息类型来看,本研究发现,老年群体在微信平台中获取的健康信息类型以营养饮食类和预防保健类居多,占比分别为 65.6% 和 57.2%;其次是休闲运动类和症状治疗类信息,占比分别为 38.1% 和 32.8%。从获取健康信息的方式来看,微信老年用户的健康信息获取行为可以分为被动浏览式、主动跟踪式、长期保存式(持续性留意式),其中以随意浏览行为更为普遍(见表2)。通过独立样本 t 检验可知,在关注健康公众号、阅读浏览健康信息行为方面,老年群体在性别(男女用户)和健康状况(有无慢性病)上没有显著差异;但在收藏健康信息行为方面,存在显著的性别差异($p=0.02<0.05$),即女性($M=2.07$,$SD=0.826$)老年群体比男性($M=2.30$,$SD=0.793$)老年群体有更多的健康信息收

藏行为。这与访谈结果保持一致,即女性承担更多的家庭饮食把关功能,很多女性在访谈时表示会收藏较多的饮食类健康信息,方便制作食品时参考。此外,通过相关性分析,可知文化程度和月收入与各类健康信息获取行为之间相关性均不显著。

表 2　微信老年用户健康信息获取行为现状(有效样本数 $N=336$)

题项	均值	标准差	经常(%)	有时(%)	偶尔(%)	从不(%)
随意浏览信息	1.79	0.742	35.7	49.4	12.2	2.7
关注公众号	2.12	0.844	22.3	55.7	12.8	9.2
收藏信息	2.16	0.813	21.1	50.6	22	6.3

本研究对微信老年用户的健康信息获取行为进行线性回归分析(见表3),可知回归模型整体检验的 F 统计量达到显著水平($F=7.631, p<0.001$),自变量对健康信息获取行为的解释力为 22.1%。由表 3 可知,就社会取向层面而言,关系取向($\beta=0.119, p<0.05$)对老年群体的健康信息获取行为具有显著影响,但家族取向和权威取向对健康信息获取行为不具有显著影响。就自我效能层面而言,互动性健康信息效能($\beta=0.119, p<0.05$)和功能性健康信息效能($\beta=0.116, p<0.05$)对健康信息获取行为具有显著影响(H2-1, H2-2得以验证)。此外,网络健康信息经验($\beta=0.338, p<0.001$)对健康信息获取行为具有显著影响(H4 得以验证)。健康信息可信度和技术自我效能不能显著影响微信老年用户的健康信息获取行为(H1 和 H3 未能得以验证)。人口统计学变量中的性别、收入和健康状况对老年群体的健康信息获取行为都没有显著影响。

表 3　社交媒体老年群体健康信息获取行为的线性回归分析

变量	非标准化系数		标准系数		
	B	标准误差	试用版	t	Sig.
(常量)	0.915	0.243		3.763	0.000***
性别:女	0.091	0.074	0.065	1.224	0.222
健康状况:有慢性病	0.036	0.068	0.026	0.529	0.597
月收入	0.019	0.034	0.030	0.560	0.576
权威取向	0.069	0.035	0.101	1.970	0.050
家族取向	0.043	0.035	0.063	1.209	0.227
关系取向	0.081	0.034	0.119	2.389	0.017*

续表

变量	非标准化系数		标准系数		
	B	标准误差	试用版	t	Sig.
互动性健康信息效能	0.081	0.036	0.119	2.257	0.025*
批判性健康信息效能	0.015	0.036	0.021	0.400	0.689
功能性健康信息效能	0.079	0.035	0.116	2.256	0.025*
技术效能	0.011	0.037	0.016	0.292	0.771
网络健康信息经验	0.336	0.054	0.338	6.167	0.000***
健康信息可信度	−0.033	0.035	−0.048	−0.928	0.354

注：* $p < 0.05$，** $p < 0.01$，*** $p < 0.001$。

四、结论与讨论

微信老年用户的健康信息获取行为可分为被动浏览式、主动跟踪式、长期保存式，其中以随意浏览行为更为普遍。这和 Pálsdóttir[①] 等人的研究结果相似，他们的研究也发现健康生活方式等信息是偶遇形式多于主动寻求的形式，Facebook 就是一个偶遇浏览健康信息多于健康信息寻求的场所，这些偶遇健康信息可能会影响个体的健康意识和行为。[②] 陈雅雪的研究也认为，老年群体一般不会"特意搜索"某类信息，而是"碰巧偶遇"某类信息，即倾向于浏览他们所碰到的信息而不是主动寻找的信息。[③] 现有研究发现患病者针对癌症预防和筛查等特定健康信息获取行为，一般浏览行为比主动寻求行为更普遍，而本研究进一步发现普通老年群体针对一般性的健康信息获取行为仍以被动浏览式居多。此外，本研究还发现老年群体存在长期保存信息的获取行为，微信的"收藏"功能成为老年群体存储健康信息的有利空间。多数受访者表示，平常看到对自己有用的信息会加以"收藏"，碰到急需情况时再对照着看，如 12 号受访者收藏了"体检报告单"中有关指标解释的健康信息，认为这种信息用处很大；而更多老年女性因掌管"家庭厨房"，更多时候是收藏了一些健康养生食谱信息。

自我效能对健康信息行为具有一定影响，本研究在此基础上将自我效能区

---

① Pálsdóttir Á. Seeking information about health and lifestyle on the Internet[J]. Psychology, Computer Science, 2009, 14(1): 298−311.

② Woolley P, Peterson M. Efficacy of a health related facebook social network site on health-seeking behaviors[J]. Social Marketing Quarterly, 2012, 18(1): 29−39.

③ 陈雅雪. 数字鸿沟视角下老年群体微信的采纳与使用研究[D]. 深圳：深圳大学，2017：24−25.

分为技术自我效能和健康信息自我效能，其中健康信息自我效能根据健康素养的三个维度可以划分为功能性健康信息效能、互动性健康信息效能和批判性健康信息效能。研究发现，交流性和功能性健康信息效能对健康信息获取行为具有显著影响，即老年群体如具有一定的健康信息读写、沟通技能，就能促进其在微信平台中的健康信息获取行为，是否具有对健康信息的批判分析和甄别能力，在健康信息获取过程中不具有重要作用。与之相似，本研究进一步发现，健康信息可信度不会显著影响老年群体的健康信息获取行为，亦即老年群体不会因为对健康信息可信度感知总体较差，就不在微信平台中获取健康信息。

"关系取向"变量对其健康信息获取行为具有显著影响，即更加重视与他人关系处理的老年群体有更多的社交媒体健康信息获取行为。"关系取向"对老年群体健康信息获取行为的影响机制主要体现为如下三点：第一，关系取向的老年群体会更加积极地寻求健康信息。例如，受访者（24号）也曾介绍自己有一个老年朋友圈子，大家关系都不错，她不仅会利用网络做自助旅行的攻略，定期组织朋友们出去旅行，还会经常帮朋友查找有关医院公众号，在线挂号、咨询健康信息等。第二，关系取向的老年群体往往会因为熟人推荐而添加健康信息公众号或收藏健康信息，进而发展一种持续跟踪式的健康信息获取行为。在深度访谈过程中我们也发现，在询问受访者添加了哪类健康公众号时，有很多受访者表示并不知道什么健康公众号，但进一步让其打开微信检查时，会发现其实他们添加了很多健康信息公众号，受访者（13号）解释说那是朋友圈里看来的，看完之后觉得有意思，担心以后记不住就会进一步"点"进去（无意识地添加公众号），或按了"收藏"按钮（有意识地保存收藏）。第三，关系取向的老年群体更有可能通过频繁的在线互动而无意识地浏览更多的健康信息。关系取向的老年群体往往会有更多的在线互动行为，而老年群体会进一步因为在线互动而无意地接触浏览更多的健康信息，例如受访者（1号）表示"我有很多微信群，来来回回的就会收到很多健康相关的信息，经常都会打开看看的，不过那些一看标题就没兴趣的除外"。可见，即使老年群体对健康信息可信度感知一般，但会因为关系取向的原因，有意识地为了帮助别人而主动寻求健康信息，也会因为在线互动频繁而无意识地浏览阅读到更多的健康信息。此外，他们还会因为朋友的推荐而加入微信公众号或收藏健康信息。

网络健康信息经验能显著影响社交媒体中的健康信息获取行为，即具有相应网络健康信息经验的人相对在微信中的健康信息获取行为更显游刃有余。这与之前的研究结果一致。例如有学者对韩国老年群体的研究发现：先前使用互联网的经验、使用意愿以及感知易用性会对网络健康信息查寻行为产生正面积极的影响。网络健康信息经验对健康信息获取行为产生影响的机制主要体现如下：第一，网络媒体使用与电子健康素养之关系。邓胜元的研究发现，Facebook 等社交媒体的使用行为与电子健康素养之间存在显著相关性。[1] 用户的经验是在多次信息行为积累后而形成的，包括对失败经验的反省以及对成功经验的总结，这也就造就了用户影响和预判信息的能力。[2] 这就意味着，先前的网络健康信息经验是个体的健康信息素养的体现之一，能对其健康信息获取行为产生一定的影响。第二，网络媒体使用与自我效能之关系。有研究发现，互联网的高频使用和上网经验的积累可以提高个体的自我效能感，且高健康自我效能感的患者，其搜索信息的数量与其消极情绪为正相关关系。[3] 缺乏网络使用经验的用户往往有过不愉快的使用经历，或对网络使用具有焦虑、缺乏自信等负面态度；相比之下，具有网络使用经验的用户能够比较轻松地获取并使用相关健康信息。[4]

---

① 郑胜元. 台北市国中学生之电子健康素养及其相关因素研究[D]. 台北：台湾师范大学，2013：32 - 33.

② 季盈池. 社交网络环境下的用户信息行为研究[D]. 哈尔滨：黑龙江大学，2015：29.

③ 刘瑛. 互联网健康传播：理论建构与实证研究[M]. 武汉：华中科技大学出版社，2013：12 - 13.

④ 孙云峰. 网络用户的健康信息行为研究[D]. 绵阳：西南科技大学，2016：12 - 23.

2.9 解构·整合·应用:网络表情包的特点与规制

张月娇*

【内容提要】移动互联网时代造就了网络社交领域的垂直化、立体化和多元化,表情包从社交的附加功能中脱颖而出,成为一种大众文化的表征。表情包凭借其独特的方便性和生动性被网民们赋予各异的文化意义。从单纯的字符到静态的表情展示,再到系统自带、用户下载和网民自定义表情制作,网络表情包在其发展过程中呈现出视觉性、社交性和颠覆性的特点。在其发展过程中暴露出消极文化的部分导向,萌生出屡次侵权的乱象,需要管理方、创作方、使用方三者协同努力方能解决。

【关键词】网络表情包;社交媒体;应用规划

德国哲学家马丁·海德格尔认为:"世界之成为图像,与人在存在者范围内成为主体是同一个过程。"①作为最接近事物真实的视觉语言,图像不受受众文化水平高低的局限,传播交流的范围涵盖任何人群。同时,作为艺术符号的图像,以积极丰富的情感感染着受众。某种意义上,图像是大众文化理想的传播语言。移动社交时代的用户需求催生了对图像的海量渴求,语音和文字都无法传情达意时,表情包自然"攻陷"了各大社交平台。

反观当下的大众传播,利用复杂多元的符号系统展开社交行为,已成为表情包的重要功能。凭借互联网的东风,短小精悍的表情包实现了短时间的快速传播。作为流行文化的一种符号,其本身具有符号的能指和所指。受众对表情包的解读,实现了传播领域的"一千个读者就有一千个哈姆雷特",传播张力空前加强。

---

* 张月娇,上海外国语大学新闻传播学院硕士生。
① 孙周兴.海德格尔选集:世界图像时代[M].上海:上海三联书店,1996:902.

一、网络表情包的进化史

1982 年 9 月 19 日,美国卡内基·梅隆大学的计算机科学教授斯科特·法尔曼也许不会想到,自己随手打出的一串代表微笑的 ASCII 字符":-)"成为了人类历史上第一个网络表情符号。自那之后,网络表情符号开始风靡世界。

不同于美式相对直观的 ASCII 字符表情,日式颜文字表情成为了字符类表情的"集大成者","颜文字"的创作方法开启了用字符搭建图画的崭新时代,更具有卡通漫画的特点。字符类表情跨越不同平台仍然畅通无阻的特性,使其成为了互联网时代经久不衰的流行文化。

随着互联网技术的高速发展,一些即时通信软件公司推出了以卡通形象为载体的网络表情符号。如最早由日本人栗田穰崇(Shigetaka Kurita)创作的 Emoji(译为"绘文字",日语"絵文字/えもじ")表情,在日本网络及手机用户中流行后,成为美国苹果公司 iOS 5 输入法的"标配",从此风靡世界。社交软件的推广使以 Emoji 为代表的网络表情更加流行,形象直观的特点也使其更好地弥补了文字交流上的不足,使表情进一步图像化。随后,动态的表情符号也在网络中出现,进一步壮大了表情符号的大家族。如腾讯 QQ 最为经典的自带黄脸表情,临摹的原型也来自 ICQ、AOL Messagener 等当时的开创性产品。[①]

随着技术的升级,制作、选择和使用网络表情的门槛也在不断降低,"傻瓜"修图软件层出不穷,普罗大众从网络表情的使用者成为制作者。网友们用故意为之、粗糙质朴的画风改动了图像、影视频截图,有些配上恶搞的文字,极具文字所没有的感染力和即视感,在大规模"病毒式传播"刷屏、霸屏之后,有些成为网络表情"霸主",成为表情包"巨头"。

"表情包"的范围较之"网络表情"更窄,其区别重在一个"包"字。狭义上,表情包是围绕一个特定主题的网络表情符号的集合,如"张学友表情包""尔康表情包""宋民国表情包""假笑男孩表情包"等。广义上,表情包跨越了同一主题的限制,泛指社交平台中所有表情的集合。

---

① 阑夕.表情包的生长史[J].记者观察月刊,2016(8):66-68.

二、网络表情包的特点

（一）视觉性

从来没有哪个时代像今天这般呼唤图像，而这样的时代特点也造就了网络表情包的视觉性特点。其依托的图像形式必须准确、完整地传达出受众的意愿，并能激起受众进行二次传播的欲望。视觉上或萌或贱、或粗犷或可爱的风格也造就了其注定看"颜值"的特点。

"表情造句中的小叙事不同于主流的稳定、线性和宏大叙事，它们具有浅层、去中心化和短暂的特性，每一个造句者都拥有'绝对'的权威，进行差异化的互文文本的消费与生产。"[①]对于依托于图片或漫画形式的表情包来说，不同于一般自然风光和新闻图片，其文化意义是带有戏谑意味的。作为一种视觉产物，不同年龄层次、身份差别的受众可能会有千差万别的解读。以图像代替文字，成为了一场盛大的网络狂欢。

（二）社交性

网络表情包的基础即是网络表情符号。网络表情的诞生是为了满足受众在社交软件上进行沟通交流、传情达意的需求。网络表情包的发展高度依赖社交平台，毫不夸张地说，只有满足受众的社交需求，表情包才能获得源源不断的生长动力。即便所依托的形式千变万化，表情包始终是能够满足受众社交欲望的载体。

特别是对于崇尚个性表达与个人情感宣泄的年轻人来说，表情包是疏解社会压力、寻找身份认同感的不二选择。一些带有恶搞意味的表情包，作为对抗主流文化的青年亚文化，具有情绪宣泄的功能，而这恰恰与青年反叛的心理相契合。

（三）颠覆性

网络表情包的颠覆性几乎是全方面的，这不仅体现在表情包的内容及文化意义上，更体现在其对传统的文字表达方式的冲击上。[②]网络表情包对表情符号

---

① 杜丹．"书写"与认同：网络"表情党"的文化实践考察[J]．青年探索，2016(3)：22-30．
② 郑满宁．网络表情包的流行与话语空间的转向[J]．编辑之友，2016(8)．

进行全面整合后,利用多种传播手段,实现了多屏互动和多媒融合,从而满足了受众的表达欲和视觉欲,更激发了他们心中的认同感。至此,网络表情包实现了从生产到传播最后到反馈的整合传播过程。

有学者以 2016 年 Facebook 上"帝吧出征"网络事件为例分析网络表情的传播优势,认为网友有组织地翻墙攻入部分台媒的 Facebook 主页,用信息可视化的手段助推了"帝吧出征"的胜利。[①] 的确,网络表情包带来的冲击几乎是颠覆性的。这其中不仅有亚文化对主流文化的抵抗,也蕴藏着商机。很容易注意到的是,网络表情包已经从初始的任意使用发展为付费变现到开发周边产品,再到和其他品牌进行跨界合作,从而形成了一条清晰明确的产业链条。

三、网络表情包发展中的问题

"我的发明起初是良性的,但它后来发展到了我不赞成的方向。"2013 年,表情符号之父斯科特·法尔曼教授这样感叹说。本身脱胎于恶搞文化的表情包,一开始就传递了略带反叛色彩的先锋主义。作为社交平台上短小精悍的"信息传输包",有时候一个表情所能传递和表达的信息量甚至比一大段文字还要多,其传递的精准度较之文字也更高。

"有阳光的地方就有阴影。"表情包虽然在相当程度上使得社交沟通更加便捷,减少了很多可能的误解,但传播过程中也不能避免"噪声"的加入。一些戴着有色眼镜甚至人身攻击的表情包在社交平台上并不难觅,甚至有一些低俗色情、不堪入目的表情包肆意传播,有人甚至公开叫卖这些宣扬消极文化的表情包。在《还珠格格》中出演角色"尔康"被网友恶搞成各类表情包的明星周杰直言:"表情包是把文艺作品中的角色低俗化、恶搞化,这是对作品的不尊重。"

部分明星为了拉近和粉丝之间的距离和盈利,故意拍摄上传一些表情包,但一部分明星的影视作品和日常活动被截图制作成表情包,在某种程度上的确给当事人造成了一定困扰。恶搞的表情配上讽刺的文字,甚至加上谩骂、人身攻击等不堪入目的语言,在某种意义上,表情包也沦为了媒介暴力的一种。

除此之外,表情包也容易成为谣言的滋生地。"简单粗暴"的画风加上煞有介事的文字,很大程度上推动了某些谣言的传播。

值得注意的是,网上流传着一些恶搞国家领导人头像的表情包。国家领导人一定程度上代表着国家形象,随意恶搞是一种对国家的蔑视,但是否涉及犯

---

① 吴德胜,张梦宁,于娇娇.从 FB 表情包大战看网络表情的传播优势[J].科技传播,2016,8(13):71-84.

罪,还要视具体情节和造成的社会危害大小而定。如果造成很坏的社会影响则涉嫌犯罪,要依法追究刑事责任。

网络表情包不应成为消极文化传播的载体。消极文化的输出不仅阻碍了网络文化的正常发展,更违背了道德和法律。生产表情包的初衷是为了"表达"和"传播",而不仅仅是商业利益的驱使。负面表情包所宣扬的消极文化,一方面容易隐藏,不易被发现,在传播过程中消磨受众意志,特别是对于没有或判断能力较差的未成年人来说,会产生不良引导;另一方面也破坏了互联网和谐发展的良好环境,使网络表情包蒙上了一层阴影,更使网络社会多了一分戾气。

除此之外,令网络表情创作者更为头疼的还有版权维护的问题。对于尚未养成内容付费消费习惯的国人来说,有意识地为表情付费是一件并不简单的事情。

以"十二栋文化"为例,爆红的长草颜团子周边产品除了在官网和旗舰店可见外,某大型电商平台上与颜团子相关的山寨产品数不胜数。甚至追溯到颜团子刚火起来的阶段时,许多平台直接从微博上盗用,而没有向创作公司付费。与"十二栋文化"遇到类似侵权行为的表情包开发团队并不是少数,侵权行为达成时,山寨公司已经基本完成了盈利,而创作团队的维权过程可能会持续很长一段时间。

其实不仅仅有表情包版权被侵犯,有一些真人表情包则涉嫌侵犯肖像权、名誉权、隐私权等。虽然表情包能够相对精准地表达自己的情感和情绪,但这一切的前提都应该建立在不侵犯公民合法权益的基础之上。

"葛优瘫"表情走红后,演员葛优惊讶之余也有一丝担心。2016 年 12 月,葛优在北京市海淀区人民法院对艺龙旅行网正式提起诉讼。报道称,艺龙旅行网为了开拓自己的酒店预订业务,在微博上使用了葛优的肖像照片,并在图片中添加了台词字幕,试图用"葛优瘫"吸引消费者的目光。除此之外,中国平安旗下电子钱包"壹钱包"也曾未经葛优同意使用"葛优瘫"表情包。葛优认为类似的信息"极易使众多浏览者及消费者误认为葛优先生系品牌代言人或与品牌存在某种合作关系"。未经授权肆意使用真人照片制作表情包,并利用其达成商业目的,确实有违法律,有违道德。

四、网络表情包的发展策略

(一)管理方:着力健全行业规范,打造良好发展环境

网络表情包的发展离不开优质、健康的行业环境,而理想的行业环境则离不

开政府相关部门对互联网行业的把控。只有营造良好的网络环境,倡导积极向上的网络文化,才有可能为网络表情包的发展提供一个良好的生存空间。

另外,政府也要强化对表情包创作开发者的版权保护,用制度推进对知识产权、内容付费的保护与提倡。目前,我国尚没有专门针对以网络表情包为代表的载体出台的具体的法律法规与规章政策,对于该行业也没有明确的行业规范。在实际操作中遇到的侵权行为是按照当前《民法通则》等相关细则进行操作处理的。[①]

(二)创作方:强化版权保护意识,个性服务打造超级 IP

作为表情包创作者,一方面要强化知识产权保护意识,强化维权意识。表情包是一座拥有巨大商机的"金矿"。从社交平台上的一张图片、一个动图发展成为一套表情,进而被受众所接受、所追捧,成为一个大 IP,表情包在不断增值。而为了保护产权而增加的企业运营成本,也促使着表情包创作者以更加优质的内容回馈市场。

另一方面,表情包创作者也应当以更加长远的眼光看待表情包的"成长"。对于优质 IP,要结合市场的消费需求,用更加专业的眼光推出个性化、定制化服务。对于表情产业的生态链条,也要充分整合资源,扬长避短,延伸产业生态链条,打造完整、开放、多元的产业模式。

比如每当一个热门的表情包上市,很快就会出现在这个基础上做出细微改动的不同版本的同主题表情包。如果使用了原设计者的独创性部分,则构成对原设计者著作权的侵权。如果去除了原设计者的独创性部分,可能构成其他形式的侵权,但是没有侵犯原设计者的著作权。

(三)使用方:尊重他人劳动成果,养成内容付费意识

作为表情包的使用者,受众在享受表情包为社交生活带来便利的同时,也要逐渐养成为优质内容点赞、付费的习惯。表情包是创作者心血的结晶,对于他人的劳动成果,受众应当予以充分肯定。

我国的内容付费消费习惯尚未形成,但消费市场潜力巨大,表情包的蓝海亟待挖掘。"傻瓜"修图软件的普及,也让受众自定义表情包成为了可能。在此过程中,公民更要遵守法律法规的规定,做到不违法、不侵权、不传谣。

只有受众与表情包创作者之间形成良性互动,表情包背后的生态链才有可

---

① 张艳斌.青年网络表情包的文化逻辑及其规制[J].思想理论教育,2018(1):82-86.

能持续发展。表情包创作者满足了受众的社交需求,受众能够对创作者给予肯定,甚至能给出优化建议,无论对于国内内容付费消费习惯的养成,还是对国内表情包产业的持续发展,都大有裨益。

五、结　语

从来没有哪个时代像今天这样,拥有海量的信息、先进的技术和同样旺盛的社交需求。也没有哪个时代像今天这样,传播过程中有不可计数的噪声混杂和信息冗余。

受众对情感的渴求召唤表情包的出现,而这些短小精悍、易于传播的表情符号也成为了受众的新宠。对受众来说,表情包也在广为传播的过程中形成了一条清晰且完整的生态链条。

互联网的智能化程度越高,相应地受众对社交的需求也就越旺盛。在网络表情包快速发展的同时,也面临着一些争议,出现了一些问题。要解决版权问题和消极影响,离不开政府、受众和表情包创作开发者三方的共同努力。

2.10　博弈与协商:场域视角下的网络舆情建构*

李　芸**

【内容提要】网络舆情就是网络舆论情况。它是主体借助互联网对中介性公共事务展开讨论,并以监督、问责为取向的政治参与活动。这种基于网络空间、话题和时间的耦合性而建构出来的网络舆情的共时性,启发了我们从时空和人物关系的角度来重新观察和解读网络舆情发展。如果从参与者的权力、资本、阶层和文化、习惯等多元视角进行分析,那么网络舆情的过程展现出与布尔迪厄所描述的"场域"相似的特征。本文就从场域视角出发,从资本转化与权力生产过程中所存在的博弈与协商中梳理出关于网络舆情的建构。

【关键词】场域;网络舆情;博弈;协商

技术的飞速发展使得互联网已经逐渐成为普通人的媒介,成为一种新型的大众媒体。互联网是社会性的空间,而非价值中立、完全独立的场域。在人们逐渐从"习以为常"变得"熟视无睹"地看待一些变得"司空见惯"的事件时,"去政治化""共性"无法让网络自动规避传统媒体中的社会政治问题。

20世纪90年代,布尔迪厄的《关于电视》,以他独有的"参与性对象化"的方式对电视进行了分解,深刻揭露了存在于电视新闻场中的反民主象征暴力以及受到商业逻辑制约的他律性功能。今天我们借助布尔迪厄的场域理论,剖析和揭示网络舆情中的本质属性。

一、网络舆情的定义

舆情就是舆论的情况。国内外学者对舆论做过很多解释:舆论是"社会上值

---

* 本文系国家社科项目"网络政治生态场域研究"(编号:14BXW054)的阶段性成果。
** 李　芸,浙江工业大学人文学院教师,传播学博士。

得注意的相当数量的人对一个特定问题表示的个人意见、态度和信念的汇集"①；是一种"松散而又复杂的集合"②；"是一个国家的大多数公民，每人反省或者实际了解某事件所得到的判断后，许多人的共识"③；"是鉴于一个数量足够多的人群，对一个具有某种重要性的问题，所产生出来的好与否的综合体"④。可以看出，西方学界对"舆论"的定义基本都是从人这个主体出发，并包含了三个重要的组成要件：有一定的数量和规模参与的主体；必须要有一个特定性的客体；最后必须形成一种共识、意见汇集或者结论综合体。

国内学者对舆论和舆情也做过很多精辟的解析，学者张博等对网络舆情的表述是"它是网民个体对现实或者虚拟的政治问题的意见，它可以在网络空间中自由表达，在充分交流和互动过程中，逐渐形成的较为一致的群体性政治态度的聚合"⑤。徐家林认为"网络舆论是随着网络的发展和普及而出现的一种舆论现象，网络政治舆论就是直接或者间接针对政治系统的网络舆论"⑥。

陈力丹将舆情形成的过程分成："社会变动、较大事件的发生刺激意见的出现；各种意见在社会群众内部相互影响而趋同；权力组织及其领导人、大众传播媒介开始出面促成所希望的舆论；舆论客体被理解或者问题解决，旧的舆论逐渐消退，新的客体又引起新的舆论。"⑦中国的"网络舆论"可以说成是中国老百姓积极进行政治参与的一个缩影，也是将"一般性社会舆论和政治性舆论融合"的新形态，形成的是一种对公共事务关注的"聚集效应"。⑧

陈力丹认为，舆论的形成并不只是单个"主义"在起作用，而是通过多种因素共同发力。"新闻场和政治场、经济场一样，始终守着市场的考验和裁决。"⑨因此，舆论自始至终都是和形形色色的利益纠葛在一起的。这与布尔迪厄当年提出的场域理论不谋而合。

① 简明不列颠百科全书(第九卷)[M].上海：中国大百科全书出版社,1985：228.
② 詹姆斯・M.伯恩斯.民主政府[M].北京：中国社会科学出版社,1995：426-431.
③ 邵培仁.媒介舆论学：通向和谐社会的舆论传播研究[M].北京：中国传媒大学出版社,2009：3.
④ 邵培仁.媒介舆论学：通向和谐社会的舆论传播研究[M].北京：中国传媒大学出版社,2009：3.
⑤ 张博,王树亮.试论网络政治舆论与网络政治文化的异同与联系[J].甘肃社会科学,2012(5)：220-223.
⑥ 徐家林.网络政治舆论的极端情绪化与民众的政治认同[J].马克思主义与现实,2011(3)：174-177.
⑦ 陈力丹.关于舆论的基本理念[J].新闻大学,2012(5)：6-11.
⑧ Bruce Bimber, Richard David. Campaigning Online：The Internet in U. S Election[M]. London：Oxford University,2003：36.
⑨ 贺建平.检视西方媒介权力研究——兼论布尔迪厄权力论[J].西南政法大学学报,2002(3)：64-71.

二、网络舆情"场域"的建构

布尔迪厄是在 1966 年的《论知识分子场及其创造性规划》中最初使用"场域"这个术语的。[①] 在后来的研究中。他不断深化"场域"这个概念。在《关于电视》一书中,布尔迪厄提出"一个场就是一个有结构的社会空间,一个实力场有统治者和被统治者,有在此空间中起作用的恒定、持久的、不平等的关系,同时它也是一个为改变或者保存这一实力场而进行斗争的战场"[②]。在《社会的问题》中,布尔迪厄指出,"场域意指一个某种类型的资本的特定分布结构"[③]。在《实践与反思:反思社会学导引》一书中,他解释场域是"诸地位客观关系所构成的网络或形构",是"诸多力量较量之场所",是"一个充满了斗争的场所"。[④]

根据布尔迪厄的理论,从场域的关系看,曾经的大众传媒业——如电视,是一个相对独立的场域,它有自身的发展逻辑和客观的物理空间,也形成了一套自己的运行机制和准入门槛。但同时传媒领域又是一个开放领域,特别是互联网,不单单是媒体人,社会各类成员都可以在网络这个场域内出现、行动并获得某些社会资本。从一系列有重大影响的社会事件引发的舆论来看,官方、媒体、普通市民、各类社会民间组织等不同类型的人都在网络场域中频频发声或者行动。网络舆情场域是网络场域中的一种具象化。官方政府、普通网民、舆论大 V 组成主要参与者,共同形塑了这个场域的基本形态。官方是以强政治资本进入舆情场域,将这里看成是沟通民意、治庸问责的新通道,并借此通过密切民众,推动自身职能转换,增加自身文化资本和社会资本;民众进入这个场域,是一种强社会资本推动的结果,伴随着社会的进步,网民的权利意识和民主观念不断提高。他们渴望以一种更加直接的方式表达诉求,实现政治参与,以便获得在社会问题、政治问题、经济问题等领域中有更大的话语权和影响力;学者、媒体人或者一些舆论大 V 的入场,是和技术资本、文化资本有着密切相关,他们以更为专业的角度、更为理性的意见来分析社会问题,引导舆论。

(一)场域及其他概念在新媒体中有了新的含义

社会学场域中的社会成员会因为特定的资本或者资本组合的各种"力"发生

---

① 史文利,李华.大众媒介时代的祛魅话语:布尔迪厄场域理论视角下的大众媒介[J].山西高等学校社会科学学报,2011(1):102-106.

② 皮埃尔·布尔迪厄.关于电视[M].许辉,译.沈阳:辽宁教育出版社,2000:46.

③ Bourdieu Pierre. Questions de socilolgie[M]. Paris:Editions de Minuit,1980:138-142.

④ Bourdieu Pierre,J. D. Wacquant. An Invitation to Reflexive Sociology[M]. Chicago:University of Chicago Press,1992:101.

吸引、排斥和重新组合，产生各种复杂的网状社会行为；布尔迪厄认为社会个体在不同的场域中相互发生作用，获得社会地位，增加社会利益，从而实现社会价值，成为真正意义上的人。因此，场域是客观存在的，而网络舆情场域中的社会控制机制则不可避免地包含着隐形的约束力和强大的支配力。

在各种资本和利益诉求的推动下，网络舆情成了一个主体之间的博弈与协商、竞争与对话的场域空间。参与者依靠逐渐形成的"强资本"介入到制造舆情、控制舆论的洪流中，弥补自身的"弱资本"缺陷。参与主体也因自身的社会化程度的不同，会将既有的各种惯习带入进去。

按照布尔迪厄对"独立场域"的定义，我们归纳总结出三个不可分开的研究环节：与权力场域相对的场域位置、行动者(agent)与机构所占据的位置之间的客观关系结构、行动者的惯习。布尔迪厄的媒介场域理论虽然主要是来自于他对电视机构的研究，但是本文认为：场域架构起的理论桥梁，对已有的两种常规新媒体研究的路径——偏重新媒体技术特征对社会发展的结构性影响研究和偏重于新媒体中受众个体习性及行为的转变研究——会具有更加包容性的思考。

场域理论包含三个概念：首先是资本，资本是社会主体进入某个场域的必要条件和竞争条件，它也是主体进入场域后，形成自身的"场域位置"的依据。布尔迪厄将资本区分为经济资本、文化资本、政治资本以及象征资本等。他指出，各主体所拥有的资本类型是不同的。在互联网流行之前，主要是政治资本和经济资本在控制着舆论的走向，而互联网时代中，网民携带各类形形色色的文化资本和象征资本进入舆论系统，并获得随时可能改变舆论走向的机会。其次是惯习，简单说它是个体的知识构成以及个体对世界的感知、理解、看法和行动的整个系统。在网络舆情场域中，它就变换成各主体处理中介性事项的综合分析、判断能力；最后就是权力，进入新媒体时代，传媒媒介场域所依赖的"客观关系网络"——基于媒介形态、传播者以及与传播相关的机构与个人在彼此之间结成的客观关系——伴随着资本的转化以及权力的更迭——发生了本质性改变。尼葛洛庞蒂曾预言，在某种程度上，网络也会给予社会的普通民众甚至弱势群体某种话语权。因此，网络上总能形成几股民意集合，乐观的人就认为网络舆情已经打破了传统媒体话语权垄断，未来将对社会形成良性的舆论监督作用。福柯说，话语即权力。因此这种话语权的争夺，在舆情的场域中是随时出现的并伴随一定的激烈性。

(二)资本结构的调整引发话语权主体的巨大变化

传统媒介场域是由政治资本和经济资本来主导的，政府控制了传统媒体，也控制了媒介符号资源，社会公众都是被动接受意义的建构。互联网与市民合并形成的不仅仅只是一个新的名词——网民。网民是网络使用者中最活跃的部分,数量最多,成分也最为复杂,他们的上网时间、地点也非常随意灵活。除了个体网民在使用网络外,组织、机构、团体、部门等也以各种"集体"身份在使用网络,他们在互联网中表达的是"集体"的意见,传递的也是"集体"的声音。

各类主体依据自身的社会"资本"进入到网络舆情这个场域中来,也就意味着伴随着身份和权力的变化,暂时脱离原现实社会中的"场域"。如布尔迪厄所说:"场域内的权力和地位总是瞬息万变的。"[1]新媒体一方面通过揭露腐败、抗议贫富差距、环境问题,成为抗衡现实中权力场域的主要手段;另一方面通过资本关系的重构,努力摆脱对权力场域的依赖,形成新的资本结构和客观关系。布尔迪厄指出:"资本具有不可通约性,即外部场域的各种资本类型如政治资本、经济资本等必须先转化成为场域内特定资本类型才能发生作用。"[2]新媒体的"准入门槛低""匿名"等一系列特征会促成在传统媒介场中处于被动和边缘的行动者,以"胁迫"手法迫使那些凭借经济和政治资本进入新媒体的主体在某种意义上转向弱势,而社会资本的结构性功能则会由弱转强,使得面向社会草根阶层的公共参与成为可能和必然。

(三)社会资本促使新媒介场域内的社会客观关系结构发生变化

谈及网络舆论中的社会客观关系结构时,我们会提及民众的新公共参与方式——网络大众正在以独立的言说姿态、主动地介入政治意识形态;在关于"舆论"的定义中,主体是社会或者社会群体,实质是他们构成的共同意见,而这种共同意见背后体现的是某种公共性的社会心理和社会思潮;更为乐观的论调认为,"新媒体的媒介技术推动了古希腊'广场政治'的回归,建构一个广场式的公共对话空间,打破空间的区隔和权力对本身的规训"[3]。但事实上这种客观关系结构背后体现的是社会资本对这种关系地位的强化功能。布尔迪厄关于"社会资本"的解释是:"那些实际的或者潜在的、对某种持久网络的占有密切相关的资源的集合体……行动者以个人身份持有的资本总量会因为持有的资本的增值而壮大,而行动者间接持有的资本又取决于他所在团队中每个成员所持有的资本的总量。"[4]这里,布尔迪厄提到了社会资本的三个特性:1.它是一种

① 史文利,李华.大众媒介时代的祛魅话语——布尔迪厄场域理论视角下的大众媒介[J].山西高等学校社会科学学报,2011(1):102-106.
② 周荣庭,孙大平.社会媒介场域的概念与理论建构——互联网自组织传播的关系性诠释[J].今传媒,2011(6):17-20.
③ 刘阳.广场政治的回归——微博的政治功能分析[J].宁夏党校学报,2015(3):37-39.
④ Bourdieu,P. The Forms of Capital[J]. The Routledge Falmer Reader in Sociology of Education,2004.

资源,可以给拥有它的使用者带来利益;2.它是一种社会网络关系,是具有某种"制度化"的网络关系,即获得这种关系身份的人才有权利调动和利用这种资源;3.它不是自然形成的,是可以通过稳固关系(例如某种偶然关系,如邻居、同事甚至亲戚关系),通过"象征性建构",转变成一种双方都愿意长期维持其存在,在体制上得到保障的持久稳定关系。

在新媒体场域中,新媒体技术会加快社会资本的易得性,而借助新媒体极速增强的社会资本又可以支持他们的公共参与行为,释放了传统媒体下受限的社会性互动,在原有的经济和政治资本上获得了布尔迪厄所谓的"收益"。而民情民意如何被转换成对社会有影响力的舆论? 表面上看,人人都可能成为那只引发海啸地震的"蝴蝶"。网络 Web2.0 使得任何一个网民都同时具备了三重身份:制作者、销售者和消费者,构成彭兰提出的相对独立的"传播基站"[①],社会信息的传播呈现出互动性,借用胡正荣提出的"场景细分"[②]概念,网民被这股强大而无形的力量裹挟着,技术范式改变着社会场景,场景的变化影响人的社会角色与行为。于是网民"关心社会、关心社会发展、关注社会公共事务"的积极性也大大提高。

(四)行动者实践行为构成网络舆情场域的"新惯习"

布尔迪厄指出,"惯习"是社会建构的性情倾向系统,这些性情倾向是行动者于实践中获得,又持续不断地发挥引导实践的作用……不断地被社会结构形塑而成,又不断地处在社会结构的生成过程之中。[③]梅洛维茨在 2002 年提出的"新媒介—新场景—新行为"的关系模型[④]中,认为场景的变化势必会带来适应新场景的社会行为。互联网中的行动者在一种虚拟环境内进行实践,其行为也表现为比传统媒介场域下更为隐蔽的符号化形式。群体极化现象、裂变式传播、碎片化传播让行动者主动参与到符号构建过程中,并将传播过程置于符号及其相关社会资本权力的控制之下。互联网逻辑不仅决定了社会宏观场景的模式,也渗透至特定的场域,对社交情景、社会角色与交往规则都产生影响。

过去,把关人制度设定了自由平等讨论的难度,但是网络传播的"去中心化"强化了用户的自由、自主地位,弱化甚至取消了大众传媒的议程设置功能;网络的匿名性不同程度地增强了说者的勇气和信心;同时网民在网上表达的意见和看法通常都是单个的、零散的,尚未形成强大的凝聚力。2003 年的孙志刚案被学

---

① 彭兰.连接的演进——互联网进化的基本逻辑[J].国际新闻界,2013(2):6-19.
② 胡正荣.移动互联时代传统媒体的融合战略[J].传媒评论,2015(4):47-50.
③ 宫留记.布尔迪厄的社会实践理论[M].开封:河南大学出版社,2010:172-191.
④ 约书亚·梅洛维茨.消失的地域:电子媒介对社会行为的影响[M].肖志军,译.北京:清华大学出版社,2002.

界和业界普遍认为是中国网络舆论成为正式的社会现象的标志。这之后的十多年中,政府与百姓之间的关系、劳资问题、先富后富问题、发展与稳定的问题、吏治出现的腐败问题等呈现井喷式爆发,云南的孟连事件、贵州的瓮安事件、湖北的石首事件、"表哥"杨达才事件、天价烟事件等等,归根结底是互联网让每个人都拥有发布创制符号的能力,让权力场域的弱势一方有效获得了社会动员的权力基础。

所以如布尔迪厄所言,"惯习一方面是通过行动者实践积累,另一方面也是由外在的资本转化和社会关系习得"①。网络恶搞、山寨等一系列年轻、时尚但又充满浓郁的抗议意味的符号标签和行为,同样也是一种消解集权政治的网络新惯习形态。每个人将现实中的身份、责任、规则抛弃,在不同的网络和虚拟关系中扮演迥异于现实世界的角色,在真实生活中处于底层或者边缘的人,在一个网络社群或者游戏中好像坐拥整个世界,借助这种想象获得宣泄与满足。

(五)话语和符号的构建凝结出网络政治理念

尼葛洛庞蒂曾预言,数字化生存天然具有"赋权"的本质。② 理论上说,互联网给予每个人平等的话语权,对"相对无权者"的赋权超越了以往任何一个时代。③ 对社会个体的激活,始于 Web2.0,更是借社交媒体的崛起。"无论是规模化崛起的大 V、网红、底层维权者、借互联网之势的创业者,无一不是先个人播火种,然后在社交媒体交互、延伸并强化,在关系网络中形成价值和影响力。"④换句话说,他们当中没有一个是从传统权力,如行政、资本、武力等获得外延性赋予。因此媒体让网民一方面获得了在传统媒介长期没有得到的政治知情权,另一方面又在"集体创作"的作用下,消解了原有政治符号,对国家权力和意识形态的符号文本重设了解读框架,重构了一套新的网络政治理念。

从已经发生的和正在发生的网络事件,我们大致都可以得出网络民意的现实发生的路径:网络事件发生→部分网民先期的介入与推动→更多网民加入→强大的网络民意→事件在现实生活中的公正结局→更多的网络事件的发生。民意也似乎是被这些事件裹挟着,使得各级政府作出一种积极主动的姿态与民意正面接触。

因此,对其他社会场域内符号解读的权力,以及创制新的符号文本的权力,

---

① 陈姚.新媒介场域内的符号斗争与政治参与机制研究[J].太原大学学报,2015(2):128-133.

② 尼古拉斯·尼葛洛庞蒂.数字化生存[M].胡泳,等译.海口:海南出版社,1997:269.

③ 喻国明,马慧.互联网时代的新权力范式:"关系赋权"——"连接一切"场景下的社会关系的重组与权力格局的变迁[J].国际新闻界,2016(10):6-27.

④ 喻国明,马慧.互联网时代的新权力范式:"关系赋权"——"连接一切"场景下的社会关系的重组与权力格局的变迁[J].国际新闻界,2016(10):6-27.

伴随着新媒体场域内资本结构的消长，成为群众参与政治的决定性力量。如反腐倡廉本身就成为网络符号，只要网络上出现反腐事件，很快就会被网民集体命名成各种诙谐、幽默、讽刺的符号代称，如"表哥""天价烟""躲猫猫""欺实马"等。这种集体创制的符号背后本身就是一种政治态度的交流，是政治理念的民间性的、"戏谑式"的表现。

(六)符号暴力垄断了话语框架的建构，是团体组织被强化的基础

网民真的有了这种平等的话语权吗？并非如此，"我们进入了网络结社时代，它的出现适时改变了结社问题上权力和权利的分布状态和力量对比"①，因为网络意见气候的形成往往由意见领袖或媒介议程设置，以及懂得计算机技术和有一定经济基础的人决定的。看似"把关人"已经消失，看似网民可以随意进行表达，但是"谁握有真正的话语权"这个疑问提醒我们，还是应该理性、深度化地考量网络舆论的发声团体。

布尔迪厄认为，"团体存在的可能性既依赖于公共的生活机会，也依赖于他们的符号力量，正是争夺符号力量的斗争才决定了团体是否获得特定的社会身份"②。互联网出现的各类舆情事件中处处可以看见符号的局部意义。符号的斗争建构是将各种符号的语境与历史加以结合，"引导我们用一种而不是另一种方式去阅读，并赋了其自然而持久的表意"③。

新媒介的政治策略还可以借用布尔迪厄的"幻象"来理解。"幻象"是基于共同追求而形成的特殊利益形式，既是场域能够符号化运作的条件，也是场域符号化运作的结果。④ 基于这种幻象，建立在"尊重差异"之上的团结就只有通过场域的运作才能包容不同的声音。在新媒介场域中反映出来的反腐倡廉等瞬间凝结成一个看似围绕某一个具体事件，但实际内容非常明确的政治性、符号化政治理念。

(七)群体性现象的终极目标就是民众的赋权

新媒体的"去中心化网络格局"⑤，让个人的自由活动空间和资源的自由流动空间都被大量释放，使得个人对国家、组织依附程度削弱，组织框架之外的生存空间、路径都变得日益增多。大 V、网红一旦登上了"中心""网顶"，其智能和影

---

① 陈潭，罗晓俊.中国网络政治研究:进程与争鸣[J].政治学研究,2011(4):85-100.

② 宫留记.资本:社会实践工具——布尔迪厄的资本理论[M].开封:河南大学出版社,2010:152.

③ 罗兰·巴特.符号学原理[M].北京:生活·读书·新知三联书店,1988.

④ 刘喆.布尔迪厄的社会学思想研究[D].武汉:武汉大学,2005.

⑤ 喻国明，马慧.互联网时代的新权力范式:"关系赋权"——"连接一切"场景下的社会关系的重组与权力格局的变迁[J].国际新闻界,2016(10):6-27.

响力的"变现"就容易得多,个人也被赋予了更多的可能性。第一方面,互联网技术推进普通人逐渐靠近了传统权威的"后台",信息的易获得性和表达的平权化使得特定场域下的官方话语、官方议题被解构,边缘化、微弱、分散的"民间话语"开始在互联网中聚合、放大,形成了一种 $1+1>2$ 的协同效应。

权力是政治现象中最为核心的问题之一,话语权的运行方式尤其是研究网络政治的人绕不开的话题。"网络政治权力结构是由网民的政治权力、网络共同体的政治权力和网络政府的政治权力所构成的有机统一体。"[①]在权利的基础上,权力更多地表现出对他人的影响。20世纪90年代,西方一些学者就预言,网络话语权会出现,它会和资本掌握的数量及行为的公共影响程度成正比,它还具有更明显的社会性——权力形态更具分散性、参与性、平等性和循环性。

互联网推动社会资源控制和分配逐渐从国家行为体向个体与市民转移,不仅社会结构呈现离散趋势,特别是当"单位"渐渐失去对社会资源、个体的社会关系的掌控后,社会渐渐成为一个资源、资本、机会相对独立的源泉,个体掌握了更多的社会资源、表达权和行动权。每个用户的链接数量和连接强度差异很大,就造成权力在这些关系网络中呈现不均衡分布,网络意见领袖、大V、明星、名人甚至网红成为关系网中的"中心节点",从他们大量的社会关系中自然获得更多的传播能力和影响力。[②] 而从这些关系中形成了社会资源分配和权力赋予的新机制——关系赋权。关系赋权是不需要太多的权威就可以形成自我赋权,它借助一只无形的手,在互联网技术和社会协同演进过程中形成群体性现象,从而形成社交媒体的嵌套式关系网络。网民在大规模的内容生产、传播、交互、共享的过程中,将个体的力量在链接中聚合、放大,为社会中相对无权者赋予各种权力。

三、网络舆情"场域"的问题分析

2010年之后,对网络政治行为,特别是政治参与、政治管制,包括对网络舆论的研判、监管等研究已经超越了对主体、社会公共事件等的单一化研究,这就预示了对互联网的关注从单纯的工具价值向文化内涵与现实影响转移,更重要的是研究的重点已经开始形成多维度、多领域同时推进的情况,如对网络舆情、网络监管和网络群体性事件的研究就往往被组织在同一个课题下,从而使得研究变得更为立体。

哈佛大学杰克·高登史密斯(Jack Goldsmith)和哥伦比亚大学教授蒂姆·

---

① 陈潭,罗晓俊.中国网络政治研究:进程与争鸣[J].政治学研究,2011(4):85-100.
② 彭兰.也谈微博话语权[J].信息安全与通信保密,2014(3):34-36.

吴(Tim Wu)合著了《谁控制了互联网？——无界世界的幻想》(*Who Controls the Internet:Illusions of a Borderless World*)一书,他们借用最新且具有广泛社会影响的实例,力图揭露这样一个事实:网络空间在本质上依旧受到现实世界物理空间中的政府和国家控制。这一结论打破了很多人的互联网"乌托邦"幻想。他们提出一个观点:"网络是有界限的,国界中的法律、政府权力以及国际关系同技术发明对他们同样重要。"整部著作的核心论点就是互联网并非是一个没有界限的虚拟世界。

(一)对媒介新社群的考量

对近些年中国具有国际影响力的重大新闻事件进行统计和分类整理后,发现有一个迅速壮大的媒介新社群,它不再以物质财富、地位、权力等传统标准来划分自己的阶层归属,而是将信息传播力和影响力作为更重要的价值尺度,其中主要包括信息沟通、意见表达以及论证的能力,它催化着"社会结构沿着金字塔型—离尖型—离端型—多元混合型—多元融合型"①演变。

(二)话语权的分层

网络话语权没有我们想象的那么平等、自由,因为权力的大小依旧受制于数字鸿沟,其核心依旧被牢牢把握在掌控着信息及技术优势的国家或者利益集团手中;即使是在某一个网络社区的内部,也依旧存在话语权力的分层。

网管作为网站从业人员掌握信息传播的生杀大权;版主通过删帖、改帖和置顶等权限引导方向和趣味,属于显性掌权者;网络运营商表面上看似规制着这个所谓"平等的"平台,但是它又提供给一部分倾向人群蜂拥而至的机会,让"敏感词"借由"敏感"反而获得了公众和媒体更多的注意力。

网民认为自己是说话影响力最大的一群人之一,而实际上,每一位普通网民都构成了数量最多、最没有影响力的"沉默者"群体。单个的网民借助新科技,获得了更多的接触信息的机会,但又总是在高度过滤掉那些同自我认知不协调的信息,"无限过滤"的能力被增强。人们选择浏览与自己观点相同或相似的信息。网络技术本身也在为网民提供各种"协同过滤",再加上网络载体本身固有的"虚拟化"特征,以及类似于"广场效应"中的群体感染,使得群体舆论很容易被网民推入极端与狂热。

政府如果不及时介入、不及时公布相关信息,甚至试图隐瞒真相就会陷入被

---

① 陈潭,罗晓俊.中国网络政治研究:进程与争鸣[J].政治学研究,2011(4):85-100.

动,形象也会一落千丈,传播效果适得其反。

传统媒体通过开微博、内容被转发引用等方式自觉靠近新媒体,他们在努力用更真实、更深入的深度报道、深度评论来击败网络上的不实新闻、荒诞言论。

这一切表明网络这个场域空间里,主体各方在努力争取自己的空间,并在"话语权的争夺"下努力发挥自身的优势和势力,争取最大限度的民主。

(三)监管的价值如何判定

对网络舆论的讨论中,学者提出了监管方式存在负面效用和正面效用两种思路。在内容管制问题上,也存在两种观点的学术讨论:主张"自由至上"的学者认为,政府所采用的"信息屏蔽"已经破坏了网络社会自由表达的氛围,甚至超越了公共领域的边界,对个人的权利如隐私权等都构成了伤害;而主张"严格规制"的学者则认为,自由表达不具备绝对的超越性,他们从道德、伦理的角度出发,展开了"公域与私域界限的划分""娱乐大众到理性公民的身份转化"等话题的讨论。

同样的分歧也出现在"网络能否促进民主"的讨论中,学术界的正反态度是各持一端,赞同方认为互联网通过改善民主的技术手段,开通了"电子民主"的新渠道,互联网变革了民主的机制和原则,"多数派的统治加上少数派权力的融合",形成"微型多数派"的民主政治模式;反对方则认为,伴随技术的进步,"知识鸿沟"将进一步强化,权力精英让位于技术精英,知识让位于信息,信息的膨胀和失真最终会导致两个极端出现——"无政府主义"抑或"政府对信息的过度监管"。

总之,正如吉登斯所说:"风险社会并不是一个'危险性增大的世界',而是一个既附带有风险,又预示着希望的世界。"[1]作为"充满错位和不确定的世界",或者是"失去控制的世界"本身就是海德格尔所认为的那样——现代社会本质上就是现代人的一种生活世界。[2]

互联网的出现,一方面,让人为自己所创造的虚拟世界而自我满足和自我陶醉,虚拟世界打乱了传统社会所建构的各种社会和道德秩序,重新建设个人和社会、国家的相互关系;另一方面,互联网的传播环路以及所产生的数据库对大众进行控制,无论是谁,进入这个虚拟空间都已经受到某种无意识的控制。

---

① 金茜.风险社会的特征、危害及其应对[N].法制日报,2017-02-22.
② 高宣扬.当代社会理论[M].北京:中国人民大学出版社,2005:31.

2.11 社交媒体大数据在智慧城市建设中的应用

张雪芳[*]

【内容提要】社交媒体作为沟通人与人之间关系的纽带,以及连接人与城市的桥梁,为更好地建设智慧城市开启了一扇信息之门。本文结合智慧城市领域的研究成果和实践案例,梳理了社交媒体大数据在智慧交通、智慧警务、智慧规划中的主要应用,揭示了社交媒体在智慧城市治理和可持续发展中的潜在价值。

【关键词】社交媒体;智慧城市;管理决策

随着信息通信技术和大数据分析技术的发展,社交媒体数据在智慧城市建设中发挥越来越重要的作用,以社交媒体平台生成的用户内容不仅使城市层面出现了更多自下而上的声音,而且能够促进政府与民众的合作和交流,从而改善城市治理中的参与、协作和透明度。一些欧美国家的城市已利用社交媒体平台进行智慧城市的管理,通过挖掘社交媒体中相关话题的信息、用户行为和关系、地理位置数据等,分析城市交通、公共安全、公共议题和突发事件等状况。例如,美国马萨诸塞州的波士顿市开发了一个客户关系管理系统,并将社交媒体平台推特(Twitter)集成到该系统中,民众可以通过推特向市政府反映城市的各类问题,有效改善了城市管理部门与民众的沟通。实践证明,在重要信息的获取和应对策略的制定过程中,来源于社交媒体的大数据以其丰富且持续的数据源成为了研究者关注的领域,对智慧城市的治理和可持续发展具有重要意义。本文结合智慧城市领域的研究成果和实践案例,梳理了社交媒体大数据在智慧城市建设中的主要应用。

* 张雪芳,浙江大学城市学院传媒与人文学院讲师,数字媒体专业博士。

一、相关概念探讨

智慧城市作为一种新型的智能化城市管理理念,目前还没有统一的定义。Caragliu 等认为,智慧城市是将硬件设施与便捷优质的信息通信技术及社会设施有机结合的城市,后者对于城市竞争力有决定性影响。[①] Angelidou 将智慧城市定义为利用人、集体和技术资本来增强城市群发展和繁荣的模式概念。[②] Kumari 等认为,智慧城市是应用信息通信技术,为市民提供快速的通信、实时的信息、优质的生活、便利的交通、完善的公共服务和卫生设施、持续的能源和水资源供应、环境保护和合理利用自然资源等服务。[③] 总体而言,智慧城市包含众多方面,其本质是一系列信息通信技术在社区、城市、区域等不同地域尺度上的应用,并服务于资源优化、可持续发展与提升生活质量等特定政策目标。

社交媒体是一种以计算机为媒介的交互式技术,它通过虚拟社区和网络促进信息、思想、兴趣和其他表达形式的创建和共享,现阶段主要包括社交网站、微博、微信、博客、论坛等。社交媒体作为沟通人与人之间关系的纽带,也是连接人与城市的桥梁,人们广泛地利用这种传播技术来分享对现实生活中突发事件的实时感受、公共议题的看法等。

当前,对智慧城市的治理需要广泛的公众参与,政府正以更加开放的姿态吸纳公众对正在制定或实施政策的观点和建议,以改善城市的民主进程、治理透明度、以民为本的发展和政治战略。社交媒体数据中蕴含着丰富的内容、时间维度和地理信息,不仅能为相关部门分析城市空间、出行行为、事件和政策观点等提供条件,而且在传播速度和传播效应方面比传统媒体更有优势,也更能反映公众对一些事件的舆情导向,对智慧城市的治理和可持续发展具有潜在的应用价值。

二、社交媒体大数据在智慧城市建设中的应用

人们普遍认识到,智慧城市的发展需要智慧管理、各种服务的整合和多种渠道的沟通,传统的自上而下的城市治理方法和城市规划工具(模型、利益相关者

---

① Caragliu, A., Del Bo, C., Nijkamp P. Smart Cities in Europe[EB/OL]. [2019 - 03 - 07]. http://en. wikipedia. orgwikiSmart city.

② Angelidou M. Smart Cities: A Conjuncture of Four Forces[J]. Cities, 2015(47): 95 - 106.

③ Sweety Kumari, Firdos Khan, Shekh Sultan, Ruchita Khandge. Real-Time Detection of Traffic From Twitter Stream Analysis[J]. International Research Journal of Engineering and Technology, 2016, 3 (4): 2350 - 2354.

分析和咨询方法等)已无法应对数字技术推动下城市面临的各种挑战,复杂的城市群的治理需要有效的信息战略和焦点决策支持工具(focused decision-making tools),本文梳理了社交媒体大数据在智慧城市建设中的挖掘应用,主要包括以下三方面。

(一)智慧交通建设:社交媒体助力交通事件监测,提高交通决策效率

随着智能手机的普及,移动社交媒体数据正以惊人的速度增长。相较于车辆 GPS 轨迹、磁感线圈、视频监控等传统的交通监测方式,带有 GPS 定位的社交媒体数据具有丰富的信息探索空间,蕴含了大量与交通相关的语言描述,能够实时反映出路况或交通事件的起因、规模、影响范围等信息,特别对突发性交通事件、特定地点交通事件、临时交通管制和交通环境等状况有更好的预报效果,并在信息的采集范围、采集成本、覆盖度等方面具有较明显的优势,可以弥补传统交通监测手段的不足。国内外一些研究者致力于社交媒体大数据的交通研究与应用,D'Andrea 等开发了一个基于推特信息流的交通信息实时监测系统,该系统可以在新闻网站发布相同资讯之前监测到相关的交通信息。[1] Pan 等通过群体感知方式,利用民众活动数据和社交媒体数据进行城市交通事件的异常监测。[2] Gkiotsalitis 等利用社交媒体数据分析用户参加各类活动的出行意愿,并针对休闲活动的出行随机特性进行分析。[3] Cottrilla 等讨论了社交媒体信息在大型事件发生时的交通信息传播策略。[4] Gu 等采用半朴素贝叶斯分类(semi-naïve-Bayes classification)算法,开发了基于五种类型的交通事故实时监测系统,能够实时监测正在发生的交通事件。[5] 仇培元等提出了一种文本的自动标注方法,在地理事件角色标注的基础上,增加角色及要素关系标注过程,提高对空间

①　Eleonora D'Andrea,Pietro Ducange,Beatrice Lazzerini,Francesco Marcelloni. Real-Time Detection of Traffic From Twitter Stream Analysis[J]. IEEE Transactions on Intelligent Transportation Systems,2015,16(4):2269－2283.

②　Bei Pan,Yu Zheng,David Wilkie,Cyrus Shahabi. Crowd Sensing of Traffic Anomalies Based on Human Mobility and Social Media[J]. Proceedings of the 21st ACM SIGSPATIAL International Conference on Advances in Geographic Information Systems,2013,344－353.

③　Konstantinos Gkiotsalitis, Antony Stathopoulos. A Utility-maximization Model for Retrieving users' Willingness to Travel for Participating in Activities from Big-data[J]. Transportation Research Part C:Emerging Technologies,2015(58):265－277.

④　Caitlin Cottrill, Paul Gault, Godwin Yeboah, John D. Nelson, Jillian Anable, Thomas Budd. Tweeting Transit:An Examination of Social Media Strategies for Transport Information Management During a Large Event[J]. Transportation Research Part C:Emerging Technologies,2017(77):421－432.

⑤　Gu,Y.,Sean,Z.,Chen,F.. From Twitter to Detector:Real-time Traffic Incident Detection Using Social Media Data[J]. Transportation Research Part C:Emerging Technologies,2016(67):321.

要素的识别和抽取能力,以辅助微博客文本中蕴含交通事件的信息抽取过程。[①] 郑治豪等以新浪微博为数据,利用支持向量机算法、条件随机场算法和事件提取模型完成微博的分类、命名实体识别和事件提取,开发了交通感知分析系统,以提供交通舆情及突发交通事件信息。[②]

从上述工作可以看出,研究者基于社交媒体数据,从交通事件的感知、交通信息的传播策略、出行者的情感状态等不同维度进行分析,扩展了交通事件信息的覆盖面和观察视角,与物理传感器、视频监控等测量的信息互为补充,有效提升了交通部门的决策效率。

(二)智慧警务建设:社交媒体提升警务工作实效,丰富警务工作内涵与形式

在互联网和大数据背景下,社交媒体对警务工作具有积极影响,为警务工作者处置突发事件、搜集情报、发现犯罪信息、构建良性警民关系等提供便捷通道。

一些研究关注社交媒体中公众对一些话题或社会事件的看法,旨在从丰富而庞大的社交媒体数据中揭示公众观点情感的爆发和传播,以及某个主题的发展或衰落过程,为警务工作者及时掌握互联网舆情变化趋势、防患于未然提供技术支持。Nguyen 等把社交文本内容与新闻相结合,提出了一种早期识别事件的方法。[③] Unankard 等通过识别用户位置和事件位置之间的强相关性来监测热点事件。[④] Wang 首先通过图像处理监测发生事件的异常模式,然后通过社交数据提取语义信息,将视觉传感器(摄像头)和社交传感器(推特)相结合监测事件。[⑤] Wang 等运用先进的情绪分析技术和可视化设计,分析了公众情绪对于网络热门话题的变化。另有一些系统分析不同社群之间的情绪分歧,并以带有时间标签信息的网络评论数据为语料,将大量数据按照对应的时间维度展示。[⑥] Cao 等提出了一个揭示社群之间情感分歧的可视化工具 SocialHelix,系统基于流文本数据的情绪变化,使用户发现并追踪社交媒体上发生的话题和事件,了解何时、为何会出现分歧,以及它们如何在不同的社群中演变,这些研究成果有助于实现大

---

① 仇培元,张恒才,余丽,等. 微博客蕴含交通事件信息抽取的自动标注方法[J]. 中文信息学报,2017,2(31):107-116.

② 郑治豪,吴文兵,陈鑫,等. 基于社交媒体大数据的交通感知分析系统[J]. 自动化学报,2018,4(44):656-665.

③ Nguyen,Duc T.,Jung Jai E.. Real-time Event Detection for Online Behavioral Analysis of Big Social Data[J]. Future Generation Computer System,2017(66):137-145.

④ Sayan Unankard,Xue Li,Mohamed A. Sharaf. Emerging Event Detection in Social Networks with Location Sensitivity[J]. World Wide Web,2015:1393-1417.

⑤ Wang,Y.. Tweeting Cameras for Event Detection Categories and Subject Descriptors[C]. International World Wide Web Conferences Steering Committee,2015:1231-1241.

⑥ Yunhai Wang,Xiaowei Chu,Chen Bao,Lifeng Zhu. EdWordle:Consistency-preserving Word Cloud Editing[J]. IEEE Transactions on Visualization and Computer Graphics,2018,24(1):647-656.

数据背景下警务活动的科学化和专业化。[①]

在具体实践中,欧美一些国家的警察有着较为丰富的工作经验,在 2018 年的"全球智慧城市榜"中,欧洲有 12 个城市、北美有 6 个城市跻身全球前 25,说明了一些欧美国家治理城市的智慧程度和先进理念。早在 2007 年,欧盟委员会启动第七框架计划,研究当代欧洲警务工作中出现的新问题和新趋势,提出了未来警察开展社交媒体工作的若干建议,并在实践中成功借助社交媒体开展警务工作,积累了较丰富的经验和教训。例如:英国警察通过社交媒体来调查个体性案件和群体性事件,2011 年 8 月发生的"伦敦骚乱"事件,是较为严重的大规模群体性事件,警察通过众包方式识别犯罪嫌疑人,在公众提供的海量信息中,警察找到了关键线索并确认嫌疑人的身份。2013 年 4 月发生在美国的"波士顿马拉松爆炸事件",警方通过官方推特连续发布事件信息,并请求公众配合救援、提供破案线索。在德国汉诺威,警察在脸书(Facebook)网站上建立自己的账号,并通过平台发布搜捕信息,得到了近十万粉丝的支持,而他们在传统新闻媒体上发出的信息却没有收到任何反馈。

实践证明,社交媒体在信息的实时传播、沟通互动、特定情况下的响应等方面具有积极作用,通过对社交媒体大数据中突发事件、犯罪活动等信息的分析和特征提取,支持和帮助警察判断事件或灾难的规模、地点和区位,从而做出预警和应急决策。因此,社交媒体大数据不仅为警察收集犯罪情报提供便利条件,还可以成为发动民众共同参与犯罪调查活动的平台。但需要指出的是,由于网络一元话语权的消解和 SNS(Social Networking Service)社交模式,警方也面临网络话语权权重降低、杂质信息过剩和信息泄露等问题。

(三)智慧空间规划:社交媒体优化规划设计方案,提升空间治理能力

与城市感知和规划相关的各种数据一般由政府和企业产生,但在新媒体时代,城市规划和相关的公共议题也越来越多地通过实时感知、众包和社交网络产生,尤其是智能手机以及相应定位软件的出现,获取目标人群空间移动的信息变得更加容易,从而能够深度分析目标对象的时空行为特征及规律,以改善城市的设计和布局。

近年来,国内外的一些研究者利用推特、Flickr、新浪微博等网站的开放数据对城市空间开展研究。Hollenstein 等通过社交网络 Flickr 用户上传的带有地理

① Nan Cao,Lu Lu,Yu-Ru Lin,et al. Social Helix:Visual Analysis of Sentiment Divergence in Social Media[J]. Journal of Visualization,2015,18(2):221−235.

位置信息的图片,尝试建立新的城市中心区及边界划分方法。① Karduni 等开发了名为"城市活动探索者"(Urban Activity Explorer)的系统,用户能够搜索社交媒体数据中特定的术语和关注的区域,以及该区域内的信息主题和时间数据等。② 由于该系统使用开源技术,因而能处理许多规划任务,如追溯不同文化群体在一段时间内的迁移规律以规划未来住宅的开发;评估开放空间和公园的使用以有效分配管理人员和资源,识别已有的行人区域和潜在市场区域以引入共享单车系统。Sagl 等将 Flickr 网站数据与移动网络的流量数据相结合,以识别不同季节与时间的城市活动热点区域。③ 陈映雪等以南京市为例,借助新浪微博数据,分析城市空间结构、土地使用、场所分布与居民活动的互塑关系,提出混合化用地、功能灵活的社会规划新思路。④

一些研究还关注居民对城市空间的情绪和感知。Hogertz 对社交网站的文本数据进行挖掘,通过分析居民在不同场所的情绪和感受,识别城市的积极空间和消极空间。⑤ ESUM (ETH Zurich and the Bauhaus University Weimar)的研究项目通过社交网站数据来识别用户的活动情绪,并尝试建立用户活动情绪与城市建成环境的关联分析模型,进而形成灵活的空间优化方案,为最终的规划设计提供支撑。

简而言之,随着用户活动数据在空间尺度上的精准定位,以及社交媒体中文本、图片、情绪符号等多媒体信息的深度挖掘,能为城市的规划设计提供更多的数据支持和决策智慧,从而更好地完善城市设施、优化布局和提升环境品质。

三、结　语

综上所述,社交媒体的独特魅力在于能够将时间、空间和话题信息结合在一起,这些数据的整合可以为城市交通、安全、规划等提供宝贵信息,为解读城市动态运作带来新的视角,并促使政府成为有效、负责和资源丰富的组织而发挥更大

① Livia Hollenstein, Ross Purves. Exploring Place Through User-generated Content: Using Flickr Tags to Describe City Cores[J]. Journal of Spatial Information Science,2010(1):21-48.

② Alireza Karduni, Isaac Cho, Ginette Wessel, et al. Urban Activity Explorer: Visual Analytics and Planning Support Systems[J]. International Conference on Computers in Urban Planning and Urban Management,2017(5):65-76.

③ Sagl. G., Resch B., Hawelka B., Beinat E.. From Social Sensor Data to Collective Human Behaviour Patterns: Analysing and Visualising Spatio-Temporal Dynamics in Urban Environments[J]. GI_Forum 2012: Geovisualization, Society and Learning,2012:54-63.

④ 陈映雪,甄峰.基于居民活动数据的城市空间功能组织再探究——以南京市为例[J].城市规划学刊,2014(5):72-78.

⑤ Hogertz,C.. Emotions of the Urban Pedestrian: Sensory Mapping[J]. Pedestrians' Quality Needs,2010:31-52.

作用。特别是随着云计算、物联网、大数据等技术的发展,以及机器学习算法在互联网领域的广泛应用,物联网中物体产生的信息与社交网络中的"人"进行交互,社交网络将变成"人与人""人与物""物与物"的范围更大的"大社交网络",如何将大社交网络与智慧城市紧密结合是建设智慧城市的关键。

从目前的研究成果和应用分析,社交媒体大数据在我国智慧城市建设中的应用还很有限,学术界的一些研究成果与实际应用也有一定距离,在实践中面临一些问题和挑战。首先,社交媒体数据中存在部分不准确的、夸张的、虚假的信息。其次,社交媒体数据有一定的地理模糊性,部分位置信息在进行地理坐标解析时,难以在地图上找到准确的位置。再次,社交媒体数据的隐私困境,第三方机构对用户数据进行追踪、数据贩卖、数据监视等都有可能造成隐私泄露和隐私侵权的问题,需要网络用户本身的数字节制和国家政策层面的规制。目前,一些研究正致力于如何提取有效信息和隐私权、访问权、知识产权等问题,通过建立数据整合标准和制定在线网络世界的管理机制,这些问题有望得到解决。

2.12　基于大数据的重大会议网络舆情研究

——以第四届世界互联网大会数据为例[*]

刘华金[**]

【内容提要】本文运用 K-均值聚类方法和波特五力模型,以第四届世界互联网大会数据为例,借助百度指数、新浪微指数等大数据平台,分析重大会议网络舆情的演变规律和热度影响因素。研究结果表明,重大会议开幕前一周网络舆情开始波动,开幕那天舆情首次达到峰值,随后舆情热度会反弹,一直到会议闭幕舆情开始减弱;网络舆情演变过程中,政府及官方媒体是处理网络舆情的主导力量。政府针对重大会议网络舆情,首先,提前预案,快速反应,但不能过分干扰;其次,发挥嘉宾和专家引导作用;最后,发挥政府"三微一端"沟通渠道的作用。大数据平台为政府科学应对重大会议网络舆情提供数据支撑。

【关键词】大数据;重大会议;网络舆情

　　根据中国互联网络信息中心(CNNIC)第 41 次报告,截至 2017 年 12 月,中国网民规模达 7.72 亿,普及率达到 55.8%,手机网民规模达 7.53 亿,网民中使用手机上网人群的占比由 2016 年的 95.1% 提升至 97.5%。计算机网络通信技术日新月异,移动客户端迅速被老百姓接受和使用,我国已逐步迈向大数据网络时代。大数据具有大量、多样、高速、价值的 4V 特征,而互联网的开放性使网民能够自由方便地发表自己的观点。网络舆情的表现形式更加立体化、可视化,网络舆论变化迅速和多元化,更加呈现出大数据特征。面向重大会议,网民关注度在一定时间空前暴涨,通过网络主动发布、传播舆情数据会以几何级数增长。网民通过论坛、微博、微信、视听、Facebook 等新型社交媒体宣泄情感、利益表达,增加了网络舆情管理复杂度。因此,运用大数据方法对网络舆情分析,能够跟踪网络舆情波动、拐点、演化趋势,提高分析的准确度,及时预警,提升网络舆情应对

---

　　[*] 本文为 2018 年度浙江省哲学社会科学规划项目"境外意识形态渗透对我国政治文化安全的影响研究"(编号:18NDJC288YB);绍兴市哲学社会科学研究"十三五"规划 2018 年度重点课题(编号:135J078)。
　　[**] 刘华金,浙江越秀外国语学院网络传播学院副教授。

和处置能力。

网络舆情借助互联网平台,传播公众对某一事件的评论和倾向性观点,是各种不同情绪、看法、主张和建议等意识呈现的综合体。分析重大会议网络舆情信息数据特点,以网络数据为分析对象,可将网络舆情演化过程分为初期、扩散期、平稳期和消退期。2017年12月3日,第四届世界互联网大会在乌镇正式开幕。12月2日之前为网络舆情初期,2日至5日为扩散期,5日举行闭幕式,此后网络舆情进入平稳期,直到最后消退。其中12月4日,世界互联网大会蓝皮书首次发布,引发媒体相继报道,刘强东"还有几千万人极度贫困是富人的耻辱"相关言论直接触发网络舆情高峰。

一、研究方法与数据来源

大数据网络时代数据的大量和高速为网络舆情预警提供时效性可能,基于大数据技术分析网络舆情波动方向,本文借助百度指数和新浪微指数等大数据平台,运用 K-均值聚类方法和波特五力模型,研究重大会议网络舆情趋势,分析网络舆情演化规律,发现问题及时预警,回复网民关注热点,稳定网民情绪,引导网络舆情朝正能量方向健康发展。K-均值聚类方法是随机选取 K 个对象作为初始的聚类中心,每个对象分配给距离它最近的聚类中心,这个过程将不断重复直到满足某个终止条件。该聚类方法高效、简洁,时间推进近似于线性,非常适合网络舆情数据挖掘;波特五力模型是行业中存在着决定竞争规模和程度的五种力量,模型用于竞争战略的分析,可以有效地分析竞争环境。随着其理论不断提升,该模型方法适用于网络舆情热度影响因素研究。

根据新浪微指数和百度指数 2017 年 11 月 1 日—12 月 31 日第四届世界互联网大会相关话题关键词搜索频率,以及此时间段新浪微博发布关于大会相关的 800 条微博,采用分层抽样和系统抽样方法,选取其中 100 条微博按大会最热词分类,研究此次大会网络舆情演化趋势和应对策略。另外,根据浙江省委党校舆情中心数据,分析大会国际传播。首先,运用 K-均值聚类方法研究重大会议各个阶段的网络舆情演变规律;其次,运用波特五力模型研究网络舆情热度影响因素,根据重大会议网络舆情的大数据特点,探究重大会议网络舆情的动态和趋势。

二、网络舆情演变规律

根据新浪微指数检索得知,第四届世界互联网大会 2017 年 12 月 2 日至 5 日期间新浪微博话题出现相关话题达 280 条。其中,排第一位:"新闻频道《新闻联播》头条播出习近平主席贺信,新媒体推出专题《乌镇时间》",微博话题"直通世界互联网大会"阅读量超 8100 万。排第二位:"媒体报道了此次大会公布的各项最新科技成果",人民网发文:第四届世界互联网大会"世界互联网领先科技成果发布活动"在乌镇举行,阅读量 8000 万。排第三位:"《世界互联网发展报告 2017》和《中国互联网发展报告 2017》蓝皮书 4 日在第四届世界互联网大会上正式发布",阅读量 7600 万。12 月 3 日世界互联网大会在浙江乌镇开幕,引发了国内外媒体广泛关注与报道。24％的媒体热议习主席的贺信,19％的媒体报道最新科技成果,15％的媒体关注蓝皮书发布,9％的媒体报道"一带一路"数字经济国际合作倡议,6％的媒体关注大会对百姓生活的影响、未来互联网经济走势。从媒体聚焦热度分析,基本与微博热门话题阅读量排位吻合。

根据 K-均值聚类方法,对互联网大会的搜索数据进行标准化处理后,根据重大会议网络舆情演化规律,舆情传播态势呈现迅速爆发、震荡期长、快速回落等特点,赋值 $K=4$,使用聚类方法进行均值分析,结果显示重大会议分为舆情初期、扩散期、平稳期和消退期。作为世界互联网大会,会议开幕前半个月内,微博网民就给予关注,只是零星舆论,处于舆情初期,持续时间半个月;12 月 2 日是会议开幕前一日,国内外媒体开始预热报道,网民就与会嘉宾展开讨论,此时会议舆情进入扩散期。12 月 3 日互联网大佬竞相发言,大会正式开幕,微博关注度小幅上升。12 月 4 日大会蓝皮书发布和刘强东发表相关言论,会议舆情达到高峰。12 月 5 日会议闭幕,网民就大咖发言和饭局持续关注,舆情回落,进入舆情平稳期。而后舆情持续一周,进入消退期,此后舆情的关注度没有再度反弹。

在互联网大会网络舆情演变过程中,通过对 2017 年 11 月、12 月百度指数数据分析,11 月 1 日至 27 日舆情一直没起色,11 月 28 日舆情开始起伏,12 月 1 日舆情小幅上升,指数达 1660,12 月 3 日指数达 5823,迎来本次大会舆情首次高峰,12 月 4 日迎来舆情再次高峰,12 月 5 日指数降至 3572,舆情开始下滑。从中发现,网民对重大会议的关注度主要集中在会议举行期间,会议中大咖发言或会议相关文件发布会引起舆情高峰,会议开幕前一周为舆情初期,时间再往前推,舆情几乎为零,会议闭幕后舆情迅速下降,而后一个月时间舆情平稳,直至最终消退。

大会网络舆情的扩散期,通过检索新华网、人民网等权威媒体以及微信、新浪微博、百度贴吧、搜狐网、今日头条等新闻网站报道得出如下结论。首先,微信集合了各大权威媒体和自媒体微信公众号,各媒体官微对互联网大会的状况进行相关报道和解读,自媒体账号也是充分发挥解读功用,充当特定圈子的意见领袖。其次,媒体聚焦各行业参会"大佬"及其所发表的言论,开幕之际,国家主席习近平发来贺信,让互联网发展成果更好造福世界各国人民。这一话题的迅速传播提升了话题的热议度。最后,除了丁磊饭局,还有"东兴局"(刘强东和王兴),但马云并未参加,引发网民对互联网大佬背后关系的猜测。世界互联网大会开始前便有媒体官微在社交平台发布了相关宣传片,因为是预热阶段,网民更多的是感慨互联网发展带来的变革。

三、网络舆情热度影响因素

运用波特五力模型做对重大会议网络舆情一个周期的研究,从中发现重大会议网络舆情热度影响因素,主要有会议举办国自身影响力,关注舆情的网民为驱动力,以新媒体平台为载体的展现力,以国际传播作为引体的牵引力,以政府及官方媒体为客体的应对力。

(一)会议举办国自身影响力对会议网络舆情热度起重要作用

对于此类重大会议,可以从会议的影响程度、方式和范围多角度分析。随着中国经济实力不断上升,据《环球时报》2018年报道,80%以上国外受访者觉得中国已经进入或正在进入世界性强国的行列,中国举办国际会议,对世界经济增长有重要影响,因而世界对中国举办会议影响力会投以极高关注。2017年12月2日,"互联网之光"博览会开幕。3日,习近平主席的贺信充分体现了对全球互联网发展趋势的深刻洞察,雷军、马云、库克等互联网大佬轮番上场,引起国内外舆论首次热议高潮。2016年中国数字经济规模总量达22.58万亿元,跃居全球第二,如此重大数据引发国内外媒体高度关注,舆情热议持续10天之久。

(二)网民对重大会议网络舆情有重大推动作用

网民传播舆情行为往往受个人认知水平、道德观念、信息传播行为影响,同时也受个人年龄、学历等影响。普通网民通过评论、转发微博及微信等行为表达自己对会议的关注。从百度指数分析,北京网民对本届大会关注度最高,其次是浙江和广东。北京是我国政治中心,重要领导人对互联网大会高度重视。习总书记给大会发来贺信以及中央政治局常委王沪宁在开幕式致辞,带动北京网民对大会关注热情。另外,北京网民基数较大,也是网民关注度高的又一个原因。浙江乌镇是本次大会举办城市,浙江自 2016 年杭州 G20 峰会后,又举办一次盛会,网民对国际大会异常关注。广东互联网发展成效和水平位列第一,当地网民对互联网相关的信息有强烈的兴趣。从网民观点分析,探讨互联网未来为 22%,点赞刘强东的情怀为 27%,猜测饭局为 19%,感叹互联网变革为 16%,抨击马云"网评无脑"论为 11%,其他 5%。关注此次大会网民中,20~29 岁为 13%,30~39 岁为 53%,40~49 岁为 28%,说明中青年已成为关注大会的网络舆情主体。

(三)从新浪微指数分析,本次大会信息发布主要借助于新媒体平台

从新浪微指数分析,本次大会信息发布主要借助于新媒体平台。微博占 70%。除了官微发布动态外,梨视频、北京时间也对大会做了介绍。各媒体相互传播,例如新华网发布博文,添加北京时间的短视频,相互叠加,使此视频广泛传播。另外,互联网大咖通过微博与网民互动,例如:小米公司发布雷军乌镇照片,引发网民一片点赞。网络媒体占 21%。大会期间,多数网民不能直接参与,只能根据媒体报道情况进行讨论,"未来网"将网民舆论二次报道,是新媒体议程整合的一种体现。微信公众号 5%。由于微信私密性强,影响力不如微博转发率高,而微信拥有庞大的用户群,也是新媒体传播的重要渠道之一。新媒体传播平台,另外还有论坛、新闻客户端、数字报、博客、视频 App 等,但所占比率相对较少。

(四)从浙江省委党校舆情中心数据分析此次大会国际传播

"美丽浙江"系列图片展在海外获最多转发点赞量,"乌镇"提及次数超"浙江",正迅速成长为中国形象。彭博社、人民日报海外版传播最活跃。财经类账号@Follow_Finance、@bizzscout、彭博新闻社驻京记者@EdmondLococo 以及路透社记者@PaulCarsten 十分关注世界互联网大会的盛况,这四个账号定位经济领域,它们的高频关注表明西方国家认同中国将借助互联网经济对世界经济的发展作出贡献。此外,德国之声以及《南华早报》等综合性外媒对互联网大会也比较关注。值得注意的是,美通社、FT 中文网、彭博新闻社、PYMNTS. com 等专业的财经类媒体对互联网大会也有一定的报道,表明西方媒体十分认同世界互联网大会在经济融通方面所起的作用。小米、阿里巴巴、诺基亚、Facebook 等大型互联网以及 IT 企业表现也可圈可点,展现了大型企业在构建良好的对外形象中的巨大潜力。

（五）此次大会是由中国政府主办,乌镇承办这次国际盛会,官方媒体异常活跃

中国政府展现出强大的自信和重大国际会议的应对力,主导整个周期网络舆情走向。新华网、人民网、央视网及省市地方等官方媒体及时发布动态信息,官方微信公众号、微博及时与网民互动,了解网民动态。大会开幕,凤凰网发文,引起媒体聚焦行业"大佬"言论。央视网报道,引起媒体热议主席贺信。人民网发文,引起媒体报道大会公布的科技成果。《经济参考报》报道互联网蓝皮书,引起媒体关注。国际在线报道"一带一路",带动媒体相继关注。新华网、《环球时报》将"刘强东:中国几千万穷人是富人耻辱"纳入消息标题进行传播,引起网民纷纷点赞。央视财经发布"马云:机器人将取代大部分机械工作",引发部分网民对失业问题表示担忧。据海外舆情数据分析,从社交媒体账号发布量前10名的博主信息可以看出,40%为中国官方媒体,分别为中央电视台、《人民日报》、新华社、《中国日报·欧洲版》,在新媒体平台起到了很好的舆论引导作用,借助乌镇世界互联网大会成功地宣传了中国的大国形象。

四、结论与建议

结合第四届世界互联网大会,运用 K-均值聚类方法,借助百度指数和新浪微博指数等大数据平台,分析重大会议网络舆情的演变规律,从中发现重大会议网络舆情分为初期、扩散期、平稳期和消退期。运用波特五力模型将重大会议网络舆情的热度影响因素分为举办国自身影响力、网民为驱动力、新媒体平台为展现力、国际传播为牵引力、政府及官方媒体为应对力。通过对重大会议网络舆情演变规律和舆情热度影响因素研究,总结一些结论和建议如下。

首先,重大会议开幕那天网络舆情热度会达到峰值,舆情已经进入扩散期,一直持续到会议闭幕,而后舆情开始减弱。由于我国举办重大会议涉及面广、内容丰富,国外媒体报道频率高,会议开幕前一周内舆情开始波动,随后舆情热度会反复达到峰值。对于政府而言,舆情初期要全程监控,提前预案,快速反应。在舆情热度反复达到峰值期间内,网民对会议的正常舆论热度,政府不要过分干扰,应积极引导,否则会引起舆情热度再次提升,带来负面影响。

其次,积极发挥传统媒体评论嘉宾和行业专家引导作用,通过对会议正面报道,引导网络舆情趋势。政府有计划召开新闻发布会,官方权威媒体及时发布会议动态,对会议进度及内容成果及时通报。重大会议开会前后整个舆情周期内,

政府应对网络舆情不同等级采取应对预警。

最后,"三微一端"目前是最受网民喜欢的沟通渠道,也是最活跃的新媒体平台,政府借助于官方微博、微信、微视频和移动客户端与网民充分沟通,及时反馈网民关心的问题。采取文字、视频、图片、动画等多媒体方式介绍会议进展,微信公众平台及时推送会议信息,同时政府适时召开新闻发布会与国内外媒体互动。重视微博、微信公众号、自媒体账号中意见领袖的作用,加强引导,遏制负面言论的传播,营造和谐的网络舆情环境。

2.13　女性议题的数据新闻研究

王　鹏[*]

【内容提要】加拿大著名传播学家麦克卢汉提出"媒介即讯息"的观点。在如今大数据时代，数据的广泛应用呈现出"数据即讯息"的新气象，而且数据的意义比以往时代更为凸显。其中，性别数据与很多社会因素相互交织产生关系，通过对妇女的暴力、性侵犯、性别歧视、生产与育儿等社会问题进行指标化的考量，有助于我们了解性别差异，促进性别平等进程。本文对国内外女性议题的数据新闻经典案例进行梳理，分析女性议题的数据新闻的内容与形态、问题与思考。

【关键词】女性议题；数据新闻；女性

在 2018 年普利策新闻奖中，关于女性性侵的数据新闻，获得了普利策新闻奖中分量最重的"公众利益服务奖"，报道开启了对好莱坞、政坛、媒体和科技界权势男性对待女性态度的思考。近几年来，反性侵和性别平等，成为普利策新闻奖十分重视的主题。数据新闻以量化和新闻可视化的方式来操作深度报道，在女性议题的阐释中，数据指标可以精确地分辨出差异，直观展示性别的类型画像，凸显性别问题的主流现象和发展趋势。通过数据新闻的报道与传播，能够形成舆论合力，推进性别平等，解决女性当前面临的问题。

一、女性议题数据新闻的内容与形态

在女性议题的数据新闻中，既有相关的动态监测，贴近实践，也有相关的专题深度研究，注重理论提升与理论引导；既有犀利、理性的传媒观察，密切联系实际，也有全面细致的资料汇编，体现其服务性与实践性。本文以调查性的数据新闻类型为例，这类报道往往需要大量的人力、较长的时间，但更有批判性，内容更有深度，对社会更具有恒久的意义。

---

* 王　鹏，浙江越秀外国语学院讲师。

（一）数据中识别与挖掘女性议题

女性议题也是一个社会议题。不同国家、文化、信仰、环境等都能够引发女性议题，"性别"不可能从各种政治、文化的交汇中分离出来，而只能在这些交汇中被生产并得以维系。如朱迪斯·巴特勒所认为的，性别压迫存在于具体的文化语境中，不同的历史语境对社会性别的建构并不连贯和一致，它与话语在种族、阶级、性和地域等范畴所建构的身份形态交相作用。[①] 女性议题的数据来源多样化，但数据并不能全面、深刻地触及数据背后的社会问题，更不能从社会性别视角批判与揭露社会问题，所以女性议题的数据新闻以挖掘数据背后的意义的方式来关注女性群体。

首先，从国际组织和第三方机构提供的官方信息中识别与挖掘信息，发现本国的数据异常情况并探索原因。比如 ProPublica 和 NPR 在世界卫生组织（WHO）的女性死于妊娠或分娩相关并发症相关数据中，发现国家和联邦政府无法跟踪或不愿意追踪孕产妇死亡，这也被称为"国际尴尬"。为了填补这一空白，ProPublica 和 NPR 制作了 2016 年美国孕产妇死亡情况的数据新闻专题《离世的母亲》（Lost Mothers），到目前为止，已经确定了 134 人由于怀孕和分娩相关的因素导致死亡，估计美国的总数为 700～900 人。将她们的种族、经济、地理和医学上的多样性进行汇总，这些妇女一起形成了一个产妇死亡率的图片。数据主要从媒体以及社交网站中获取，显示美国女性死于怀孕或分娩有关的信息不公开、隐藏真相的现象：当一位新妈妈或准妈妈去世时，她的讣告很少提到当时的情况，她的身份被医疗机构、监管机构和各州孕产妇死亡率审查委员等出于某种目的而掩盖，将这些个人悲剧指向一个更大的社会和公共卫生问题。

其次，从数据来源中找到数据之间的相关性，快捷、高效地发现事物间内在关联，揭示其因果关系。获得 2016 年国际妇女媒体基金会（IWMF）颁发的"新闻勇气奖"的印度自由记者 Stella Paul 重点关注环境与女性议题。Paul 举例，她曾从一份国际组织的报告中了解到，在过去 20 年间，因受干旱气候影响，收成惨淡，有十多万印度农民无力偿还政府贷款而自杀。同时，她发现另一份报告，指出在同时期受干旱影响的城市里，女性性工作者数量增多。这让 Paul 开始思考：两份报告反映的现象是否有何联系？由此她联想到，当通常作为家庭经济支柱的男性垮掉时，家庭中的女性会如何应对生存危机？这些问题引发她进一步调查气候变化对女性的影响，并发表了一系列有影响力的报道。

---

① 朱迪斯·巴特勒.性别麻烦:女性主义与身份的颠覆[M].上海:上海三联书店,2009.

最后,官方渠道数据缺失,媒体自己搜集数据。加拿大《环球邮报》制作了关于性侵报案"无根据"现象的数据新闻作品《无据可依》(*Unfounded*)。调查伊始,得知加拿大统计局从 2002 年起便不再收录"无根据"案件数据,《环球邮报》转而采取向警察局提交信息知情申请的办法,以获得相关数据。通过信息知情申请、分析官方统计数据和大量实地采访,从 2015 年 6 月起至 2016 年 4 月,调查团队分两个阶段,向全国 1119 个辖区内的 178 个警察局发出近 250 封申请。最终,调查团队收到了 873 个辖区的回应,所得数据覆盖全国 92% 的人口。但警方的数据只是故事的一小部分,如何解释这些数据更有挑战性,通过长达 20 个月的调查,发现将近五分之一的性侵报案以"Unfounded"(无根据)为由被警方撤案,不同地区对案件认定出现明显差异,总体较高的"无根据"率与各地这一比率之间的巨大差异足以证明,加拿大警方对性侵案件的处理存在系统性问题。该作品获得 2016 年度全球数据新闻奖年度调查奖。

(二)"个人故事"中挖掘深层真相

数据新闻中的"个人故事"通常是用实例调查与采访的形式对个别案例进行深入剖析,挖掘深层真相。用故事化的文学表现手法撰写新闻,采用对话、描写、场景设置等,生动展现新闻事件中的情节和细节,借助新闻事件中的戏剧性因素来突出主题。[①] 将新闻事实与"个人故事"相结合,通过数据分析和呈现,帮助读者洞悉复杂事件背后的含义。针对女性的暴力、性侵犯、性别歧视、生产与育儿等话题,代表性的数据新闻作品的一般性操作方式是:结合部分数据,以个体经验作为主体,讲述相关故事,报道中的故事和人物让读者感同身受。

性别偏见、女性暴力等女性问题是关乎所有女性和整个社会的问题,在女性议题的数据新闻中,对数据的巧妙利用、可视化的呈现方式、个性化的互动方式使故事的对话性大大提升,使读者更全面、直观地发现问题、了解问题。

如加拿大《环球邮报》系列报道《无据可依》中,运用交互网页式地跟进报道聚焦个体的故事。在调查的 54 个具体案例中,有 36 名受害者公开了自己真实身份,透过《环球邮报》向公众讲述自己的创伤经历以及向警察报案的遭遇。Ava 是 54 名受访性侵受害者之一,创伤专家针对当年警方监控视频分析,在对 Ava 的讯问中,警察不但没有向 Ava 传递出一种互信与安全感,反而只按照自己的议程主导整场讯问,不断试图在 Ava 的表述中找出漏洞以强化自己对案件的先入为主的想法。其中,25 人的报案因"无根据"而被撤销,12 人感觉在

---

① 童兵.新闻传播学大辞典[M].北京:中国大百科全书出版社,2014.

警察讯问过程中受到责备或羞辱,11 人未得到任何关于警察调查结果的反馈,仅有 8 人的案件得到有效处理。《环球邮报》结合专家意见指出,警察职业素养的缺陷、未能专业调查与处理性侵案件,成为导致高"无根据"率的重要原因。

再如 ProPublica 和 NPR 的数据新闻作品《离世的母亲》,将 2016 年美国由于妊娠或分娩相关并发症死去的 700～900 名女性的故事制作成可视化专题,其中的 134 个人物信息及其故事可以通过点击头像查看(如图 1)。作品在展示数据的同时,又用互动的方式讲述悲剧发生的来龙去脉,使报道的内容更加丰富,便于读者理解。如果将 134 个新闻故事仅仅使用文字或数字的叙事方式呈现则显得比较单调,取而代之的是将故事与数据有序地整合起来,方便读者知晓"离世母亲"的整体情况,也能对每个个体有深入了解。和过去的新闻报道相比,数据驱动的解释性报道方式除了要阐述"发生了什么"之外,更注重让读者了解所发生的事件"对个人有何影响"。[①]

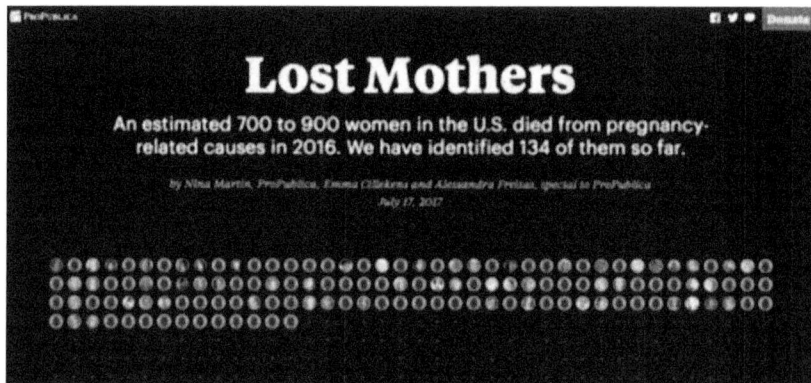

图 1　ProPublica 和 NPR 的数据新闻作品《离世的母亲》(*Lost Mothers*)[②]

(三)线上线下结合,推动女性实际问题的缓解

女性议题的数据新闻针对特定的问题而展开,为维护女性尊严、解决女性面临的紧急问题发出及时呼吁,在实践层面有力配合了相关部门的实际工作。公众可以在线参与分享、互动,甚至可以获取具体的线下指导与帮助。例如加拿大帮助女性和她们的孩子从暴力和虐待中寻求安全的网站 Sheltersafe. ca,网站中

---

① 王之月,俞哲旻,彭兰.数据驱动的个性化新闻——以《纽约时报》专题"租房还是买房"为例[J].新闻界,2015(7).

② 图片来源:https://www. propublica. org/article/lost-mothers-maternal-health-died-childbirth-pregnancy.

通过引入可点击地图形式等更直接的方式来帮助读者更好地查找信息,公众可以点击地图查看各个省的避难所,这种可视化形式将女性与最近的避难所连接起来,可以提供安全、希望和支持。如果女性受到暴力侵犯,她可以在一天中的任何时间寻求帮助,也包括她们的朋友、家人、同事和雇主。

此外,一些作品引起了社会各界的广泛关注和争议,推动相关制度的合理化进程。如加拿大《环球邮报》系列报道《无据可依》于 2017 年 2 月份发布之后,很快收到所涉及公共部门的回应,联邦政府承诺将拨出 1 亿元预算用以打击针对性别的侵害与暴力,公共安全、司法及女性地位三个内阁部门的长官均表示会在监管、培训和政策方面做出改善,至少 1/3 的警局承诺,会对上千个性侵案控告双方重启听证程序等。

英国《卫报》"数据博客"栏目针对澳大利亚国庆日勋章获得者性别不平衡现象,发表的数据新闻《不平等的荣誉:澳大利亚国庆日勋章获得者的三分之二是男性》,报道以横条图形式呈现 2018 年各领域中勋章获得者的性别分布,同时将奖项设置起始时间 1975 年至 2017 年的相关数据予以图示,该报道引起社会对奖项设置的评判标准问题的讨论,引起相关专家及相关部门的重视,推动奖项的设置、评判标准朝着更加合理化的方向发展。

(四)不同国家女性问题的侧重点不同

"男女平等"在全球范围内似乎仍是难以企及的一个目标,从 2006 年开始,世界经济论坛每年对全球 144 个经济体的性别差距状况进行调研,针对女性教育程度、健康与生存、经济机会与政治赋权四大指标进行测评并排名,向全球公开发布《全球性别差距报告》。2018 年的报告显示,全球 68% 的性别差距已消除,略低于前两年。其中,四项指标的测评指数都出现下滑,后两项即女性经济与参政机会尤其明显。报告估算,按照目前的进展速度,世界需要再花 100 年才能实现完全的男女平等;而职场上的性别平等,则要再等 217 年。

有些国家的排名靠后,是因为受到某项指标的影响,比如中国在"新生人口性别比例"方面,长期处于严重失衡状态,是影响全球排名的最大薄弱项。中国"新生人口性别比例"问题已成为媒体关注的议题,比如《经济学人》在 2010 年的报道《女婴之殇》(Female Infanticide)中探究了中国、印度等亚洲国家的性别失衡现象,中国《第一财经日报》于 2011 年 6 月 2 日的报道《"失踪"的女孩:中国出生性别失衡调查》,分析了中国出生性别失衡的现状,通过相关专家学者剖析问题原因,引起了社会各方面的高度重视和热烈讨论,随后各种研究项目陆续展开,一些研究成果也得以发表。

二、女性议题数据新闻的问题与思考

(一)数据获取的盲区和局限性

"开放数据"已经成为一股世界性潮流,很多国家和地区都在互联网上开放了本国的公共数据,以供全世界人民使用。然而不同国家数据开放的程度不同,数据的获取往往会受到各种各样的阻碍,尤其关系到敏感的女性议题的数据获取更是困难。即便是公开的数据,也常常因为数据收集存在缺陷而质量不佳,影响分析结果。

比如前文提到的数据新闻作品《离世的母亲》,为了获取由怀孕和分娩相关的并发症导致死亡的女性名单,只能从社交媒体中抓取相关信息,然后再通过查看讣告及公共信息来进行验证。其他女性的名单则是通过病人信息记录、ProPublica 和 NPR 调查机构获取。同时,有了名单以后,向其家庭成员寻求更多的信息过程也是非常困难,家人由于受到悲伤情绪的影响,大多不愿意再提及事件的经过。

此外,有些女性的数据难以找到。虽然可以从媒体报道中查看到许多离世女性曾经的故事,但对于无家可归的妇女和没有证件的移民信息就会被漏掉,黑人孕妇和新妈妈们比白人更经常死亡,她们的问题受重视程度低,也很难确定产后后期女性的死亡是否与分娩有关。

(二)作品广度和深度的欠缺

有关女性问题的报道一直是很多国家广泛关注的议题,很多数据新闻作品只是根据数据进行表面性的现象呈现或描述,并没有展开深入的分析和报道,没有对社会因素进行发掘,导致没有取得良好的社会效果。比如有关女性议题,很多时候是无法单一用数据测量的,还需要结合新闻当事人的采访交流、相关部门的调查取证等,全面了解事件的真相。但一些作品仅仅依赖网上线索与材料,缺少在社会中发现信源。

(三)女性隐私未能加以保护

在性侵、歧视、暴力等女性议题中会涉及受害者的个人隐私,有些作品没有对受害者的隐私加以保护,比如未经同意公开受害者的姓名、照片、病历等个人信息,虽然这些女性获得了一定的关爱与同情,但是,她们的隐私也被曝光,受到影响。记者应当有专业的素养,在涉及当事人的隐私和事件经历时,要充分考虑当事人在经历暴力事件后身心受创的处境,以保护当事人隐私为大前提来获取信息。

综上所述,数据新闻本身成为深度报道的一种形态,是一种公众积极参与、视角多维、层次多元的形式,一些作品也取得了较好的传播效果,甚至产生了重要的影响。女性议题的数据新闻对社会中含有性暴力、性骚扰、性别歧视等现象进行监测、分析、批判,使得女性议题的新闻报道有了一定程度的现实操作性,也扩大了女性议题的数据新闻的影响面与渗透度,更是女性主义深入实践的独特形式。

第三编

城市·影像·阅读

3.1　北京影象:华语电影中的媒介尺度

周　颖*

【内容提要】随着改革开放的持续深入,进入新世纪的北京成为中国参与全球化进程的典型代表,国际化大都市成为北京全新的代名词。在这些北京影像中,全球化与本土化书写如何呈现与交织是本文的主要问题。鉴于此,文章利用电影文本分析,结合媒介地理学中的媒介尺度理论,探讨北京影像的全球化与本土化书写,总结北京影像媒介尺度书写误区,并发现:一方面,北京影像中的本土化景观透过光影彰显深厚的文化传统与悠久的社会历史,展现一座城市绵延的文化精髓与气质韵味;另一方面,北京影像中全球化的景观则顺应时代发展潮流,追随北京"国际化都市"及"世界城市"身份的更替,呈现出北京具有现代化气息的文化品质及生活形态。而最终全球化书写所引起的城市文化同质化则成为城市影像创作亟待解决的问题。

【关键词】北京影像;城市影像;全球化;本土化;媒介尺度

从早期影片《茶馆》《青春之歌》《沙鸥》,到 20 世纪 80 年代后的《城南旧事》《顽主》《洗澡》《阳光灿烂的日子》《十七岁的单车》,再到新世纪以来的《建国大业》《建党伟业》《失恋 33 天》《北京遇上西雅图》《分手大师》《老炮儿》等,北京俨然成为华语电影着重呈现的都市景观与地方想象。80 年代前,北京影像中的胡同、皇城、四合院、京剧等成为华语电影书写与刻画的地方性景观,而随着改革开放的持续深入,进入新世纪的北京成为中国参与全球化进程的典型代表,国际化大都市成为北京全新的代名词。细数这些影片,我们不难发现,华语电影中北京影像的发展是一个由本土化景观向全球化景观蜕变并呈现出全球化与本土化影像相互交织的过程。一方面,北京影像中的本土化景观透过光影彰显深厚的文化传统与悠久的社会历史,展现一座城市绵延的文化精髓与气质韵味;另一方面,北京影像中全球化的景观则顺应时代发展潮流,追随北京"国际化都市"及

---

* 周　颖,浙江大学传媒与国际文化学院博士生。

"世界城市"身份的更替,呈现出北京具有现代化气息的文化品质及生活形态。

一、华语电影中的北京影像

诚如每个社群都占据属于自己的核心文化体系与价值观一般,每一个城市也独享自身的内在精神与外在品质。"城市作为人类的聚集地,留下了许多由人创造的共同痕迹。在这些痕迹中也承载着许许多多人类共同的精神。然而,作为有着不同历史境遇的聚集地,不同的城市必定有自己的特点,形成不同的精神特质。城市的精神特质,是由它的历史和现实地位决定的。"[①]历代都城大都选址于地势险要、风景优美的风水宝地,其自然景观与人文景观都有其他城市所不及之处。从名为"涿鹿""幽陵"到改名"蓟",再到此后的元明清三朝,北京成为名副其实的大都。先民的遗迹与前朝的城墙都铭记着这座城市的古老与厚重,富有沉甸甸历史感的天安门广场、天坛、长城以及钟楼、鼓楼都凸显着北京举足轻重的地位与身份。而改革开放后接受全球化浪潮洗礼的现代化北京高楼林立,现代化生活方式让北京俨然成为一个"世界城市",与百年历史的皇家园林、宫殿楼宇相互映衬,让这座城市散发着传统文化、历史沧桑感与现代都市、世界城市相互交织的混合气息。

在现代文明与传统文化的碰撞中,北京的地理景观发生着流变与迁移,北京人的生存景象与生活形态也在新与旧、快与慢的时代大潮中博弈着。在这个过程中,"全球性与本土性相互碰撞、交织、融合,以至于经常会呈现出一种你中有我、我中有你的态势。这就决定了在全球化都市中,全球性与本土性的呈现往往并不是那么条分缕析的"[②]。那么在北京影像中,这种全球化与本土化景观的书写更加会以一种难分你我的姿态出现,呈现出殊异的媒介尺度。我们要探究的就是在不同的媒介尺度下,华语电影中的北京影像是如何书写的,全球化景观及本土化景观的呈现与时代背景的契合度如何,它们在书写过程中又有何误区。

二、媒介地理学视域下的媒介尺度

《媒介地理学》一书指出,尺度是广泛存在于地理学、生态学、气象、遥感等领

---

① 刘陈德,魏晔玲.北京精神属不属于北京——对北京精神历史站位的思考[J].前线,2011(12): 11-15.

② 金丹元,张书端.全球化进程中的上海想象——论新世纪以来上海题材电影中的全球性和本土性书写及其误区[J].文化艺术研究,2011(4):166-171.

域中的一个重要概念,在媒介地理学中,尺度主要具有四个方面的特征:本土性、区域性、全国性、全球性。本土性与全球性是联系媒介与地理最重要的两个尺度。本土性与地方密切相关,而全球性则与世界紧密联系。在当今经济全球化的背景下,本土性面临着全球性的侵蚀和挤压,而媒介在平衡本土性和全球性方面发挥着重要作用。一般而言,本土性是用来理解比区域性尺度还要小的地理范围内所发生的过程和实践活动的空间分辨方法,而区域性则被看成是比全国性尺度小的范畴,全国性尺度又被看成是比全球性尺度小的范畴。而全球性的边界则是以地球的地理边界为界限的。这样一来,本土性、区域性、全国性、全球性以一种隐喻的方式在我们面前呈现,我们可以通过图1的同心圆尺度模型来理解。

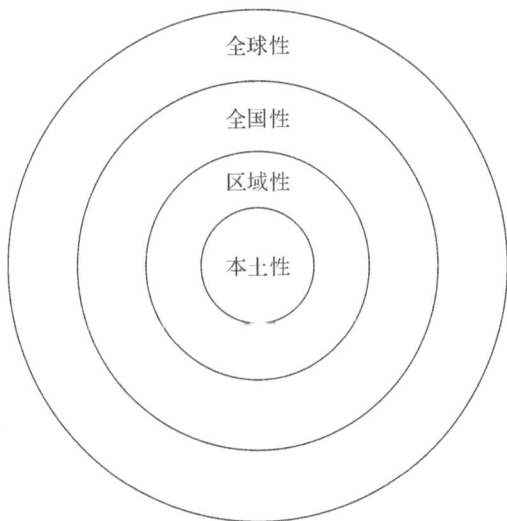

图 1　同心圆尺度模型

在这个同心圆尺度模型中,一系列半径不同的同心圆表示尺度,从里到外依次为本土性、区域性、全国性和全球性。在这种尺度关系中,每个尺度是相互独立的、有区位的和互通信息、相互作用的,但由小到大地被包含在更大的尺度中。本土性和全球性经常被认为是媒介尺度的两端,两者通过相互对照来理解。对于康德唯心主义理论的学者而言,本土性与全球性被看作早已存在的、社会生活存在于其中的尺度概念中的一部分。这样,尺度仅仅是一种思想工具,将过程和实践进行限定与排序,以便可能将其区别与分离。于是某一种特定的过程或某一类社会实践的范围被看成"本土性"的,而另外一些则被解释成"全球性"的。而对于唯物主义者来说,尺度概念的关键在于理解尺度是斗争和妥协过程中产生的社会产物。全球性和本土性这两种尺度都是在各种社会行动主体的积极作用下被创造出来的。在二元思维模式下,本土性与全球性被看作相对立的两种尺度。

事实上,我们完全可以用一种新的视角理解全球性与本土性之间的关系,抛开二元对立的格局,全球性与本土性可以相互合作、相互促进,以一种"全球思考、本土行动"的积极策略应对世界发展的多变格局。就媒介尺度而言,在文化本土性与全球性的对峙过程中,本土性媒介和全球性媒介都发挥着旗鼓相当的作用。本土性不仅能展现文化个性与多元化并进而成为民族性的代名词,同时也能逐渐走向全球文化交流互动的舞台。我们更应该提倡一种立意高远、视野广阔的本土性与民族性,它应该同国际文化舞台相融合,正如我们所接纳的全球性与国际性也是被本土文化和传统价值过滤的产物一般。也就是说,在当下传播全球化、媒介全球化的大格局中,我们的传播不能再一味闭关自守强调本土性和民族性,而是要主动融入全球化的历史进程中并促成两者的辩证统一,实现全球性与本土性的互动互助、共进共演,在本土文化中吸收、采纳全球性,同时在全球性中改良、优化本土性,使本土文化借助媒介的全球化发展趋势在世界文化多级格局中走得更远。我们强调本土性和全球性的有机统一,就是主张既不一概排斥全球性文化,也非对全球性文化生搬硬套,它实际上是"迎中有拒,拒中有迎",努力把里面和外面两个世界的优点和精华都吸收。

就华语电影中的北京影像而言,北京想象的呈现主要依赖影片中的全球性表达与本土性表达,前者主要是对影片中的去地域性空间加以呈现并着力刻画北京生活形态及人物身份的同质化,而本土性书写则侧重于景观怀旧及制造标签,通过对老北京城市景观、建筑景观、生活景观的回溯以及建立城市及人群标签来描绘出北京不同于其他世界城市的地形图。北京影像的全球性书写与本土性书写是北京历史与现实相互塑造的产物,它或多或少表明了当下的北京在全球化进程中的角色定位,也深刻反映了在全球化浪潮中同新旧时代博弈的北京人的生活群像。当然,电影生产者在创作时不乏视角的局限性,例如导演是否为北京籍、城市景观与影片主题的契合度、对时代感的把握等都将牵动影片的书写偏好,因此北京影像的媒介尺度也不乏书写误区,这些误区主要表现在全球性书写与本土性书写的配比失衡,过度渲染光怪陆离、高楼林立的现代景观及生活方式往往消磨了北京的文化本土性,对本土生活现状及人群处境的关注也有待完善。

三、北京影像的全球性书写

改革开放后,全球化浪潮东渐,现代文明的涌入以及商业化、城市化进程的加速让传统的胡同、四合院从北京景观中渐渐淡出，鳞次栉比的高楼大厦与马路高架上川流不息的车流成为北京主导的城市景观。"发展中国家的城市化，尤其是'大都市化'，将成为 20 世纪的重要事件，这也是全球化的结果之一。"①城市空间在全球化的影响下也发生了变化，学者段义孚曾在《无边的恐惧》一书中用"丛林"来描述与想象作为现代空间的城市，北京亦是如此，它成为新旧文明汇聚的丛林，也成为全球化景观搭建的丛林。在 20 世纪 80 年代后期的北京影像中，无地域性空间开始密集呈现，而作为城市重要组成的人的生活形态及生存方式也趋于同质化。

迈克・克朗在其《文化地理学》中提到了去地域化空间的概念，它用来指称"那些被全球化进程侵蚀掉地区属性的现代空间形式"②。尽管全球化为都市空间带来了多元性的可能，但都市空间又不约而同地面临着趋于同质的倾向。多元性主要来源于城市人口的迁移和汇聚，正如社会学学者沃斯在《作为一种生活方式的城市生活》中提到城市化伴随着人口数量的增长、人口密度的增加以及人口分异程度的增加，③这在无形中为城市人口资源和文化资源的流动奠定了基础。另一方面，城市空间也无法回避同质化的倾向，"都市中建筑物和交通体系乃至城市规划形式都在无形中塑造了一个空间形式。空间形式与文化有一个共同的功能，即建构作用"④。处于这种空间形式的个体都要顺应某种生存准则与进程，进而改造他们自己的生存形态与思想意识。例如，建筑大师路德维希・密斯・凡德罗曾提出"少即是多"的概念，他认为纯粹的美高于一切，认为建筑应当去掉所有与结构功能没有关系的装饰，这种顺应工业化需求的建筑理念成就了当下城市建筑青睐的"方盒子"建筑——统一的钢筋混凝土建构配以镜面的外墙玻璃，人们一提起国际化大都市或者是现代化建筑，"方盒子"便印入脑海。

空间的同质化与去地域化导致所有的空间成为"千篇一律缺乏个性的翻版模式，以及将消费者与外界阻隔的形式都是对地区意识的破坏"⑤。确切地说，城市的边界或者地域性消失了，正如麦克卢汉所强调的"城市除了对旅游者而言是一个文化幽灵之外，将不复存在"⑥。20 世纪 80 年代以后，大量影片都着重呈现这种去地域化的城市空间，如《失恋 33 天》《分手大师》《北京遇上西雅图》《北京

① 奥利维埃・多尔富斯.地理观下的全球化[M].北京:社会科学文献出版社,2010.
② 金丹元,张书端.全球化进程中的上海想象——论新世纪以来上海题材电影中的全球性和本土性书写及其误区[J].文化艺术研究,2011(4):166-171.
③ 保罗・诺克斯,史蒂文・平奇.城市社会地理学[M].北京:商务印书馆,2005:194.
④ 保罗・诺克斯,史蒂文・平奇.城市社会地理学[M].北京:商务印书馆,2005:57.
⑤ 迈克・克朗.文化地理学[M].南京:南京大学出版社,2005:116.
⑥ Marshall Mcluhan. The Alchemy of Social Change, Item 14 of Verbi-Voco-Visual Exploration [M]. New York:Something Else Press,1967.

爱情故事》《中国合伙人》等,影片内霓虹闪烁的繁华商业区、装修精致的高级写字楼、年轻人活跃的酒吧与夜店、熙熙攘攘的马路与地铁、人来人往的机场大厅与高档会所等,这些景观的书写充分表现了城市空间的同质化与去地域化,受众在观影过程中甚至很难区分这些现代城市景观究竟是属于北京还是上海,是在国内大都市还是国外某个城市,眼花缭乱的城市空间由快速转化的拼接蒙太奇镜头组成,短时间内便构成了影片的时代感和关于叙事背景的介绍。在北京影像的全球化书写中,北京被塑造成一个超越了地域局限性的无差别空间,在这里,"世界范围的差异被抹杀,空间的同质性必然胜过根据全球空间所想象的一切异质性"①。北京本身存在的生存冲突与现实状况被电影所构筑的幻象所取代,因为在全球化语境下,城市人群仍然是依赖城市的地方文化与地域特征来寻求心理归属,进行身份认同的,对无差别城市景观的描述是城市人群习得现代生活方式与生存经验的表征。

而就北京影像中人物身份及生活形态同质化而言,以上影片中的主角无一不是都市白领、大学生、创业者或北漂一族,他们遵循城市准则和生活流程并将城市内部的差异性边缘化了,他们所习得的现代性及都市化生活方式也都有着趋同的倾向。影片《失恋 33 天》的男女主角都是都市白领,在高档的写字楼办公;《中国合伙人》中的三位男主角都是大学毕业后的创业者;《北京爱情故事》里男女主角分别是北漂和白领。尽管绝大多数人并不能够得上北京这座城市里的中产阶级,但他们依然衣着得体、懂得商品的价值与标签、出入咖啡厅与酒吧,俨然成功融入了标准化的城市生活中。以城市文化景观中的酒吧为例,它不仅是北京影像全球性书写中必不可少的文化景观,更是消费文化的重要组成部分。在《失恋 33 天》里,它是黄小仙静静眺望故宫的格调空间。在《北京爱情故事》中,它是片头疯狂而眩晕的都市地界。在《中国合伙人》中,它是男主角释放委屈与理想的音乐场所。酒吧文化属于大众文化的组成部分,但却越来越多地被打造为炫耀性消费的标志。北京的后海酒吧街、南锣鼓巷酒吧街、工体以及 798 均在繁华喧闹的中心位置开辟了一个相对独立的空间,形成独特的文化景观,因此在北京影像中,这种文化景观本身也标志着一种生活状态和消费观念,它是几乎所有北京影像全球性书写都会刻画的生活方式和银幕呈现。

全球化与现代性景观的刻画具有一定现实意义,因为它深刻反映了当下北京所扮演的全球角色,它为华语电影雕刻了一幅五光十色的都市画卷,满足了华人对快节奏、时尚化、年轻化都市生活的追求与想象。从某种程度上而言,它已然成为中国城市化进程中的一部分,是一个被媒介反映又重塑的时代画卷。当

---

① 弗里德里克·詹姆逊. 文化转向[M]. 北京:中国社会科学出版社,2000:66.

然,我们在以上影片中看到,北京的全球化景观更多是通过对经济景观、文化景观的呈现来实现的,政治景观或政治地理的书写则少有表现。除去像《建国大业》《建党伟业》《筑梦2008》等主旋律电影,以及冯小刚导演的商业片《我不是潘金莲》中的北京稍显政治意味,绝大多数现代影像似乎都有意回避北京作为全国政治中心的城市身份。在电影《我不是潘金莲》中,影片一反其他商业影片呈现北京经济景观及文化身份的做法,以镜头方圆的转换着力刻画了北京的政治角色。影片中圆形的镜头用来表现主角李雪莲在南方家乡的经历,这里没有棱角、没有规则,白墙黛瓦、小桥流水,但一切都是随波逐流、身不由己,而进入北京后镜头却变成了方正的画幅,条条框框象征着权力与规则,这种方正与规则是北京在百年古都身份中延续下来的制度体系。圆形画幅里的故事好似镜花水月,它装载着观者渴望窥视的荒诞世界,而方形画幅里的北京都市配合着现代建筑的硬朗线条显得极其真实和严肃。

即便影片中出现了北京的多重权力景观,但导演依然在小心处理着对政治景观的勾勒,而对其他导演来说,在与政治景观的对比中,呈现北京的经济景观和文化角色似乎都更具有影像的可控性。这一方面与华语电影的审查体系不无关系,但另一方面似乎也是一种城市景观全球化的体现。城市化进程中政治中心与经济中心的分离已然成为一种趋势,两者既有客观原因的分立,也有主观原因的剥离,但对政治身份和经济身份的剥离能够有效缓解一座城市的城市病:如人口爆炸、犯罪率高、交通瘫痪、环境污染、房价飙升、治安问题以及就业困难等。当今世界,无论是从国土面积还是经济总量来看,排名前十的大国中超过一半以上的首都只是承担了政治功能,他们的政治中心与经济中心是分离的。也正是如此,绝大多数海外城市电影往往无所忌惮地呈现张扬的都市景观,电影中大量的城市符号营造了一个繁华但虚拟的世界,只要不碰触政治景观,城市光怪陆离的繁杂景象就能大胆地被搬上银幕,这无疑已成为城市电影全球化景观书写的通例。因此在华语电影中,我们看到的北京景观的全球性书写是政治身份同经济角色、文化地位相剥离的城市,它强调的是都市生活的新颖刺激、时尚前卫,映衬的是北京鸟巢体育馆、CBD商业区以及央视大楼等建筑的现代性,正如波特莱尔所说,人们的现代性经验往往是"暂时的、闪逝的、偶然的,这便是现代性导致时空分裂后所产生的效应"①。作为现代都市的北京成为了一个在现实基础上被建构出的观者想象中的国际大都会,电影的虚拟存在便在这样一个世界落脚驻足。

有学者提出了新都市电影的概念,它主要是指2010年后出现的,"与过去的

---

① 大卫·克拉克.电影城市[M].林心如,等译.台北:桂冠图书股份有限公司,2004:21.

都市电影不同,主要不去表现都市的社会冲突、都市的文化变迁、都市的家庭命运,而是表现都市中青年男女的情感失落与坚守,它们将为高速城市化的青年人提供情感的'心灵鸡汤'"①。在此阶段,中国的城市化率大大升高,城市中的生存经验已经塑造了各大中城市居民的普遍生存样态,诚如鲍曼强调"不是所有的城市生活都是现代生活,但是所有的现代生活都是城市生活"②。然而,城市是各种社会关系与社会文化流动的空间,它们凝聚为一个城市的气质与精神。电影对城市的呈现往往试图去捕捉这种内在的气度与品质。小津安二郎镜头下的东京静谧又安详,伍迪·艾伦审视下的纽约犀利而热烈,斯科西斯将焦点对准城市中的破烂街道,安东尼奥尼则冷静思考现代都市,每一个城市都有多重景观供观察的人思考与窥探。但当下电影中,北京景观的全球化书写显然有些过于单调,仅仅将镜头对准那些去地域化的空间与同质化的生活经验,又如何去展现电影创作者对城市的深入思考。当我们用不同的角度去审读城市景观时,那些隐藏在繁华而光鲜外表下的角落都会暴露无遗。城市的现代化虽然带来了高品质的生活,但也破坏了原有的生态自然。生活在城市中的人被工业文明所异化,人际交流的距离感大大增加,因此城市也是一个冲突的集中地,也会有阴暗混乱的空间。这同样是现代性所带来的城市另一面,倘若将镜头对准这些真实的地理景观,人们的生活经验必定不再千篇一律。

四、北京影像的本土性书写

媒介尺度强调:"本土性和全球性犹如一枚硬币的两面,是当今世界政治经济一体化背景下涉及的一对最基本的既相互矛盾又相互联系的概念。"③美国地理学家吉布森·格雷汉姆曾点明全球性与本土性的相互关系,认为"全球性即本土性。全球性并不真正存在,去除全球性就找不到本土性;本土性即全球性,而地点则是社会关系的空间化网络中'某个特定的时刻'。本土性不过是地球表面上全球性力量'触及'地球表面时的落脚点。反过来,本土性也不是一个地点,而是环绕整个地球的全球性潮流通向世界的切入点"④。总的来说,全球性与本土性始终处于一种相互塑造、相互交织的状态中,"全球化力量在运作过程中,也必

---

① 尹鸿,李媛媛.蜕旧变新,重新出发:2011年度中国电影创作备忘录[M].北京:中国电影出版社,2012:33.
② 鲍曼.生活在碎片之中[M].郁建兴,等译.上海:学林出版社,2002:140.
③ 邵培仁,杨丽萍.媒介地理学[M].北京:中国传媒大学出版社,2010:140.
④ 邵培仁,杨丽萍.媒介地理学[M].北京:中国传媒大学出版社,2010:141.

然会承受到各种本土性力量的反作用力"①。这种相互作用关系在华语电影北京影像中也表现得尤为明显。北京影像的本土性书写主要从两个方面入手为城市打上地方烙印。

首先,通过景观怀旧建立生存经验的区别意义进而提供一种归属和认同意识。在某种程度上,北京与世界上其他都市一样已不再局限于某个具体的地点或是城市本身,而是代表了与它密切联系的一系列特有的价值衡量标准与文化判断指标,这种独一无二的文化及价值判断就是本土性。而生活在同一地区的人,经过时间沉淀就被拴在了同一地点和空间范围内。时间的雕琢让本土性变得越发有价值、越发醇厚浓郁。在城市的地理景观中,那些历经时光洗礼的老旧建筑成为城市地方感与本土性的标签。无论是早期影片里老北京城的胡同街坊、四合院、古井石桥、破旧城墙,还是新时期影片中的天安门广场、游客络绎不绝的长城、北京大院等,这些地域性极强的建筑景观通过回忆与怀旧的方式得以再现。很多富有浓郁地方特色的建筑被时光悄然掩埋,或被拆除或被重建,伴随建筑左右的城市多样性与本土性也不复存在,借助影像,地区之间的差异才得以体现,本土性才得以留存。

影片《城南旧事》以主角小英子的视角勾勒了 20 世纪 20 年代北京的城市景观与市井图像,这里的北京是民国时期的北京,是新时期华语电影中少有的老北京城的样貌。正如林海音在小说《冬阳·童年·骆驼队》中写道:"我默默地想,慢慢地写。看见冬阳下的骆驼队走过来,听见缓慢悦耳铃声,童年重临于我心头。"电影开头便是残破未经开发的旧长城,一群骆驼正从卢沟桥上伴着稀疏铃声走来。影片中古老陈旧的水井和石质水槽、大院门口斑驳的石狮或石鼓、供人行走的卢沟桥、高大雄伟的城楼、吱吱呀呀的双开木门、悠长的胡同等都是充满老北京气息的建筑元素。这些元素是现代人对老北京的追忆与想象,传达着一种"淡淡的哀愁,沉沉的相思"。尽管北京在城市化与现代化进程中不断变化模样,但时间却没有掩埋空间,对北京的景观怀旧从实体空间跃迁于银幕之上,形成一种特有的地域符号嵌入观者内心,带去了人们对乡土北京的想象与沉思。

究竟什么是"北京味",或许现代地道的北京人也无法说出确切的定义。因为同样是四合院、胡同巷子,它们在不同的时代又具有多元化文化意义。几十年来,胡同和由胡同连起来的四合院始终作为北京的建筑空间存在于华语电影中,这不仅是本土化的居住样式,更是本土化生活经验的发生地,是一种背景文化认

---

① 金丹元,张书端.全球化进程中的上海想象——论新世纪以来上海题材电影中的全球性和本土性书写及其误区[J].文化艺术研究,2011(4):166-171.

同感与归属感的传递,但相同的城市建筑却因为时间有了不同的视觉感受。《城南旧事》里的老巷子、四合院是宁静的、斑驳的,保留了最传统北京元素的空间,没有城市化与现代化的入侵,也没有人口的急剧扩张,荒芜的空院子和旧房子构成了整座城市最地道的地域文化特色。而 20 世纪 80 年代以来伴随城市规模扩大而产生的是居住环境的急剧恶化,四合院与胡同变成了一个充满市井气息和生存资源匮乏的领地。在改编自刘恒小说《贫嘴张大民的幸福生活》的影片《没事偷着乐》中,张大民作为城市下层平民便居住在拥挤而嘈杂的四合院里,这里有的是被极尽挤压的生存空间,"幽静狭长的小胡同、拥挤的四合院、斑驳的墙壁、狭窄的道路、破旧的门楼、杂乱无章的矗立于各家各户门前的窝棚式建筑以及随处可见的堆积物"①成为北京胡同和四合院的又一面貌,在这里常常要面对私人空间被侵占和干预的生活困境,局促的空间与拮据的生活是一个时期北京人生存样态的写照。改革开放初期,大杂院和胡同的年久失修以及公共设施的不完善引发了一场场大规模拆迁,人们渴望居住到现代化的高楼中,影片《夕照街》正是讲述了一条普通北京胡同即将拆迁建高楼、街坊邻居搬家分别的故事。影片中胡同成为落魄、拥挤、闭塞且狭小的空间象征,而摩天大楼则成为现代、文明与高品质生活的代表,新旧建筑形式的冲突事实上反映着那个时代人们对现代文明的热切呼唤和对物质财富的迫切渴望。21 世纪以来,胡同和四合院在电影中又有了不同的样态,电影《父亲·爸爸》《夏日暖洋洋》《剃头匠》《老炮儿》等影片中胡同及四合院又与"家"的意象相联系,成为了"都市中的故乡"。在城市中,个体往往迷失于灯红酒绿的现代世界,高楼大厦成为陌生而遥远的空间,胡同和四合院又自然成为了人们心灵的家乡,它们呈现了一种特有的城市空间,"表达的是某种挣脱不去的跟乡土情结和传统情怀有关的东西"②。

总的来说,当那些作为传统文化的表象系统——地方建筑——被历史变为一片废墟后,诸多或美好或混乱的记忆随着时间远去,电影中的景观怀旧越来越被放置于"个人怀旧"的视域中。北京的古城、胡同、四合院等城市空间成为独具地方性、本土性和民族性的地方文化并在全球化进程中日渐突出,那些建筑景观成为"古都最丰富的血脉所在",它传承的不仅是建筑本身,"更是真正属于一个城市的文化精髓和历史记忆"③。因此在华语电影的北京影像中,本土化书写往往倾向于利用景观怀旧来表达对过去的留恋和对文化的传承。

其次,通过制造文化标签表明领地与身份从而塑造一种群体归属感。对于一个地方而言,要为其营造读取身份信息的标识,就是要用不同的文化标签标明

① 解玺璋.近年来北京电视剧创作刍议[M].北京:人民出版社,1993:205.
② 丁建东.影像北京胡同 30 年[J].北京社会科学,2008(5):107-112.
③ 丁建东.影像北京胡同 30 年[J].北京社会科学,2008(5):107-112.

身份。除去那些地理外观上的建筑景观外，华语电影中的北京影像还会利用文化景观为城市贴上地方标签，这些文化景观往往是超出物质层面并占据感官及精神层面的东西。在影像中，北京的标签不仅是"国际化大都市"以及"世界城市"等，更是"皇城帝都"与"文化古都"。北京的文化景观如京剧、饮食、服饰等都成为北京影像着力刻画的地方标签，例如影片《霸王别姬》《武生泰斗》《梅兰芳》《生旦净末》等就从不同的层面演绎了国粹京剧的艺术魅力。影片《霸王别姬》的叙事主线正是戏曲《霸王别姬》这一经典京剧艺术，它是京剧大师梅兰芳的代表作之一，京剧的艺术形式将故事的悲壮凄婉以暴力美学方式呈现。当然这部影片中还涉及昆曲，如《思凡》《牡丹亭》《夜奔》等，影片主角程蝶衣和段小楼的人生经历与戏剧相交织，展现了戏曲文化与电影文化的互文性，电影不仅通过戏曲来完成转场，还通过戏曲实现人物的刻画，更通过戏曲展现时代背景与空间场景。京剧学徒的传统、服装造型、道具表演以及音乐元素等配合主角跌宕起伏的人生经历均呈现出浓郁的地方感，它展现了北京特有的历史厚重感与文化底蕴。京剧作为华人世界的文化景观成功为影片打上了本土性标签，"城市是否'具有竞争力'，是否'宜居'，往往不需要人们的亲身体验，因为媒介已经通过大量的调查数据和深入的文化分析展示了城市的种种可能性"①。而京剧本身的标签作用已成功为北京这座城市描绘出了地形图，人们通过影像表达感知本土化的生存经验，更通过本土化标签的传播体验东方奇观。《霸王别姬》在国际上的巨大成功正是因其难能可贵的民族性与本土性，它将北京、京剧、北京发展的历史进程与华人骤雨初歇的精神变革完整而地道地展现出来，最终使北京影像成为具有世界性的艺术形式。

除了戏曲文化，澡堂文化也是北京文化景观的一大特色。导演张扬的《洗澡》通过生动再现老北京的旧貌温情，表现城市人对现代化与都市化的抗拒。20世纪90年代以来，城市影像无一不反映着改革进程深入后引发的矛盾聚合，在过度的全球化书写后人们渴望获得一些关于地域想象的慰藉。在90年代的城市电影中，"铺天盖地的豪华汽车、别墅、化妆品、品牌服装的广告、琳琅满目的各种宾馆饭店、灯红酒绿的商场，似乎都在承诺'美丽新世界'近在咫尺，然而这些幸福生活又几乎总是与许许多多的普通百姓擦肩而过，人们遭遇的是一个充满诱惑而又无法摆脱匮乏，充满欲望而又充满绝望的世界，这些影片体验了转型的迷乱和分裂"②。此刻的城市电影正在逐渐告别那种富有活力、意蕴明朗的时期，取而代之的是对日益复杂凌乱的城市经验的冷静审视与批判拷问。影片《洗澡》

① 邵培仁,杨丽萍.媒介地理学[M].北京:中国传媒大学出版社,2010:145.
② 尹鸿.90年代中国电影备忘录[J].当代电影,2001(1):23-32.

的镜头远离喧嚣的现代城市,而是回归到一个由蛐蛐儿、四合院、胡同以及澡堂等构成的温情空间中,澡堂与北京特有的澡堂文化在城市化进程中开辟一片净土。澡堂里无不充斥着专属北京的视觉与听觉标识,京戏、下棋、中医理疗、修脚、搓澡等地方民俗不仅是供北京人获得地方感知的视觉符码,更是海外观众体验东方景观的文化渠道。这部影片的出现恰恰反全球化而行之,通过回归文化传统与地域性来反思现代性体验。从某种程度上来说,这种地域经验的复兴是华人文化主体性崛起的表现,影片将都市与社区、父亲与孩子、淋浴和泡澡等生活形态及人物关系置于二元对立的结构中,表现的就是全球性与本土性的冲突以及创作者对本土性的再思考。正如学者戴锦华所说:"旧有的空间始终是个人记忆与地域历史的标识……繁荣而生机盎然的、世界化的无名大都市已阻断了可见的历史绵延,阻断了还乡游子的归家之路。"①影片对旧空间以及传统文化景观的回顾事实上正极力刻画着属于地方的记忆标识,它正以地域文明抵御全球性的文化侵蚀。

北京影像中的文化景观在书写时展现了古今都城的样貌,无论是城市中的建筑景观还是文化奇观,它们都是一座城市精神面貌与文化气质的表征,是本土文化与地域文明的体现。《火烧圆明园》《末代皇帝》《故都春梦》里错落有致的北京城,《城南旧事》《春桃》《茶馆》《骆驼祥子》《夕照街》《百花深处》里市井气息浓厚的胡同四合院,《阳光灿烂的日子》里独具优越性的大院以及各影片中的京韵大鼓、清脆鸟鸣、鸽哨声、吆喝声、抖空竹声、京味方言等都成为怀旧和标识的对象。然而随着时代的发展,不断有越来越多的城市文化记忆将成为过去,从地方景观到服饰赏玩、从戏曲艺术到生活日常,这些地域标识正逐渐面临着全球化的侵蚀并演变为无差别的地域空间与文化景象,作为媒介的华语电影完全有责任去重塑城市本土性。正如媒介地理学强调,各种媒介跨越地理边界产生了一种"无地方感"的社群,以及一种异化的感受和再现方式,它对旧有的人际交往及信息传播样态产生影响,从而不仅改变了传统交流方式,也改变了固有的空间局限。既然影像的全球性传播能够削弱本土性,那么它就有能力在全球范围复苏本土性,人们能够利用电影创造的认知渠道建立全然不同的地方经验,最终改良与优化本土性。一般而言,华语电影在地方感塑造过程中并不呈现出一种单一的效用,一方面它可以在其呈现的全球景观中削弱地方的影响力、淡化本土性;另一方面,它也可以借由对本土文化及历史传统的阐释展现本土性。电影的作用就是要在这些碎片化、多元化的形象中找到平衡、把握尺度,将那些明显的地方特征予以勾勒和重塑。不难想见,一个无差别的世界是可怕的世界,将会失去

---

① 戴锦华.想象的怀旧[J].天涯,1997(1):8-15.

创新的动力和发展的潜能。在全球化的进程中重塑本土性,是华语电影的使命所在,唯有如此,那些带有本土特色的城市文化才不会被时光掩埋。

五、北京影像媒介尺度书写误区

在媒介尺度中,全球性已然形成裹挟世界的发展趋势,它从政治交往、经济合作乃至文明对话多个层面向民族国家的边界发起冲击。就全球化的本质而言,有学者界定其"是当代人类社会活动超越现代性、民族性、国家性、区域性,以人类为主体,以全球为舞台,以人类共同利益与价值为依归所体现出的人类作为一个类主体所具有的整体性、共同性、公共性性质与特征"①。全球性往往立足于空间,它将世界视为一个整体,凡是发生在特定空间或区域的事物或现象就不能被称为全球性。全球性往往超越了民族国家。全球性的立足点在于整个世界、整个地球以及全人类,因此它不可能局限在民族国家之内,它最终的目标是要超越民族国家的地理边界,随之引发的是民族国家建立赖以依存的制度规范与价值理念,例如领土疆域、民主制度、国家主义、民族主义等,对这些概念的超越必将重构国家民族概念及相应制度理念,疆域的打破让国家问题成为全球问题,国家政治成为全球政治,国家文化成为全球文化。同质化倾向将不可避免获得抗议的声音,学者阿帕杜莱曾指出:"尽管宗主国的各种力量以很快的速度传入到新社会里来,但它们以至少同样快的速度被用这样那样的方式本土化了,音乐和建筑风格是这样,科学和恐怖主义、文化景观和制度也不例外。"②也就是说,在面对全球化在空间上的不可抗性及同质化作用的同时,我们有必要利用本土化对其进行一定程度的重组和改造。以电影生产为例,各个区域的电影工业一方面携带着民族国家的文化基因,另一方面又因为全球化的技术普及而拥有同等的传播方式,那么它自身无异于一个缓冲并抗衡全球化冲击的有力手段。

在当下的北京影像中,全球化与本土化的景观书写正面临着这样一个问题:在同质化与多样性的对峙中,影像往往对媒介尺度的把握有所偏颇,要么过分沉溺于光怪陆离的全球化景观书写而丢失了城市本土的文化精髓,要么醉心于本土文化的各个层面,将文化好的方面与坏的方面不加取舍地通盘呈现,这些书写误区无疑是值得我们深思的。正如当下的新都市电影所呈现的城市景观一般,北京成为一个由玻璃包裹的建筑森林,玻璃的高大与透明让电影中的情感关系

① 蔡拓.全球性:一个划时代的研究议题[J].天津社会科学,2013(6):55-62.
② 阿尔君·阿帕杜莱.全球文化经济中的断裂与差异[M].陈燕谷,译.北京:生活·读书·新知三联书店,1998:530.

与伦理价值变得精致但疏离。它们理所当然地将城市日常生活的门槛提高了，外在的场所塑造让影片中的故事本身变得不再那么重要。叙事变得表象化、游戏化、浮躁化，不仅没有文化价值，而且也很难获得更多海内外观众的共鸣。

究其原因，绝大多数的电影生产者醉心于当下北京日新月异的现代化进程，将北京的城市生活过度包装，成为一个无差别的生活形态与空间形式，试图证明城市本身正在积极融入全球化的进程中，正在不断和全球都市发展接轨并向现代影视对城市的表现方式靠拢。在眼花缭乱的都市景观中，即便影片的故事平淡无奇、荒诞不经也能在绚丽的视觉奇观下被包装、被掩饰。对现代化城市生活的向往是每一个个体所追求的，但它往往成为阻碍电影创作者观察城市的路障。城市观察的目的在于："一方面，通过特定的视角来参与和体验进而产生理解，这使它既有别于传统的调查，又有别于通常的体验；另一方面，进行一种现实主义的解释性思考，它拒绝一个预设的普遍的城市的概念，将城市视作差异对象——具体的、本地的城市——然后将记录和概念生产结合起来。"[①]在当前的全球化进程中，城市的形态正不断改变并不断衍生出各种新现象、新问题。当下城市面临的移民潮、务工潮、贫富差距扩张、城市中心衰败、社会功能失调等全球性问题都已溢出了传统电影创作者对城市的观察与设计。"城市在变化，旧的城市模式变得多余，而作为这些变化的自发式的反应——不是通过自上而下的建筑学，而是通过自下而上的人们的行为——新的生活方式在城市中出现。"[②]也就是说，随着城市形态的全球化，电影创作者更应该采用一种自下而上的城市观察方式审视城市生活形态，去正视城市空间内既有的并不断繁衍的创造力。作为电影创作者，他们更应该以一种"步行者"的姿态深入到城市的各个角落，去体会城市化进程中本土文化与全球文化的冲撞，去揭示城市生活中不为人知的一面，去书写城市中下层人群的生活样态，唯有如此，城市的文化意蕴才能被彻底发掘。

当下的电影生产体制与电影生产结构也导致了文化本土性的丧失。一是全球化进程引发人口的全球流动，随着不同籍贯导演的地域迁移，非北京籍导演拍摄北京的情况并不少见，或许一个导演对城市了解不深能为影片注入更多陌生而新鲜的元素，但更多的情况是一个非本土导演已经在城市本土性上略有偏颇，而他又无法"自下而上"地去观察这个城市的生活经验与文化样态，这样自然不可能获得多少城市生活经验，更谈不上深入城市核心、洞察城市最本真的面貌。二是工业化的电影生产模式让北京影像的生产也呈现出批量化、模式化的倾向，快节奏的生产流程，使得电影生产者无法投入足够的时间与精力深入探索城市

---

① 鲁安东. 反思城市观察[J]. 建筑学报, 2012(8): 2-5.
② Rem Koolhaas. New Dawn on Ten[Z]. Interview with Funmi Lyanda, 2001-01-24.

的方方面面,大量场景在全国各地分散取景甚至直接在摄影棚内拍摄完成。即便是经典之作《城南旧事》,影片中的老北京景观也是导演吴贻弓在上海一个空旷之处搭建起院落与屋舍以完成再现。理想的"老北京"已然不再,而快节奏的生产模式却不得不将错位的空间推上银幕,这也是当下电影生产者必然经历的无奈景象。

城市是地理景观也是文化画卷,它是一群人赖以生存的居所,也是现代人心之所向的文化依归。在全球性景观书写中,城市是一套复杂而标准化的生活流程与生存经验,是一系列无地域化空间的组合与汇聚,而在本土性景观书写中,城市则是现代人景观怀旧的对象,是一整套被打上记忆烙印的文化标签。城市电影总是着力关注城市的起起落落,反映城市人群的生活万象,只是这其中有多少成分表现了这座城市最本真的样貌,又有多少成分是电影生产者借助媒介构造的银幕想象? 无论是城市还是电影,都面临着全球性与本土性的冲击,都必须在不断的更新与嬗变中把握自身定位。对华语电影中的北京影像而言,它一方面要着力刻画全球化进程中城市的突飞猛进,另一方面也要深入城市空间的每个角落,对城市的本土文化以及城市群体的生活样态予以关注和思考。唯有如此,华语电影才能真正反映当下日新月异的城市风貌和其参与全球化进程的文化主体性,才能在日趋同质化的全球空间中守住民族文化的地理边界与传播尺度。

3.2　从"独阅"到"众阅"：社群阅读功能研究[*]

方玲玲　　迪姝雅[**]

【内容提要】社群阅读集内容、关系、情感、场景多种元素于一身,它的出现使得阅读从"独阅"转为"众阅"。社群阅读的日益兴盛促使我们开始重新思考阅读的文化功能及其内在含义。本文从社群阅读的背景及含义出发,分析社群阅读出现的原因,并强调其中的群体动力机制,以探究阅读的社会功能变迁,从"怡情"到"共情",从"傅彩"到"社交",从"长才"到"生活场景的重塑"。

【关键词】社群阅读;关系传播;社会交往

随着物质生活的富足,人们越来越重视精神层面的需求,阅读作为获取知识的重要途径,不再是某一特定人群的专属活动,而是为普通公众所共享。第十四次全国国民阅读调查报告显示,2016 年我国成年国民各种媒介综合阅读率为79.9%,其中数字化阅读(网络在线阅读、手机阅读、电子阅读器阅读、iPad 阅读等)方式的接触率高达 68.2%。[①] 移动互联网的出现在满足人们阅读需求的同时,更是将阅读泛化成一种日常生活。

互联网是一个兼容性极强的大环境,既构建了麦克卢汉所预言的"地球村",又形成了垂直领域细分下受众的"再部落化"。网络中的个体基于不同层次的价值诉求,在互联网的连接下自主创建或自发形成了网络社群,实现人的自由聚合。目前,社群化的互联网生态已经形成,并逐步朝着"兴趣部落"的方向发展。

阅读,可以视为受众对大众媒介信息的一种接触方式,往往是对书面文字或视觉符号的接收与理解,它可以在个体受众和群体受众中发生。互联网中大量

　*　本文为浙江省社科规划之江青年专项课题"网络情境下社群媒体的社会沟通与文化功能研究"(编号:16ZJQN012YB)阶段性成果。

　**　方玲玲,浙江大学城市学院传媒与人文学院教授,浙江大学传媒与国际传播学院硕士生导师;
　　　迪姝雅,浙江大学传媒与国际文化学院硕士生。

　①　中国新闻出版研究院.第十四次国民阅读调查报告发布 数字化阅读率提升显著[EB/OL].(2017 -04 -19)[2017 -11 -23].http://china.cnr.cn/gdgg/20170419/t20170419_523714122.shtml.

分散的读者根据其阅读兴趣的不同,有选择地加入不同读书群,与群内其他成员共同阅读并进行观点互动。"社群＋阅读"的形式已经成为一种新的阅读模式并日益盛行,主要以结群的方式实现了传统的"独阅"向群体共读的"众阅"的转变。社群阅读以知识为聚合点,以阅读兴趣为驱动力,将网络中离散的个体聚集在一起形成一种群体关系,除"阅读"功能外,更是融合了社会交往、场景消费和关系构建等功能,具有重要的沟通效用与文化价值。

一、何为"社群阅读"

最早的读书会由瑞典的中学教师奥尔森(Uscar Olsson)于 1902 年在瑞典的兰德(Lund)创立。传统的读书会又称学习圈(study circle),指由一群人定期地聚会,针对某一事先商议的主题,进行共同的、有计划的学习,强调的是一种自主性的学习团体。①

互联网的诞生将读书会迁移至线上,并发展出"社群阅读"这一新形式,可以视为对传统读书会的继承,更是移动互联时代受众行为变迁的一种表征。不断推陈出新的读书类手机应用程序和线上读书社群崛起并迅速发展,将阅读转变为一种日常生活方式与社交方式。

(一)社群阅读的含义

阅读"被看作是一种从印的或写的语言符号中取得意义的心理过程"②。这个定义强调"在阅读的开始和阅读的结束,读者仅通过文字化的内容信息获取并取得认知,是一个脱离于社会的孤立的存在"③。虽然社群阅读继承了传统阅读对语言符号进行解码并获取文本意义的过程,与之不同的是,社群阅读更强调一种"共情"意识和共读行为,读者从开始的内容选择到最后的分享,都是一种以社会关系为纽带的"共情"阅读模式。

社群阅读融合了阅读、社交、场景消费等多种元素,在新媒体环境下充分利用了互联网的社群力量和传播便利,游离在互联网中的读者基于自身不同的文化偏好加入不同的阅读社群,在线上的社群中进行参与式阅读,完成阅读任务后选择性地在朋友圈"晒"阅读进行分享,既满足了个体自身的阅读需要,又在互动

---

① 郭嘉.瑞典学习圈研究[D].郑州:河南大学,2008.
② 朱作仁.阅读·心理(Psychology of Reading)——《中国大百科全书·教育》卷条目[J].山西教育科研通讯,1983(3):37－40.
③ 戴华峰.移动互联下社会化阅读研究的三个理论视角[J].中国记者,2012(11):83－84.

交流中满足了其社交需求。无论是社群内的团体式学习,还是社交平台中的评论回应,都可以视为群体性分享。

(二)共读与拆书:社群阅读的表现形式

"共读"主要利用网络平台,以趣味为聚合基础建立阅读群。读者可根据自己的兴趣和阅读偏好有选择地加入不同群体,在社群管理者的领导下共同阅读一本书,每天有固定的阅读任务,阅读完成后以朋友圈分享或群内分享的方式进行互动。读者在群内享有充分的表达自由,于线上讨论并交流观点,在相互碰撞中演绎出形形色色的文化景观。"吴晓波频道书友会"便是一个以"共读"形式运营得较为成功的社群阅读案例。目前,书友会覆盖全国 80 多个城市,有超过 8 万多名书友。[①] 书友会成员每周在群内共读一本书,每半个月还会邀请专家、自媒体人、企业家进群交流,在线分享,成为一种有效的共读模式。

"拆书"则通常以主题书系为聚合,经过"意见领袖"的把关和筛选,以一种读书笔记分享的形式,让读者在更短的时间内获得更多的知识。如"罗辑思维"出品的"得到 App"就是以"拆书"的形式来运营的。"拆书"的好处在于可以迅速增加阅读量,但缺点也较为明显。它将获取阅读内容的方式变得碎片化,而且经由他人中介,虽然节约了时间成本,但也使得阅读变成了间接的媒介接触行为,弱化了参与者的自主性。

二、 新环境下"社群阅读"何以产生

(一)倡导"全民阅读"

根据林克艾普大数据显示,2015 年我国国民人均纸质图书阅读量为 4.58 本,其中还包括教材教辅;而同时期,以色列以 64 本的年人均阅读量雄踞世界首位。[②] 为提高我国的国民阅读量,政府及相关部门提出了"全民阅读"的口号,旨在培养公众的阅读习惯,激发公众对于阅读的兴趣,只有在全民想读书、乐读书的环境下,才会给社群阅读等新的阅读模式提供生存空间和发展机遇。

2012 年 11 月,党的十八大报告提出"开展全民阅读活动"。2014 年以来,

---

① 雪虎. 从 0 到 81 个城市,吴晓波书友会是如何打造高黏性社群的?[EB/OL].(2016 - 06 - 02)[2017 - 11 - 23]. http://www.anyv.net/index.php/article - 445931.

② 北京林克艾普科技有限公司. 大数据来揭秘:国人究竟咋阅读?[EB/OL].(2016 - 07 - 26)[2017 - 11 - 23]. http://www.linkip.cn/news/details? id=503&title=大数据来揭秘:国人究竟咋阅读?

"倡导全民阅读"连续 3 年写入国务院政府工作报告。"十三五"规划要求"推动全民阅读",将全民阅读提升到国家战略高度。在国家政策的大力支持下,各类读书活动进行得如火如荼,国民对于知识的渴求被重新唤醒,我国的人均图书阅读量正稳步提升。

(二)移动阅读的普及

移动互联网时代的到来,改变了受众的阅读方式,阅读终端的移动化、阅读内容的数字化,为推广"全民阅读"提供了更大的机遇。2015 年发布的《第十二次全国国民阅读调查报告》中,移动阅读率首次超过了传统阅读率。[①] 2017年发布的《第十四次全国国民阅读调查报告》显示,成年国民手机阅读接触率、手机阅读时长连续 8 年增长。[②] 移动阅读成为一种新的阅读形态,成为国民阅读的新趋势。

移动阅读为社群阅读创造了更加便利的条件。各种阅读 App 争先为受众打造互动的社区,各类自媒体依托微信、微博平台发展阅读社群,这种新的阅读模式受到越来越多读者的青睐。这为社群阅读的发展提供了有力支持。

(三)信息消费方式的改变

信息消费方式的改变归因于技术的进步。互联网、云计算等技术的广泛应用打破了时空壁垒,使信息真正成为一种开放的共有的社会资源,将信息共享的特性发挥到极致。互联网信息消费平台的增多,使得人们通过网络发生联系变得更加普遍。阅读既作为一种媒介消费方式又作为一种生活方式,更倾向于利用网络来进行交流互动。

传统的阅读时代,"内容"是阅读的中心,读者主要通过阅读来完成与作者和自我的交流。社交媒体时代,"形式"也成为阅读的重要组成部分。读者的信息消费习惯发生改变,阅读成为一种与他人连接和交往的方式,其意义更在于分享。人们将自己认同的阅读内容,借助于互联网平台进行转发、评论或回复。由于个体所属社交圈不同,分享的内容在这一过程还可以进行二次扩散和交叉传播。人们可以在各种社交场景完成阅读行为。

---

① 中国新闻出版研究院.第十二次全国国民阅读调查成果发布[EB/OL].(2015 - 04 - 21)[2017 - 11 - 23].http://news.xinhuanet.com/politics/2015 - 04/21/c_127712128.htm.

② 易观.中国移动阅读市场 年度综合分析 2017[EB/OL].(2017 - 07 - 05)[2017 - 11 - 23].http://www.useit.com.cn/thread - 15869 - 1 - 1.html.

三、从"独阅"到"众阅":群体的影响

在这个信息大流通和大交换的时代,任何人都不是"原子式"的独立个体,不可能脱离一系列社会关系而存在。移动互联网的到来,诞生了一种基于"趣缘"的虚拟社会关系。阅读社群正是基于这种虚拟的关系网络而建立起来的,它以"知识"为连接点,成员于社群内进行观点互动创造出新的社群文化。此时的社群阅读不再等同于读书,而是演变为一种集知识共享、关系互动等多种元素于一身的社群传播现象。

(一)基于"趣缘"的文化认同

麦克卢汉认为,原始社会是"部落化"的群体,口语的空间限制使人保持紧密联系。印刷时代的文字媒介解除了空间限制,使人们"脱部落化"。而电子媒介的出现,拉近了人与人之间的距离,人们基于相似的价值观和兴趣爱好聚合在一起"重归部落化",形成"地球村"。

任何社群的形成,都是以内容为基础的,个体对某一类信息产生兴趣,才会有选择性地加入社群。在共同兴趣的驱使下,一个个看似分散的"原子式"个体打破地理空间的界限,在网络中进行社会交往,与志同道合者相互聚合,在互联网这个大的"地球村"中建立了去中心化的小型"部落",由此形成了社群文化的雏形。社群文化是一种基于认同与共享的文化传播活动,阅读社群为读者提供了一个思想的归属地,通过认同和交流,进而实现自我价值等表意性需求。在共同爱好的作用下,原本碎片化的个体关系在社群里得以重组。

(二)成员交流形成的文化景观

如今,我们正生活在一个"万物皆媒"的时代,媒介技术的发展将人的能力大大延伸,新技术的发展更是极大地降低了内容生产的成本。社交媒体的出现充分保证了受众的近用权,为其提供了无门槛的社会化生产工具,这时"出版不再是一种稀缺资源,媒体不再掌控机构特权,大规模业余化的旗帜被高高举起"[1]。网络社群依靠其强大的动员能力,充分聚合了无组织的力量以开启组织式的内容生产模式,真正实现了"人人读、人人写"的新时代,实现了认识盈余生产及消费的统一。

---

① 克莱·舍基.人人时代:无组织的组织力量[M].北京:中国人民大学出版社,2012:45-46.

从"独阅"到"众阅"，社群阅读展现了阅读从一种个体行为走向群体行为的变化过程。网络社群相对自由的准入模式使其具有开放、流动的特性，其结构的内在秩序又提供更平衡、可自净的信息环境，有助于促进人的优势互补，促成群体的智慧。① 读者在群内针对"共读"内容进行观点交流，讨论范围以阅读内容为核心，以内容中所蕴含的价值观为扩散，于互动中形成了各式各样的文化景观。

(三)意见领袖的文化主导

社群阅读作为群体活动的一种，最大程度上给予读者选择自由与沟通自由。群内成员有着契合的价值观和类似的文化偏好，但由于其知识储备和表达习惯的不同，仍存在着较大的个体差异。在群内成员身份相对平衡的状态下，仍然存在着类似于"意见领袖"的角色，在整个社群中起主导作用。在一个阅读群体中，阅读经验相对丰富以及地位较为重要的人会成为意见领袖，他们可以影响阅读内容的选择。学识渊博、活跃善言、在某些专门问题上有较多研究的人更容易分享观点，对其他成员产生作用。在网络传播中，"意见领袖"成为互联网时代重要的话语阶层。

四、阅读的功能变迁

培根在《论读书》中写道："读书足以怡情，足以傅彩，足以长才。"② 这句话精准地概括了传统阅读的主要功能，社群化阅读在此基础上拓展延伸，赋予了阅读以情感共鸣、关系传播和场景重塑等新的文化功能。

(一)从怡情到共情

"读书足以怡情"是从个体的角度出发，其重点在于"独阅乐"，即陶冶自己的情操，以产生心旷神怡之感。社群阅读与之不同，更强调阅读的共情意识，在读者间营造共同的价值观和情感共鸣。社群具有"强烈的群内认同感和共同依存的意识、一个以共同信任为基础的关系网络以及获取技术和其他知识的能力"③，在这种特殊的关系网络中，较一致的群体意识或价值观显得重要。传统的"独阅"将交流限定在作者与单一读者互动的单向框架里，"众阅"打破框架限制，是众多读者间的思想交融。社群阅读彻底改变了内容生产者与读者之间的关系，

---

　　① 彭兰.更好还是更坏？人工智能时代传媒业的新挑战[J].中国出版，2017(12):3-8.

　　② 弗朗西斯·培根.培根随笔[M].陶文佳，译.杭州:浙江文艺出版社，2016:172-173.

　　③ 乔尔·科特金.全球族:新全球经济中的种族、宗教与文化认同[M].王旭，等译.北京:社会科学文献出版社，2010:2-3.

读书群中的讨论交流,使得读者真正成为了凯文·凯利所说的"产销者"①,不仅生产观点,还能够传播思想。

在当下较为成熟的阅读社群中,不论是"共读"式的线上线下书友会,还是"拆书"式的阅读 App,都将共情摆在较为重要的位置。共情连接的两头,一头是信息和文本内容,一头是情感和人际关系。共情的作用使得阅读这种原本极其个人化的行为具有了一定的社会化取向。

(二)从傅彩到社交

"读书足以傅彩",傅彩最见于高谈阔论之间。随着阅读方式的改变,阅读逐渐从以内容为中心到以社交为中心。社群阅读不仅在交流中傅彩,"以论书为友"更是现代人的一种社交方式。社交功能的加入,使得社群阅读完成了从普通的内容传播到富有人情味的复杂关系传播的转变。

阿格妮丝·赫勒把日常生活中所形成的交往关系分为基本的两类:以平等为基础的关系,以不平等为基础的关系。② 阅读社群中,人们的相貌、身份、地位都不重要,在这种相对平等的社交环境中,人们更易向他人表达真实的自我,获得交谈的乐趣,为社交深化提供了契机。社群阅读继承了社交媒体的分享互动的特点。在读书群中,传统复杂的社交方式被简化,利用几句文字或简单的触屏操作即可完成交往过程,读者在较短的时间单元里即可完成关系沟通、关系维护等礼尚往来的社交行为,这种"去形式化"的方式大大降低了社交的时间成本。此外,读书群是在"共情"的基础上建立的,这种读者间的"共情"更易形成友好的社会关系。读者以契合的价值观为前提,在共同的兴趣爱好的驱使下,进行观点交流,激发彼此间的认同感,产生移情效应,在自己所属的圈层里建立起新的关系,这种关系在阅读的大环境中显得更为稳定和持久。

朋友圈的"晒阅读"行为可以将社交的范围扩展至阅读群外,读者自身的个性化偏好成为信息分发的根本依据,通过社交网络完成阅读信息的流动。晒阅读的行为形成一种群体性的分享,以阅读为契机在朋友圈内巩固已有的社交关系。由于被分享内容本身蕴含着读者的价值观,这种互动有利于挖掘有共同志趣的朋友关系,完成彼此间由弱关系向强关系的转化。

(三)从长才到生活场景的重塑

"读书足以长才",社群阅读的核心仍是优质的内容,读者通过阅读满足知识

① 凯文·凯利.必然[M].周峰,董理,金阳,译.北京:电子工业出版社,2016:129-130.
② 阿格妮丝·赫勒.日常生活[M].衣俊卿,译.重庆:重庆出版社,2010:232-236.

增长的需求。除"长才"功能外,社群阅读还实现了生活场景的重塑。

社群阅读移动化的特点打破了公众信息消费场景的限制,将传统的"一盏茶、一本书"的阅读场景移至线上,将固定单调的场景泛化至日常生活的各个角落,地铁、公交等看似琐碎的生活场景都可以成为读者的阅读空间。此外,不同阅读终端的选择可以构建起不同的阅读场景,kindle等电子阅读器的阅读方式私人化程度较高,注重的是自我阅读空间和思想空间的维护;社群阅读则类似于线下读书会,注重的是读者间的情感共鸣和价值认同,是一种拓宽视野、碰撞思想、交流知识的活动。

另一方面,线上读书群逐渐向线下活动延伸,线上与线下的互动将网络虚拟场景与现实世界进行联通,实现了虚拟社群的现实化转变。以吴晓波书友会为例,书友会的搭建是一个从"线下(自动发起)—线上(QQ群)—线下(活动)—线上(微信群)"的整合互动过程。上海书友会半年内举行了大大小小200多场线下活动,活动多以读书交流为主,同时辅之以"咖啡馆改造计划""创业公益基金"和"《我的诗篇》众筹观影"等其他活动,与现实场景和社会群体互联,以提高读者参与感和公众认同度。书友会的运营团队在活动设计阶段,实现了线上活动和线下活动、官方活动和自发活动以及免费活动和收费活动的平衡,所有的活动都以"阅读"为中心,更加凸显阅读的社会性意义。此时的社群阅读不再仅仅局限于满足读者的阅读需求,场景的塑造更是实现了社群阅读的社会价值。

五、结　语

移动互联网时代,受众信息消费方式的改变,使阅读从个人"独阅"变成了社群"众阅",并引发了我们对阅读本质及其功能的思考。社群阅读不再仅仅满足于读书,而是集知识获取、关系传播、场景塑造等多种功能于一身,拓展了阅读的边界,丰富了阅读的文化功能。在未来社会发展中,社群阅读如何通过创新形式给用户更好的阅读体验、更具个性化的服务,以及如何增强读者的黏合度和归属感,同样具有重要的研究价值。当然,社群阅读在不断发展的同时也暴露了一些问题,如"共读"的形式可能会引发人们在阅读上的从众行为,注重了形式却并没有获得实际成效。此外,群体中的意见领袖将自己的价值观和对内容的个性化解读强制性传递给群体成员,人们在快速阅读的同时,失去独立思考的能力,使得阅读不再是精神提升的过程,而只是一个肤浅的表象。因此,在全民阅读的大背景下,社群阅读带来的问题也值得学者持续关注。

3.3 "互联网+"背景下的认同、凝聚与宣泄

——以电影《找到你》为例*

邵　静**

【内容提要】《找到你》是一部现实主义女性题材电影,截至 2018 年 10 月 24 日,《找到你》的累计票房已突破 2.3 亿元,创双女主影片最高票房纪录。本文将《找到你》放映初期、放映前、放映中、放映后等阶段的认同、凝聚、宣泄行为作为研究切入点,在梳理各阶段电影宣发重点的基础上,理解认同、凝聚与宣泄的"闭环"作用过程,并提炼出了"认同形成—认同强化—凝聚呈现—宣泄达成—认同再现"的循环链条。最终,文章还对女性题材电影创作、中生代女演员的发展等问题进行了"冷思考"。

【关键词】电影《找到你》;女性题材电影;互联网+;认同;宣泄

《找到你》是一部由吕乐执导、冯小刚监制的剧情电影。本片由姚晨、马伊琍领衔主演,袁文康、吴昊宸联合主演,并于 2018 年 10 月 5 日在中国内地上映。影片讲述了命运多舛的两位母亲因一个孩子而展开追寻与救赎的故事。导演吕乐如此定义《找到你》:"想做一个女性的电影,有很多片子,更多的是男性(为主的电影),想把这两个女性的这种命运和她们自身的行为表现出来。"可以说,《找到你》是一部不折不扣的女性视角现实主义题材电影,女性题材的电影在目前的中国电影市场中数量较少,而像《找到你》一样以双女主阵容展开的女性题材电影则更是少之又少。导演吕乐曾在法国拍了很多年纪录片,演员姚晨评价吕乐"喜欢非常真实的、有质感的东西",当然,吕乐也希望《找到你》"是应该按照现实生活的……用一些记录风格的方法来做"。这种真实的、"记录式"的拍摄方法也为《找到你》赢得了不少口碑与票房。截至 2018 年 10 月 24 日,《找到你》的累计票房已突破 2.3 亿元,观众数量达到 700 万人次,由于其制作成本较低,投资方资

* 本文系 2017 年度浙江省哲学社会科学规划课题"互联网+电影——互联网思维下的中国电影产业研究"(课题编号 17NDJC208YB)的阶段性研究成果。
** 邵　静,浙江外国语学院中国语言文化学院副教授。

金回笼的压力较小,能取得这样的票房成绩着实可圈可点。

《找到你》的成功多半是得益于其女性题材及女性观众的支持,根据艺恩网的数据,在《找到你》目前的 700 万观众群体中,20～39 岁的观众占比达到 74%,女性观众占比超过 60%。且在全国点映阶段,"纯女性场"的口碑比男女混合场次高出一大截。① 《找到你》的特殊定位促成其成功模式的独特性:除了影片质量过硬、宣发高效、排片科学等显而易见的因素,还有一些值得引起重视的、隐藏在影视传播之中的身份认同、传播心理等原因。在"互联网＋"背景下,演员与观众、主角与观众、观众与观众之间的互动、连接、认同显得十分重要,而由此带来的强大的凝聚力和宣泄力,则都会在一定程度上扩大影片的影响力,进一步为影片的成功埋下了伏笔。这种认同、凝聚和宣泄的过程可以用图 1 来表达:认同、凝聚和宣泄的环节既相互独立也相互联系,"认同—凝聚—宣泄"是一个完整的闭环,但在"宣泄"完成之后,则又会进入另一"认同"环节,按照"宣泄—认同—凝聚—宣泄"的顺序继续不断循环。为了更好地理解这个闭环内部的运作过程,下文会将其分为三个阶段详细论述。

图 1　认同、凝聚和宣泄

一、初期宣传:双重认同的形成

"认同"一词在英文中对应的单词为 identity,它的含义十分丰富,有"使等同于""同一性""认同""身份""身份认同"等含义,我们这里特指的含义为"身份认同"。从心理学角度来看,身份认同是个体对自我身份的确认和对所归属群体的认知以及所伴随的情感体验和对行为模式进行整合的心理历程。身份认同的结构包含三个方面:认知、相伴随的情感和相应的行为表现。② 在影片《找到你》中,"认同"的过程最初主要发生在两个层次:一是演员与演员之间的身份认同;二是潜在观众与演员之间的身份认同。需要指出的是,这里的"演员"不是指电影中的"角色",在《找到你》这部影片中,主要演员为姚晨和马伊琍,而两人在片中的角色则分别是律师李捷和保姆孙芳。在影片放映前,由于影片的潜在观众尚未接触到正片,无法与影片角色产生确切的"认同"心理,为此,此时的身份认同更多地集中在现实中的演员之间、演员与观众之间。

---

① 孙畅.营销复盘:《找到你》是怎么通过五大策略逆袭的?[EB/OL].(2018 - 10 - 24)[2019 - 11 - 01].http://ent.ifeng.com/a/20181024/43128109_0.shtml.

② 张淑华,李海莹,刘芳.身份认同研究综述[J].心理研究,2012(1):21 - 27.

姚晨与马伊琍两位演员之间的身份认同体现在戏里戏外两个层面,我们知道,《找到你》是为数不多的双女主影片,两位演员对于双方性别身份的认同自然不必赘言。此外,两人还有更多的"认同"条件,比如两人均已人到中年、都经历过艰难婚姻生活的洗礼、都是两个孩子的母亲、职业均为演员等等。相似的年龄段、家庭生活和工作经历都是形成两人"戏外身份认同"的关键因素,而这些多方面的"认同"则是其形成"戏里身份认同"的基础。

戏中李捷(姚晨扮演)和孙芳(马伊琍扮演)虽职业不同、命运各异,但女性、母亲、婚姻不幸、生活艰辛、性格坚韧等特点却又将两人冥冥之中"捆绑"在了一起,虽两人戏里冲突不断,但最终双方对彼此作为女性、母亲、妻子等的角色身份达成了"和解",她们最终"融为一体",变成了"这个时代的女性"的代表,正如《找到你》影片开头那句话所说:"这个时代对女性要求很高,如果你选择做一个职场女性,会有人说你不顾家庭,是个糟糕的妈妈;如果你选择成为一个全职妈妈,又有人会觉得生儿育女是女人应尽的本分,不算是一个职业。但事实却是因为努力工作,我才有了选择的权利;因为有了孩子,我才了解了生命的意义,才有勇气去面对生活的残酷。"一语道破了众多女性的心声,建立在"戏外身份认同"基础上的"戏里身份认同"因为有血有肉的角色的塑造而显得更为鲜活。

影片放映之前的初期宣传中,除了第一层次的演员之间的身份认同外,还存在着第二层次的身份认同,即潜在观众与演员之间的身份认同。一般来说,演员、明星的身份、生活等离普通观众都比较远,他们外表光鲜、谈吐优雅、私生活多半秘而不宣,是一群"神秘而完美"的存在。但为了宣传《找到你》,华谊公司采取了明星"落地"策略:2018 年 7 月 14 日,《找到你》主角之一马伊琍参加了CCTV《朗读者》栏目,"在节目中跟大家分享了自己与父母的故事,以及自己对于母亲、女性这一群体的感悟"。同时,她也低调提及了其在《找到你》中饰演的孙芳的角色。7 月 30 日,姚晨在《星空演讲》的《女性的力量》主题中做了题为"一个中年女演员的尬与惑"的演讲。据统计,当晚在线观看直播人数超过 1080 万,此后该期《星空演讲》的全网曝光超 2 亿次。在演讲中,姚晨传递出自己的家庭观和事业观,毫不掩饰地讲述了人到中年面对职场、面对生活的尴尬与困惑,并在演讲结尾很自然地提到了影片《找到你》的相关信息。

在"互联网+"的大背景下,借助互联网渠道的巨大传播力,两位演员的相关演讲、采访等内容不胫而走,在讨论组、微博、朋友圈中掀起了一阵不小的波澜,同时也为《找到你》寻找到了不少潜在的观众。让光鲜亮丽的明星讲述自己的"一地鸡毛",着实拉近了其与潜在观众的距离,因《找到你》初期策划而形成的演员与潜在观众两者间的"身份认同"逐步形成。

针对影片《找到你》的初期策划,我们梳理了演员与演员之间的身份认同、潜在观众与演员之间的身份认同双重身份认同方式,这两者为影片的高质量呈现和潜在观众的观影行为提供了前提,也为接下来的认同强化与凝聚呈现做了充分的铺垫,正如演员马伊琍在影片宣传片中所说:"我在拍《找到你》的时候,我觉得我是找到了孙芳,所以我希望每一位观众在看这部电影的时候,你们也可以找到你自己。"可以预见,接下来,"观众与电影角色之间的身份认同"呼之欲出。

二、映前与映中:认同强化与凝聚呈现

分散的双重认同无法达到观众的"凝聚"效果,为了进一步提高影片知名度,引导具有相同身份认同的人群在凝聚力的作用下进入影院,影片《找到你》在宣发过程中又采取了参与电影节、千人点映、短视频宣传等手段。笔者认为,放映前期的这些宣发环节起到了某种"强化认同"的作用,此后,还会形成一种强大的"凝聚力",促使观众走进电影院。

首先,强化了"观众与电影角色之间的身份认同"。如果说在初期的宣发环境中,因观众所知影片内容有限,其与电影角色间仅能产生微妙的"连接与认同"的话,众多参与电影节或点映活动的观众则成为了首批与电影角色间产生"强连接"的人群。华谊对"强连接"人群的选择也颇为用心,2018 年 6 月 17 日上海国际电影节中,《找到你》进行了首轮展映,展映后的豆瓣评分 8.0 分。9 月 1 日,《找到你》成为第十四届中国长春电影节的开幕影片,继续扩大宣传面。影片点映时,《找到你》不仅与北京和上海的妇联牵线,寻找合适的女性观影者,还与知名的宝宝树育儿网站合作,请来众多宝妈观影,结合网站中的内容共同提升传播效果。

如此,影展和点映中的不少女性观众不由自主地将自己与电影角色纳入同一个归属群体,不断寻找并确认自我在群体中的身份,此阶段的"身份认同"逐步形成并持续强化。这个过程伴随着强烈的情感体验,"强化"机制不断深入,"华谊兄弟电影官方"搜狐号显示:在"全女性场超前点映"活动中,来自北京、上海、广州、深圳、南京、武汉等全国 86 个城市的女性观众超前观影,掀翻泪海。北京千名妈妈观影场和上海妇联女性观影场内,更是开启"旋风哭泣"模式。这可以解读为"观众与电影角色之间身份认同"的重要表现方式。此后,观看过影片的观众,尤其是女性观众会化身成影片口碑传播议程设置中的"意见领袖",她们或通过网络手段,或通过口头传播,将身份认同过程中体验到的强烈的情感不断融入口碑传播之中,由此带动周围潜在观众形成一定的观影"凝聚力",不少潜在观众也因此走进了影院。

其次,强化了"观众与观众之间的身份认同"。此类身份认同行为不仅存在

于点映观众的口碑传播之中,同时还会通过"共同的情感体验"手段不断强化陌生观众之间的认同行为。影片上映前期,即 2018 年 9 月,《找到你》在互联网媒介中接连发布了 5 个时长不超过 4 分钟的名为《母亲物语》的短视频,作为电影上映前的"热身"宣传。5 个短视频主题均为"母爱",其中,一个视频从演员姚晨、马伊琍的视角切入,同样采取了"落地"策略,弱化其明星身份,强化其现实生活中的"母亲"角色,这一视角起到了强化第一阶段提及的"演员与观众之间的认同"的作用。而另外视频均是从普通观众的视角切入:作为孩子的儿童、作为孩子的成人以及作为母亲的成人的视角,强化了众多潜在观众之间的"认同"行为,即无论你是何种身份,均无法回避"母爱"这一主题,此时的"认同"主体进一步扩大,一些男性群体也被囊括其中,正如影片导演吕乐所说:"《找到你》其实是有'我找到这个孩子、我找到自己和每个人、每个人都找到自己'这么一个寓意吧。""观众之间的身份认同"不仅实现了认同人数的增加,还实现了认同程度的强化,大范围潜在观众的聚合力、凝聚力也由此呈现和爆发。

由于以上两个层次的身份认同强化与凝聚力呈现并不是一蹴而就的,观众在潜移默化中确定受到相应"认同"的影响而形成一定的聚合力,需要一个相对稳定的积累过程和一定的反应时间。而在《找到你》上映一周之后的票房"逆跌"现象则很好地解释了这一"积累"过程。2018 年 10 月 12 日,《找到你》官方微博"电影找到你"发布了如下消息:"连续三天逆跌,场均人次 No.1,同档期猫眼评分最高 9.0 分。"随着时间的推移和排片的变化,《找到你》票房不降反升,由认同强化带来的凝聚呈现,通过票房具体、直观地体现了出来,而这一过程也将深刻影响《找到你》的最终票房表现。

三、映中与映后:宣泄达成与认同再现

宣泄理论(Catharsis Theory)又称为"净化理论",该理论最早见于亚里士多德在《诗学》中对悲剧的效果的讨论。他提出通过观看悲剧,观众会感到恐惧或怜悯,从而使人得到净化与升华。费什巴赫(Seymour Feshbach)在 20 世纪 50 年代提出了这个理论,认为暴力可以宣泄儿童的攻击倾向,并且在 20 世纪 70 年代通过实验证明了自己的观点。[①] 虽然这一理论针对的是儿童与暴力,且在此后不断遭到批评,但其中的合理成分仍然值得我们借鉴。

在如今的"互联网＋"背景下,丰富多样的传播渠道便是不同类型的"宣泄口",我们所"宣泄"的不一定是暴力情绪,还有压力、迷茫与焦虑。对于影片《找

---

① 刘海龙.大众传播理论:范式与流派[M].北京:中国人民大学出版社,2008:243.

到你》来说,它本身就是女性"宣泄"内心压力、情感和焦虑的一个"出口",观影者也许受到了前文所提及的一重或多重"身份认同"的影响或强化,与通过多途径凝聚在一起的观影人群在影院中体验情感、宣泄情绪,然而,他们的行动远不止"走进影院"这么单一,观影后的分享、评价、探讨等行为更成为了其"宣泄"情绪的重要表现。

《找到你》上映之后,很多与电影有关的话题上了微博热搜榜。其中"♯看完找到你恐婚♯"的话题,在电影放映三天后便累计超过 7000 万的阅读量,引起了很多女性的自发讨论。姚晨、马伊琍现身说法,马伊琍专门搜集了该话题的代表性问题,集中展示和回答。[①] 此外,在电影上映后,众多微信公众号为《找到你》进行内容推广,甚至有不少推广文章都达到了 10 万＋的阅读量,公众的评论与回复更是不计其数。如此庞大的阅读量、参与量与分享量让我们再次感受到了前文提及的多重"认同"的力量;同时,我们也注意到,这些主题多数已经超越了电影本身,而是与观众的婚姻、家庭、事业、生育等现实生活紧密相关,且不少都是负面情绪的"宣泄"与"爆发",如恐婚、女人压力大、女人难等,"宣泄达成"效果由此显现。

针对还未亲临影院观看电影的受众,基于"互联网＋"的微博主题探讨、微信公众号推广与分享则成为了一个新的起点,他们尝试与分享、讨论的人群之间形成共同的认知,促成"认同再现"与相似的情感表达,从而再次形成聚合力并转化为观影行动和此后的宣泄行为……由此,认同—凝聚—宣泄的过程不断循环,直至影片排片结束。我们甚至可以预计,在随后的网络、手机、电视等多渠道的放映过程中,《找到你》还会再次将认同—凝聚—宣泄的路径持续下去,而弹幕、网站短评、朋友圈等更多的"宣泄出口"也将应运而生。

四、结语:宣泄达成后的"冷思考"

在电影《找到你》的成功模式中,我们提炼出了"认同形成—认同强化—凝聚呈现—宣泄达成—认同再现"的循环链条。然而,《找到你》所带给我们的思考远远不止这些,女性不仅要找到应对现状的"宣泄出口",更要找到面向未来的"理性思考"。《找到你》影片本身就为我们提供了诸多线索,比如,影片中李捷对女儿的期待:"一个女孩的人生不应该被爱情和婚姻定义。"又如,李捷最终对母爱的理解:"都说母爱是伟大的,但其实一个母亲对孩子的爱,也只是在对自己的选

---

① 孙畅.营销复盘:《找到你》是怎么通过五大策略逆袭的? [EB/OL]. (2018 - 10 - 24)[2019 - 11 - 01]. http://ent.ifeng.com/a/20181024/43128109_0.shtml.

择承担后果而已。"等等。影片寄希望于这些充满正能量的、乐观的理念,为女性的未来指明方向,同时也期望社会中的女性能够在"宣泄"压力、焦虑之后,找到面对现实和未来的正确方式,形成一种新的、具有时代特征的"身份认同",并进一步发展与强化,这也为未来我国女性题材电影的主题升华提供了线索。

而针对诸如姚晨、马伊琍的中年女演员的未来又在哪里呢?后续的思考当然也需要持续深入。著名自媒体人、作家"@水木丁"在微博中评价《找到你》及两位女演员在片中的表现时感言:"这也是大姚(姚晨)的电影公司第一次参与制作的电影,看完电影后挺为姚晨高兴的,感觉这个路子就对了。中国的中生代女演员,是个特别尴尬的年龄,不好接到像样的剧本。但其实,从现实生活角度来说,这个年龄阶段的女性,因为她们人生更丰富和复杂,其实应该是故事性最多、也最好看的。而对女演员来说,这个时候不论是演技也好,个人魅力也罢,都称得上是黄金时期。可惜在国内,给她们的机会太少了。所以,女演员与其等别人给你本子,给你角色演,真不如自己去为自己创造机会。因此想特别支持一下大姚和马伊琍,也是想支持中国的中生代女演员,希望中国的优秀女演员像好莱坞的那些老戏骨一样,可以演一辈子主角,有更多的话语权,希望女演员到老了只能演婆婆妈妈当配角这种局面,由你们开始得到改善。"姚晨也因此回复:"感谢水老师对电影的肯定!@马伊琍我们中生代女演员任重而道远。"[1]我们相信,这种认同、凝聚和宣泄之后的"冷思考"会给我国的女性题材的电影创作、女演员的未来发展等问题带来不少启发,这也正是电影《找到你》的另一层重要意义的表达:每一个人都要"找到"自己。

---

① 姚晨.新浪微博[EB/OL].(2018-10-27)[2019-11-01].https://weibo.com/yaochen? refer_flag=1005055013_&is_hot=1.

3.4　城市传播视域下"城市书房"的空间营造分析[*]

沈　珉　李文慧^{**}

【内容提要】在全民阅读的大背景下,自温州推出第一家"城市书房"后,书房建设项目在全国范围内得到推广。城市书房不只是城市图书馆总分馆模式的拓展,也具有城市空间上的建构意义。首先,城市书房空间具有载体的意义,它折射了城市经济文化的发展,是城市空间形象的组成部分。同时,书房空间还具有媒介的意义,它既是营造人际沟通与信息流通的空间,也是多行业多功能整合的空间。最后,"城市书房"的中介意义在于实现了列斐伏尔所说的实体与精神勾连的价值。

【关键词】城市传播;城市书房;空间营造

"城市书房"是在全民阅读的大背景下,温州首推的 24 小时无人值守自助的实体街区图书馆,其主要目的是满足大众的阅读需求。此项目由浙江省温州市首推,几年内在全国范围内得到响应,北京、天津、洛阳、唐山、合肥、杭州、上海等地纷纷建立"城市书房"。

从实践上看,"城市书房"从图书馆总分馆模式的拓展发展到了对城市"空间运营"新理念的落实,更具有城市传播上的建构意义,成为城市传播的文化容器与研读文本。本文以温州"城市书房"的建设为讨论基础,兼及其他城市的书房建设,来探讨城市传播视角下"城市书房"的空间意义。

一、"城市书房"在城市空间传播中的意义建构

在 20 世纪中下期开始的"空间转向"思潮使得空间本体论得到重视。尤其

　*　本文为 2018 年杭州市精品文化工程项目"时空重设——多媒体时代的民艺传播"的阶段性成果。
　**　沈　珉,浙江工商大学人文与传播学院网络新媒体系主任,教授;
　　李文慧,浙江工商大学人文与传播学院网络新媒体系学生。

是列斐伏尔突破了物理空间的局限,以"三重性辩证法"的论述使空间的丰富性与延展性得到加强。列斐伏尔认为:存在着三个空间,第一空间是物质空间,第二空间为精神空间,第三空间是源于对第一空间与第二空间二元论的肯定性解构和启发性重构。

城市传播是空间传播的子系统。城市不只是一个人口聚集的地理区域,更是能感知、体验的社会空间,承载文化的载体与传递精神的中介。主要来说,城市传播有几个内容层面可以挖掘:第一层面为城市的实体,即由建筑、街道等组成的物质城市;第二个层面是城市人的行为系统,是日常生活组成的城市景观;第三个层面是城市的共同想象体,即由城市整体建构带给人的城市印象与记忆。第一个层面与第二个层面接近于物质空间的重构,第三个层面接近于精神层面的建构。而新媒体带给城市的真实与虚拟交融的结果,使得精神性的图景回归到城市现实之中,①在原有的传播内容上加了新的层面。

按照以上思路,城市书房的空间意义有三个方面可以开挖:第一个是载体空间意义,即作为文化容器的内在与外在的意义;第二个是媒介空间,即信息流通,固定的阶层打破,使城市的立体网状结构更加明显;第三个是中介空间,物质与精神可以相互嵌入的中介空间,物质与文化相互表征。

在这一思路下,本文对"城市书房"的空间意义进行探索。

二、"城市书房"的载体空间意义分析

在城市传播中,空间本身具有一定的文本意义。所谓"城市书房",是"由政府主导、社会力量合办,依托各级中心图书馆,采用自动化设备和无线射频技术,实现一体化服务,具备 24 小时开放条件的场馆型自助公共图书馆"②。因此,"城市书房"的初衷是图书馆公共服务的赋值与延伸。但当其散点式嵌入城市空间之后,它的意义得到了改变。

(一)"城市书房"是阅读行为延伸的空间

《城市书房服务规范》对"城市书房"的面积大小以及功能分区有着明确的规定:"城市书房总建筑面积宜为 150m² 至 300m²,阅览座席不应少于 10 座。""城市书房内部功能区域布局明确"③,应设一般借阅区,可以增设少儿借阅区、视障

① 刘娜,张露曦.空间转向视角下的城市传播研究[J].现代传播,2017(8).
② 温州市质量技术监督局.城市书房服务规范[S].2017.
③ 温州市质量技术监督局.城市书房服务规范[S].2017.

借阅区与便民服务区等。即通过规范化与标准化规则的制定,建设符合阅读需要的阅读空间。在设备上,根据统一配置要求,室内自助借阅机与自助还书机的设置与主馆的配置一致。因此,"城市书房"的借阅程序与总馆并无二致。借阅者可以凭借市民卡或者借书卡进出城市书房。通过网络查询,读者可以查阅总馆内的图书流动的状态,也可以完成图书的借阅与预约。

与总馆不同的是,书房的选址多在市民集中的地方。《城市书房服务规范》中规定:"城市书房宜位于一楼临街、人口集中、交通便利、环境相对安静、市政配套设施条件良好的区域,附近应有公共卫生间、保安岗亭或派出所。""结合所在社区的人文精神与生活风格,体现文化建筑的氛围特点,时尚精致,营造家居式阅读环境。"[①]在具体的落实中,大型住宅区的公共会所、商圈的一角或者交通设施的周围易被选为书房地址,也方便社区的志愿者进行日常的维护。合肥建成的 29 个书房,选址也多在公园、社区、商业街等城市角落,严格遵守与社区共处 15 分钟步行圈原则。

在上面的表述中,相对于城市的空间镶嵌性以及设计风格的社区化便成为载体空间的文化表述,体现了城市书房与城市整体的关系。

(二)"城市书房"呈现了城市文化气象

"城市书房"又是一个精神载体空间。其功能是通过对实体空间的立意升华来达到的。城市书房以统一的 LOGO 标识为外观标志,统一配置 24 小时标识灯箱。另外,在服务资源配置上,统一配置自助图书借还机。这些统一的视觉规范加强了书房的空间特征,使其成为城市公共设施中一个通过重复而不断强化的地标性视觉符号。其他地区也在城市书房的视觉符标上大动脑筋,设计统一的视觉符号来增强书房的外观视觉性。

不同地区的书房会结合地区特点,在内空间的建设上以不同面貌出现。比如温州鹿城宏源路 67 号城市书房,是图书馆与东瓯智库创意产业园合作建成的,设计"采用欧洲古典的褐石建筑风格,用褐色的砖石组合墙面,与实木共同堆砌出放书的搁架。室内设计在纵向空间上,充分利用了 LOFT 式层高,用门板、桌板等木料板面吊出一张张'倒立的书桌',别具一格"[②]。瓯海区梦多多城市书房,是图书馆与温州市梦多多文化创意投资有限公司合建的,位于瓯海六虹桥路 1189 号儿童商业综合体梦多多小镇上,营造的是儿童阅读的空间。

同时,书房的设置与数量也体现了城市的文化品质。通过对书房空间的有

---

① 温州市质量技术监督局. 城市书房服务规范[S]. 2017.
② 东瓯智库. http://www.wzlib.cn/citysf/fbdt/lucheng/201612/t20161221_206423.html.

意打造,不仅能够提升城市形象,而且也能够展现城市文化底蕴。这也是现在各个城市倾力建设书房的原因之一。温州在 2014 年启动城市书房项目后仅一年,项目即被评为最亲民的项目而得到政府的资金支持,之后书房一座座兴建起来。这充分体现了浙东文化中经世致用、敢为人先的城市精神。同样,北京的书房建设也围绕着古都文化进行了挖掘,推出了"甲骨文·悦读空间""正阳书局·砖读空间",以体现古都博大精深的文化气象。上海这座时尚的城市在书房的建设上也是体现出超前的理念与意识,高端、前卫,成为其书房的特征标签。

三、"城市书房"的媒介空间意义分析

"城市书房"是一个能够实现线上线下互动与人际沟通,并实现城市功能开放的灵活空间。由于新媒体的加入,真实与虚拟的相互交融,空间的物质属性与社会属性产生叠加与镶嵌,使媒介意义得到加强。

(一)"城市书房"是人际沟通与信息流通的空间

"城市书房"的建设中,充分考虑了其社交的功能。

首先是人际沟通的力度加大了。"'城市书房'在建设方式上从选址、设计、文献调拨到日常开放管理整个过程均注重引进社会力量的投入和参与。"[①]温州城市书房的建设,在运营上包括了图书馆的工作人员、书房房产的业主以及书房的服务志愿者。图书馆工作人员负责总体设计、借阅设备的安装、文献的调拨以及书刊的运送;而业主则负责提供书房地址、装修等;志愿者对书房进行日常的管理。实际上,参与经营的还不止上述人员。笔者在鹿城人民路城市书房看到有作者捐赠的作品以及作者写给管理员的信件;雨伞架的设置暗示着其他群体的进入。

其次,信息流通也不仅限于书刊的流通。在信息流通中,城市书房有一定的电子设备进行身份识别,室内标配中有 Wi-Fi 提供。书房进口处设置的自动刷卡机可以读取读者的身份信息。室内的 Wi-Fi 信号,可以满足自带手提电脑的读者进行网络资料查询,也可供读者利用手机上网。此外,室内设置的信息架,放置着各种城市娱乐宣传册,使得各种娱乐信息加入进来。读者"三石"考虑到了书房的媒介性,他建议,可以考虑以"24 小时城市书房"为载体,利用微信群等建立社区阅读的互联网社群关系,"也许,书房功能除借阅外,还需要人与人、人

---

① 吴蛟鹏.城市总分馆模式新探索——温州"城市书房"建设实践与思考[J].山东图书馆学刊,2017(3).

与书的交流,才能不流于形式并长久。"①

(二)"城市书房"促进多行业多功能的融合

芒福德说:"城市的主要功能是化力为形,化能量为文化,化死的东西为活的艺术形象和音标,化生物的繁衍为社会创造力。"②与以图书馆为主导的模式不同,城市书房定位在社群关系的建立,因此,除了在地缘上有社区合作的考虑外,还表现为各种功能的开发,比如借书、阅读、休息、聚会、闲聊等,这样能够把一些休闲时光利用起来,更好地服务于某类群体与需求者。

如果说温州的城市书房模式还是以公共服务为主导思想的延伸,那么上海商业性质的书房则更进一步,完全按照场景要求打造城市"第三空间",将更多的行业融合进来。比如二手书线上循环平台"熊猫格子"与联合办公空间"Distrii办伴"合作创办"渗透式"阅读空间,就是一个大胆的尝试。"熊猫格子"阅读角渗透于办公空间之内,使工作、阅读、思想、文化进行情境化的融合。

上海另一个书房品牌"竹居"依托其母体"朵亚"住宿,开启了"一酒店一竹居"的标配模式,在"朵亚"旗下的公寓、酒店中营建阅读空间,自 2013 年至今已开设 200 多处。其"阅读+"计划是"通过四个维度为用户提供服务体验,包括联合优选图书——由出版社专家、阅读推广人定制书单;有声内容开发——定制不同生活场景的音频内容服务;打造周边产品——以书籍内容为基础进行文创开发;创造 IP 内容空间——深度结合书籍内容与空间,书籍作者、阅读推广人等内容创造者为读者带来线下活动。"③"竹居"与"朵亚"旗下其他产业进行组合,放大文化的辐射力。其特殊之处是,能够通过"朵亚"的住宿分布,实现异地还书,使之成为一个流动的图书馆。

跨界、渗透、移动正成为书房媒介空间发展的注脚。

四、城市书房的中介空间意义分析

书房虽然借鉴了台湾诚品书店"24 小时不打烊"的做法,但它绝不只是简单延长服务时间,而是匹配了当代的城市精神的做法;"城市书房"虽然只是将图书

---

① 三石.探访"24 小时城市书房":未来生命力几何?[DB/OL].(2019-01-23)[2019-11-01]. https://baijiahao.baidu.com/s?id=1597863763410447282&wfr=spider&for=pc.

② 刘易斯·芒福德.城市发展史:起源、演变和前景[M].倪文彦,等译.北京:中国建筑工业出版,2005:419.

③ 施晨露.城市书房:书跟着人走[DB/OL].(2019-01-23)[2019-11-01].http://sh.xinhuanet.com/2019-01/03/c_137716370.htm.

馆设到了家门口,但其折射的是经济对文化的推动力量。因此,"城市书房"中介性体现为穿过空间的能量流动。

(一)"城市书房"的建设折射经济文化的发展格局

"城市书房"的建设与一个地区对于文化的需求相关,而文化的发展需以经济基础为依托。以温州为例,温州市"城市书房"在 2014 年开始建设,首先在鹿城区试点,然后推广到温州的其他区县。截至 2018 年底,全市范围内"城市书房"近 60 个,[①]其分布如表 1 所示。

表 1 温州"城市书房"的建设区域与数量

建成年份	区域	建立个数	共计(包括各区原有的区总馆)
2014	全温州	5	5
2015	全温州	10	10
2016	鹿城	2	14
	龙湾	5	
	瓯海	6	
	洞头	1	
2017	鹿城	7	7
2018	鹿城	4	37
	龙湾	5	
	瓯海	3	
	洞头	1	
	乐清	3	
	瑞安	11	
	永嘉	3	
	平阳	2	
	苍南	1	
	文成	2	
	泰顺	2	

---

① 温州图书馆官网的统计数据为 73 个,但官网摘取时间为 2017 年 11 月 20 日,含有 2018 年 12 月 30 日(预计)建成的书房,且包含各区的总馆,因此近 60 个书房总量较为合理。百度地图中显示有 40 家,可能是有的并没有命名为"城市书房"之故。

从时间上看,2014 年是始建年,2016—2018 年为大力推广阶段。书房的分布数量与分布地区的经济水平基本上成正比。但也有特例,比如距离鹿城最近的龙湾产值较低而图书馆较多,乐清产值较高而图书馆数量明显偏低,这一情况也说明了政治核心区域的辐射作用。

其他城市的书房布局也体现了经济发展程度与文化的推进作用成正比。书房首先在大城市进行试点,这些城市具有政治资本、经济资本,在文化建设上也占先机。

(二)"城市书房"对城市文化的赋值并形成了文化功能的细分

在诸多关于"城市书房"的报道中,"书香""文化增值"是对其的赞美词。以"城市书房"为核心内容的城市文化建设还出现了立体的组合。温州在继城市书房的静态项目之后,还上马了"车轮上的图书馆"的动态项目,更跟上了 ATM 借阅机、社区街头书站和 O2O 十足便利店借还站等散点状的图书流动站,立体化地体现了城市的书香文化。北京、上海等大城市也挖掘了书房的展示功能、演出功能、演讲功能,将更多的文化活动引入书房,使城市文化呈现立体、系统的样貌。

同时,不同的"城市书房"也采取了不同的运作策略,与公益事业同时开展的是商业机构运作的书房。这些书房与目标读者匹配,形成差异化的布局。比如上海的"竹居",匹配人群是青年中高端商务人群,因此书房的意义也是想成为这一人群的连接器,书房的意义在于记录与沉淀用户行为数据。而温州设在社区的诸多书房是将休闲空间与阅读空间进行结合,并在空间内添置一些娱乐设备,书房空间也成为活跃社区生活与改善邻里关系的社交空间。

五、总　结

"城市书房"的建设至今不过五六年时间,但从温州开始首次尝试,就得到了全国的响应。从城市传播的角度来看,"城市书房"作为一个现代传播符号,承载了现代城市空间营造的丰富内涵,传递出文明城市的信息,有其重要的文化价值。"城市书房"不仅为城市居住者带来福祉,这一现象也值得城市建设者与文化工作者注意。

3.5 "新时代"电视剧舆论引导的创新性研究[*]

张厚远**

【内容提要】电视剧作为一种重要的意识形态建构和舆论引导的艺术样式,它强大的隐喻功能、"培养"功能和"沉浸式"传播体验效应,具有其他媒介产品不可比拟的作用,容易形成"蜂聚效应",成为先进文化框架里最活跃部分,发挥先进意识形态的舆论引导作用。2017年主旋律电视剧以其强大的舆论引导功能、国家意识、人民情怀、革命浪漫主义精神、当代"中国式英雄"审美和弘扬主流价值观时自信自强的政治态度等,组成了"新时代"先进意识形态"图式"中的重要元素,有示范性意义。

【关键词】电视剧;先进意识形态;舆论引导权;创新性实践

一、"新时代"电视剧舆论引导的新课题

党的十九大概括了我国当前发展的历史方位是"中国特色社会主义进入了新时代",与之相应的,我国当前电视剧舆论引导工作面临着一个新课题:如何通过创新实践来满足观众不断提高的审美需求和意识形态新境界。

对于观众而言,电视剧所包容的信息、观念和意识能够塑造共同的世界观、人生观和价值观,在形成主流意识形态过程中,能潜移默化地影响着人们的现实观。马克思认为,意识形态是一种扬弃的思想观念体系,它随着实践的发展而不断前进,随着社会物质条件的日益完善而不断自我完善,由人们的客观生活规律所决定,实践是促进它发展的唯一动力。马克思意识形态理论具有这样的创新性:它可以使代表国家精神和主流价值观念体系的意识形态不断自我创新,从而

* 本文为浙江省哲学社会科学规划项目"境外意识形态渗透对我国政治文化安全的影响研究"(编号:18NDJC288YB)阶段性成果。

** 张厚远,浙江越秀外国语学院网络传播学院副教授。

适应时代发展的需求,保持自己的先进性。

改革开放四十多年来,中国经济建设和政治建设取得了巨大成功,而意识形态建设却存在着相对滞后的现象,既与我国经济、政治的国际地位不相匹配,也与国内经济、政治发展的创新程度不相匹配。另外,当前大数据技术日新月异,高度信息化社会对传统意识形态结构和舆论引导的创新带来了许多新难题,多元化网络舆情不断地破坏着先进主流意识形态的生态"图式"建构,智能化时代碎片化阅读方式,以及世界范围内网络空间意识形态的各种"暗战"等,都会给当前我国先进意识形态的建构工作形成许多阻力。

研究当前严峻的意识形态斗争的复杂性时发现,各种非主流意识形态已经渗透到了我们社会的肌理之中,其病毒性感染的"长尾效应"越来越明显。"近十多年来,中国境内外、体制内外的一些政治反对派和'自由主义学者'坚持不懈地研究、鼓吹当代西方'公民社会'理论并加以推广,试图影响舆论、动员群众、积蓄力量,最终一举实现中国政治和社会的全面'转型'。"[①]美国前总统尼克松在他的《1999 年:不战而胜》中写道:"当有一天中国的年轻人已经不再相信他们老祖宗的教导和他们的传统文化,我们美国人就不战而胜了。"[②]这种严峻的斗争形势,对于"新时代"先进意识形态的构建形成了巨大的挑战,需动用多种文化手段进行综合应对。

在这场先进意识形态建构的过程中,电视剧因其强大的隐喻功能和"沉浸式"的传播体验效应,能够发挥其他传播产品不可替代的作用。所以,电视剧舆论引导的创新性实践就成了一项任务紧迫的研究课题。

二、2017 年主旋律电视剧舆论引导的新探索

2017 年主旋律电视剧是指 2017 年各个电视台播放的以弘扬主旋律为主题的电视剧,包括广电总局推荐的 55 部参考剧目:31 部迎接党的十九大胜利召开、20 部庆祝建军 90 周年和 4 部庆祝香港回归 20 周年的电视剧。

(一)主旋律电视剧成为"新时代"国家治理的重要组成部分

按照后马克思主义相关学者的观点,意识形态建构现实,意识形态能够整合异质性思维,意识形态领导权与经济领导权、政治领导权一样至关重要。他们甚至觉得意识形态领导权要先于经济领导权、政治领导权。领导权的基础是"国

---

①　张厚远.反华势力对中国进行网络舆情渗透的主要形式[J].湖北警官学院学报,2016(1):14-22.
②　安轩平.意识形态领域斗争决不能松懈[N].安徽日报,2015-11-30(4).

家",而"国家"由"政治社会"和"市民社会"共同组成,意识形态领导权的建构需要"政治社会"和"市民社会"共同完成。把这种理论付诸实践,不仅能够调动"市民社会"参与先进意识形态建构的主动性和自为性,也能产生"自己人"的身份认同感,符合互联网时代的"共享"理念。这种身份认同感是2017年主旋律电视剧集体表现的一个重要情感基调。笔者认为,2017年主旋律电视剧的主题和场景,不再是以前的纯政治性叙事,而是转换成了政治性叙事和社会性叙事的二元融合,既讲政治,又讲平民故事。

迎接党的十九大胜利召开的电视剧主要有两大主题:反贪斗争和平民故事。反贪斗争剧再现了反贪工作的复杂性和艰巨性,表现了共产党人对贪污腐败的零容忍态度,这种"断腕自新"的组织行为已经形成了一种共识,获得了很大的国家认同感,属于"国家"叙事。平民故事主要讲述普通老百姓在社会大潮中起起伏伏的感人故事,以励志、亲情、和谐、幸福为主要情感基调,表现"新时代"普通人坚持不懈的创新精神和自信乐观的生活态度,属于社会学叙事。例如:《我们的少年时代》讲述了三个少年在追求棒球梦的过程中不断披荆斩棘、最终实现梦想的故事,传递了青春正能量,为青少年观众树立了正确的世界观、人生观和价值观。《喀什噶尔人家》则讲述了维吾尔族、汉族和塔吉克族四个家庭的故事,以时空的转换、感人的故事、原汁原味的镜头向大家展现阳光、进取、热情、善良的喀什噶尔人形象,全面反映了喀什噶尔人独特的思想和精神境界,表现了"民族一家亲"的主题。

在"新时代"环境下,"市民社会"本身就是文化、伦理等意识形态领域的构成要素,是政治、法律等政治上层建筑的基础之一。意识形态的基本特征是同意和认同,如果没有"市民社会"的同意,一个国家将很难维持下去,国家的领导权需要借助意识形态的力量对公民进行教育,从而维护国家的领导权和国家存在的合法性。

媒介和社会舆论是意识形态领域的风向标,是文化领导权的重要载体,是国家治理的前提条件之一。"新时代"国家治理的前提是文化领导权,文化领导权靠意识形态的力量对公民进行教育,电视剧是一种影响力非常强大的舆论载体,因为具有独特的"培养"模式,易于形成具有普遍性意义的世界观、人生观和价值观。2017年主旋律电视剧因其产生了强大的"团体动力"作用,形成了收视率和影响力的"群聚效应",构成了先进意识形态价值观传播的重要形式,是"新时代"国家治理的重要组成部分。

(二)"新时代"语境下"既讲政治又好看"的国家叙事模式

"新时代"主旋律电视剧主要通过"国家叙事"的方式来完成先进意识形态建

构,体现在国家形象传播和国家根本利益的捍卫上。它非常重视意识形态在社会教化功能上所具有的广泛性、持续性、非强制性特征,通过恰当的"议程建构"和"传播框架",营造一个合适的"语境",形成一个深维度的"镜像",壮大先进意识形态价值观的核心理念与核心力量,对社会成员的生活模式和思维模式产生持续性的、整体性的影响,并使这种生活模式和思维模式相对稳定地、潜移默化地按照既定的方向发生变化,进而成为推动先进意识形态未来创新的一个动力部分。

迎接建军90周年的电视剧就采用了"既讲政治又好看"的国家叙事模式,再现了建军90年来中国共产党领导下的人民军队生生不息的奋斗精神和顽强战斗力,塑造了许多被大家铭记在心的英雄形象,再现了无数场改变中国历史走向和人民命运的重大战役,表现了人民军队神圣的"家国情怀"和"越是艰险越向前"的能力和自信心。《建军大业》运用精彩画面传承民族精神,以"山河统一、拯救民族危难"为主题,表现青年共产党人"有文化、有理想、气质非凡、不怕牺牲"的精神气概。《深海利剑》展示了我国现代化海军实力与"新时代"潜艇兵的真实生活,用"家国情怀"弘扬了中国梦、强军梦的时代主题,增强民众对"强军梦"的理解和认同。荣获2017美国亚洲影视联盟"金橡树奖"优秀电视剧奖的《林海雪原》属于"红色经典剿匪大剧",是一场具有东北特色的视觉盛宴。这些先进意识形态新"语境"的建构主要是基于中国传统文化的优秀基因,并借鉴了他国意识形态中的先进理念。

西方马克思主义者常常把意识形态工作上升到"国家机器"的高度,并且运用"结构因果性"和"多元决定"等概念所体现出来的结构主义原则,来解释社会形态、生产力与生产关系、经济基础与上层建筑三者之间的各自关系,以及三者之间的相互关系。阿尔都塞认为:"社会是由经济、政治和意识形态等因素按一定结构方式构成的复杂统一体,历史发展不是按'人的本质的异化'和'扬弃异化'的人道主义方式进行,而是由多种因素相互作用构成的'无主体过程'。"[①]笔者认为,"多种因素"中最主要的因素是媒体、教育和家庭。媒体、教育和家庭是意识形态形成的重要基础,媒体和教育除了文化传承,还有世界观、人生观和价值观的塑造与传承。这些都是通过国家权力机关"温和"的"劝服"方式完成的。同样,家庭是人格形成的重要组成部分,家庭的世界观、人生观和价值观会影响到后代。阿尔都塞观点形成的时间节点是20世纪60年代至70年代之间,那个时候,电视是意识形态塑造和传承的重要媒介,这一点已被美国传播学界对于电视暴力的一项大型研究——"国家电视暴力研究"的诸多结论所证实。

---

① 路易·阿尔都塞.马基雅维利的孤独[M]陈越,严翔中,译.巴黎:法国大学出版社(PUF),1998:39.

(三)高度的舆论引导意识获得了普遍的价值认同感

舆论引导是一种运用主旋律意识来影响人们的思想意向,达到规范人们行为,使其社会成员按照管理者希望的方式从事社会活动的传播行为。

社会舆论是一种复杂多样的动力系统,不可能完全纳入一个模式,而社会稳定和发展的内在逻辑则要求有一种代表大多数人根本利益的舆论导向。在网络社会组织形式和互联网信息传播方式的影响之下,传统的靠社会组织和行政手段来推行先进意识形态思想的行为已经式微,以高超的政治艺术来有效调控大众媒体,成为当前舆论引导的主要方式之一。

舆论引导的创新受社会多重因素的影响。大而言之,主要包括:价值观的认同感、执政者的执政理念、社会意识形态结构、国民的素养与精神状态、媒介发展的程度等。小而言之,主要包括:对社会重大事件的关注、社会内部沟通程度、合意表达的活跃度、对历史方位的准确把握等。

2017年主旋律电视剧准确地把握了上述诸多因素,凝聚了社会共识,在舆论引导的临界点上获得了突破,形成了舆论引导的"群聚效应",获得了普遍的价值认同感,改变了观众对主旋律电视剧的传统认知和刻板印象。2014年10月15日,习近平在文艺工作座谈会上说:"广大文艺工作者要高扬社会主义核心价值观的旗帜,充分认识肩上的责任,把社会主义核心价值观生动活泼、活灵活现地体现在文艺创作之中,用栩栩如生的作品形象告诉人们什么是应该肯定和赞扬的,什么是必须反对和否定的,做到春风化雨、润物无声。"[1]以《林海雪原》《建军大业》《深海利剑》和《西柏坡的回声》等为代表的主旋律电视剧是对这种新理论的一种及时的实践性的回应,它们高度的舆论引导意识是"新时代"舆论引导创新的重要形式之一,不仅提高了观众的审美能力,也提高了观众意识形态新境界,形成了"群聚效应"。按照"群聚效应"的惯性作用,它将融入到后来国家先进意识形态的建构之中,影响着未来舆论的导向。

(四)革命浪漫主义精神与当代"中国式英雄"审美的紧密结合

革命浪漫主义精神是一个曾经在中国艺术创作和美学研究领域中持续了很长时间的具有主导性意义的审美范畴,在中国人的思想上留下了很深的烙印。其创作的基本原则是:在不违背历史真实性原则的前提下允许艺术化虚构,增强戏剧性效果;在塑造历史人物的时候可以倾注作者的政治理想和情感,提高作品

---

① 习近平在文艺工作座谈会上的讲话[EB/OL].(2014-10-15)[2019-11-01]. http://culture. people.com.cn/n/2014/1015/c22219-25842812.html.

思想高度;在塑造历史人物形象时允许"诗情画意",在描绘自然景物时可以营造"情景交融"的意境,使作品充满着浓郁的浪漫主义抒情风格。当前,借助于各种高科技的手段,革命浪漫主义精神有了更加丰富的表现方式,例如:美轮美奂的特效、栩栩如生的即视感、明暗相间的线索、跌宕起伏的情节冲突、个性鲜明而又富有理想主义精神的人物形象等。

从历史上看,近现代以来,中国革命波澜壮阔、艰辛异常,胜利来之不易。与之相匹配的宏大社会背景和宏大叙事的艺术基因已经镌刻在中国人的精神世界里,这种基因在社会发展的关键节点就会迸发出巨大能量。放映于中国人民解放军建军 90 周年之际的献礼剧(包括纪念红军长征胜利 80 周年的献礼剧)就是这种能量集聚后的集中释放,把革命浪漫主义精神和当代"中国式英雄"审美紧密结合起来。《林海雪原》塑造出了一群个性鲜明的当代"中国式英雄"群像,他们以天下为己任,富有理想、情怀厚重、格调高雅,他们不但心怀人民、敢于担当、勇于奉献,还智勇双全、精悍威武、不怕牺牲,善于在完成艰巨任务的过程中实现人生升华。对于普通受众而言,期待英雄、崇敬英雄、欣赏英雄、颂扬英雄、借助英雄精神升华人生境界是一种内在的心理需求。《林海雪原》里的"中国式英雄"和剧情里展现出来的革命浪漫主义精神成功满足了观众的这种心理需求。片尾曲则集中总结了那个时代的英雄主义精神和勇往直前的革命豪情:"英雄酒杯装天,何惧明枪暗箭。听我一声狂喊,杀个人仰马翻。信念星火燎原,壮志豪情虎胆。神枪瞄准黑暗,胜利就是我终点。穿林海,跨雪原,越是艰难越向前。"

(五)"新时代"背景下极具中国特色"东方式情感表达"

法国社会学家艾德加·莫兰说:"精神活动的前提就是想象活动与认知实践活动原则上的统一,文化应当是体验社会问题的方式与文化系统的编码、结构的规则之间沟通的回路,它们之间的关系有许多种沟通的类型。"①

在香港电影中着力渲染处于不断动荡或变动中的香港人精神,他们既接受了西方文化的熏染又坚守住了中国传统文化的精髓,形成了极具中国特色的"东方式情感表达"特征。很多社会学家都认为中国是个人情社会,中国人交流的习惯是"晓之以理,动之以情",中国人做事的原则是"合情、合理、合法"。中国人情常常表现在"五伦"关系之中,即"君臣""父子""夫妇""兄弟""朋友",这"五伦"代表着人生活动场景中最为重要的五种人际关系。在现代社会里,"君臣"关系可以转换为"国"与"家"的关系,"父子"关系转换为父母和子女的关系,"夫妇"关系则包含着"恋人"关系。归结起来,主要包括:对国家和集体的情感、对父母的情

---

①　艾德加·莫兰.社会学原理[M].上海:上海人民出版社,2001:353-358.

感、对子女的情感、男女之间的情感、兄弟姐妹之间的情感、朋友之间的情感、师徒之间的情感等。这些情感的表达就构成了独具中国特色的"东方式情感表达"方式,能集中体现出中国传统文化的融合,即儒、释、道三家传统文化的交相融合。笔者认为,这种融合后的总特征是:中国人遵从"情、理、法"的处事原则,崇尚"富贵、道义、坚韧、内敛、雅静、飘逸、清丽"的精神追求。

庆祝香港回归 20 周年的电视剧主要表现香港人艰苦卓绝的创业精神,以及内地与香港之间血浓于水的骨肉亲情。《传奇大亨》是以爱国爱港的华语影视教父邵逸夫先生以及中国早期影视拓荒者为主要原型创作的,讲述了半个世纪以来在港华人的奋斗史诗。《万水千山总是情》以中国 20 世纪 30 年代的"救亡图存"时期为背景,讲述一对青年男女之间的跨越万水千山的爱情故事。《我们的1977》以小人物为切入点,展现了大时代背景下普通人群的坎坷命运和两地人民之间亲密的情感联系,具宏观的历史视野。

这些富有影响力的"东方式情感表达"方式一方面赢得了内地观众的情感共鸣;另一方面,也得到了港澳台以及海外华人的情感认同,是先进意识形态价值观的重要组成部分,准确地把握了舆论引导的时机、尺度和效果,富有中国传统特色。

三、《林海雪原》舆论引导的创新性特征

本节以 2017 年版电视剧《林海雪原》为个案,研究其在先进意识形态价值观引导方面的创新性实践,具体分析"新时期"舆论引导创新的主要内容和表现形式,考察舆论引导的时代性。

(一)《林海雪原》收视的"群聚效应"

"群聚效应是一个社会动力学的名词,用来描述在一个社会系统里,某件事情的存在已达至一个足够的动量,使它能够自我维持,并为往后的成长提供动力。"[①]比如,一部电视剧的成功,不但能为后面相关电视剧的创作提供足够的动力资源,也能带动相关衍生产业的发展。本文所述的"群聚效应",指的是当传播动力达到一定的能量之后,就会形成巨大的磁场效应,产生接受的"蜂聚现象",不但能够凝聚共识,为以后的相关传播带来足够的动力,还能带动一个地方传媒产业和意见市场的繁荣。与社会学系统里"群聚效应"不同的地方是,传媒的"群

---

① 徐漪,沈建峰.试论共享经济的信息群聚本质[J].产业与科技论坛,2017(20):10-12.

聚效应"可以建构起一个足够大的信息场,改善现有意识形态结构和舆论生态环境,推动社会向前发展。

《林海雪原》于2017年7月16日起分别在安徽卫视、山东卫视、黑龙江卫视和爱奇艺视频网站依次播放,形成了"一剧四星"的拼播模式,创下了收视率和观众好评的"双高"。之后,该剧又分别于2017年10月20日在广东卫视黄金档、2017年10月30日在广西卫视黄金档播出,同样收获了良好的赞誉。在52城2017年8月8日榜单上位列第四(见图1),在以"汇聚影视文化大数据"著称的中文投数据网的日均收视率走势图中,能够看到明显的上升趋势(见图2)。在电视剧上映期间,由韩磊演唱的主题曲《越是艰险越向前》也唱遍了大街小巷。

52城8月8日(周二)1930-2400含央视电视剧【http://weibo.com/tvthings】						
排序	名称	频道	集数1	集数2	收视率%	市场份额%
1	深海利剑	浙江卫视	23	24	0.929	3.193
2	深海利剑	北京卫视	23	24	0.828	2.848
3	林海雪原	山东卫视	47	48	0.782	2.683

图1　"52城网"2017年8月8日全国电视剧收视率排名(2017年12月5日截图)

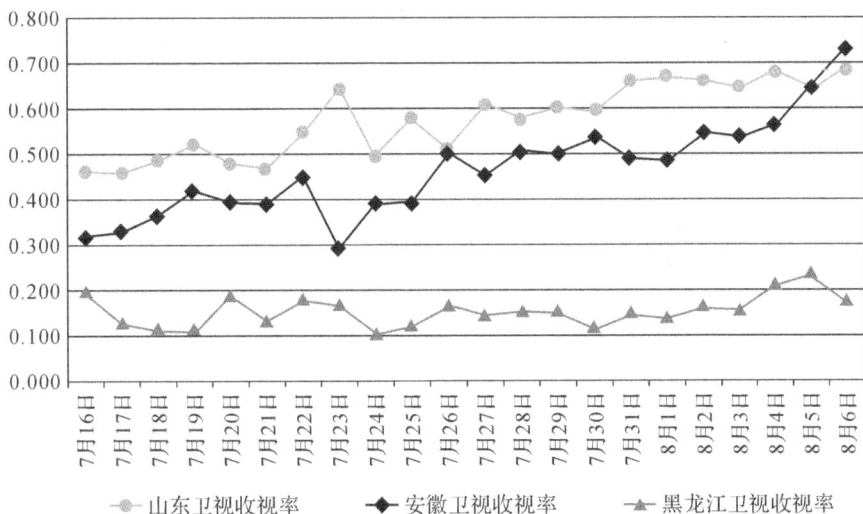

图2　"中文投数据网"关于《林海雪原》日均收视率走势(2017年12月5日截图)

事实上,《林海雪原》于2017年6月份开始在一些地方城市电视台播出,收视率奇高。比如在浙江省湖州电视台播出期间,索福瑞和尼尔森两套收视测量数据显示:"林海雪原"索福瑞收视率1.5%、份额6.3%,完成剧场收视考核值的156%;尼尔森收视率1.94%、份额3.9%,比浙江广电某知名频道在湖州地区播出该剧的收视率高出 223%、份额高出 117%。当然,更比同月播出该剧的三家卫视的收视率高出 780%,份额高出 550%。"①

(二)国家意识和人民情怀的修辞范畴引发受众情感共鸣

中国的"修辞"最早出现在《周易·乾·文言》中,原句是"修辞立其诚,所以居业也"。唐朝经学家孔颖达注释说:"辞谓文教,诚谓诚实也;外则修理文教,内则立其诚实,内外相成,则有功业可居,故云居业也。"②这里的"修辞"是"修理文教"的意思,与人的修业有关。鲁迅先生在《书信集·致李桦》中也曾写道:"正如作文的人,因为不能修辞,于是也就不能达意。"这里的修辞就是今天通用的"修饰文辞"的意思。

修辞通过修辞艺术达到说服的目的,它有三个基本要素:人品诉求、情感诉求和理性诉求。人品诉求主要针对说话人,情感诉求针对观众,理性诉求针对话题。其中,理性诉求包括推理技巧和语言逻辑,它要求推理过程环环相扣、语言的逻辑性要强,让观众不知不觉地融入剧情的推理之中,与内容生产者产生情感共鸣,从而赢得信任,增强说服力。

情感是修辞的重要范畴之一,《林海雪原》以"国家意识"和"人民情怀"作为修辞的情感范畴,通过"修理文教"和"修饰文辞"的表达方式来诠释这两个核心价值观的内涵,唤醒沉淀在国人心底的崇高审美意识,引发情感共鸣。

国家意识是一种基于社会个体对国家的政治、经济、文化、历史和国情等诸多要素的客观认知、理解和认同,逐渐积淀而成的一种国家主人翁的认同感、责任感、自豪感和归属感。它是一种崇高的审美意识,能激发公民的责任心和价值认同感,有利于凝聚共识。人民情怀是民主政治的直接体现,是平等、自由、人民中心论等价值理念在国家治理活动中的外显形式,执行的是协商原则和多数性原则,在现实社会中,是构建和谐社会的重要基础。"民可近,不可下;民惟邦本,本固邦宁",这句话清晰地表述了"国家意识"和"人民情怀"之间的辩证关系,这种理念在《林海雪原》里体现得比较完美。在第一集里,当少剑波带着这支由 36 人组成的小分队初次面对着东北难以忍受的酷寒时,集体唱道:"我们的队伍向太阳,脚踏着祖国的大地,背负着民族的希望,我们是一支不可战胜的力量,我们是工农子弟兵,我们是人民的武装。"这是这部电视剧的整体情感基调,贯穿始终,与片尾曲《越是艰险越向前》里的"昂起我的头,

---

① 朱慧.探寻多维视角下城市台影视剧节目的宣传推广——以新版 64 集电视剧《林海雪原》为例[J].视听纵横,2017(6).

② 赵蒙良."修辞立其诚"之我见[J].当代修辞,1986(4).

同饮庆功酒,用生命战斗,甘洒热血写春秋"相互映衬。剧中,台词、音乐、场景设置、灯光设计、叙事节奏、人物性格刻画等,无不体现了"国家意识"和"人民情怀"。

2013年8月19日至20日,习近平在全国宣传思想工作会议上强调,"坚持人民性,就是要把实现好、维护好、发展好最广大人民根本利益作为出发点和落脚点,坚持以民为本、以人为本","树立以人民为中心的工作导向"。[①] 以《林海雪原》为代表的2017年主旋律电视剧是落实习近平在全国宣传思想工作会议上讲话精神的一种创新性实践成果,其"国家意识"和"人民情怀"贯穿整个剧情之中,这种政治话语不是简单的思维和逻辑,而是一种世界观和方法论,是意识形态认识论中的动力要素。

(三)弘扬主流价值观时自信自强的政治态度

弘扬主流价值观时自信自强的政治态度主要表现在自主性上,自主性是指行为主体依照自己意愿行事的动机、能力或特性,它主要包括主体性、判断力、责任感、自信心、自强性和自由表达。自信自强是建立在自我认知、自我激励基础上的一种自我肯定、自我约束的人生态度,是在综合多种因素之后表现出来的积极向上的、发散着理想主义精神的理性品质。

曾经有段时间,电视剧里"去政治化"成了一种常态,出现了一股犬儒主义的倾向,庸俗繁琐和娱乐滑稽的题材占据了主流,其主要表现是回避理想、迎合世俗、接受低俗、精神颓废、丧失道德原则。后来,随着网络社会的推波助澜,这种犬儒主义之风江河日下,渐变成玩世不恭、愤世嫉俗、缺乏正义感与廉耻心的风格,并且照单全收世俗世界里最坏部分的观念和行为。此种语境之下,各种非先进意识形态乘虚而入,不断滋生蔓延,逐渐形成了新自由主义、虚无主义、怀疑主义、颓废主义、享乐主义、新左派、"推墙派"和"体制婊",以及各种伪善、伪道德,等等。其主题远离重大题材,回避社会现实,沉溺于蝇营狗苟的情绪宣泄和愤世嫉俗。即使是政治题材的影视剧,也不能旗帜鲜明地弘扬我们的核心价值观,即使有所弘扬,也由于多种原因所限,呈现出来的多是粗制滥造和旧题材的机械重复,甚至会出现"政治虚无主义"倾向性。

"文变染乎世情,兴废系乎时序。"(刘勰《文心雕龙》)文学的变更兴衰与社会变迁、政治动向息息相关。艺术家是时代变迁演进的亲历者、见证者和书写者,也是时代精神的塑造者。《林海雪原》在弘扬主流价值观方面,表现出了非常鲜

[①] 习近平在全国宣传思想工作会议上的讲话[EB/OL]. (2013 - 08 - 20)[2019 - 11 - 01]. http://www. gov. cnjrzg 2013 - 08/20/content_2470777. htm.

明的自信自强的自主性态度。剧中着力塑造了少剑波、杨子荣、孙达得、高波、白茹等既乐观自信又无所畏惧的孤胆英雄群像,每一场战斗他们都主动请缨、上阵杀敌,这种自信自强精神具有强烈的艺术感染力,充满着慷慨激昂的英雄气节。无论是奇袭奶头山、智取威虎山,还是围剿大锅盔、暗战神河庙,都是斗智斗勇、殊死拼搏。他们呈现给观众的几乎都是"笑着出征""坦然赴死"的英雄形象,正是这种自信自强的自主性精神,促使他们在每次艰苦卓绝的激烈交锋中,都能全歼凶残狡诈的匪徒。

艺术家需要扎根人民群众,细密观察事物的外表,透过现象看清本质,准确详尽地表现时代精神,自信自强地宣扬政治态度。鲁迅在《坟·文化偏至论》里说:"处现实之世,而有勇猛奋斗之才,虽屡踣屡僵,终得现其理想。"《林海雪原》把英雄人物置于一个特定的政治、社会、经济和文化的总体环境之中,用历史的、辩证的方法来再现社会的残酷性和严峻性,用自信自强的自主性精神鼓舞人、感染人。

四、有政治高度的舆论引导是先进意识 形态建构的重要基础

在中国文化传统中,王阳明的"心即理""知行合一"和"致良知"的三大命题能够比较恰当地诠释当前舆论引导对于先进意识形态构建的强关联性。王阳明认为,心灵修养的目的就是每个人的内心世界都能达到各自最高的精神境界,而不是一个模式化的形式上的"圣人"。精神境界达到最高之后就可以摆脱得失、荣辱、生死的困扰,实现生命的超越,当人人都有高尚境界了,社会就会有良知和真知,社会人就会通过真实性的实践来完成真理性的认知。王阳明认为,良知就是真理性的知识,是世界内在的规则或者世界的本源。王阳明的"最高的精神境界"与本文论述的"先进意识形态"具有一致性的特征,都是通过"知行合一""致良知"来提升人类社会的精神境界。当然,在"知行合一"和"致良知"的过程中,来自知识阶层的社会舆论引导能发挥重要作用。孟子曾把春秋战国之乱的原因归结为:"圣王不作,诸侯放恣,处士横议。"这里的"处士横议"指的就是国家的舆论环境和意识形态的问题,即国家的政治领导权和意识形态的领导权出现了严重的混乱,这颇与葛兰西的文化领导权理论相似。不同之处是,葛兰西认为,舆论领导权要先于经济领导权和政治领导权,而孟子则认为政治领导权和舆论领导权是因果关系。

"新时代"电视剧舆论引导的创新性实践,与王阳明、葛兰西等人的舆论引导思想基本是一致的,他们回答的主要问题是:如何构建转型期社会先进意识形态

的"图式",如何创新舆论引导的方式方法。电视剧作为传媒产品,兼具商业性、社会性和准公共产品等三重属性,后两种属性说明它在社会发展过程中具有主导性的功能。同其他媒介相比,电视剧"声画并茂"和"培养"的传播特性使之更容易被社会群体所接受,更易于让观众在轻松愉快的审美活动中"潜移默化"地接受先进意识形态的价值观。同时,电视剧的娱乐价值和审美价值能够跨越国界,具有更普遍的国际适应性,其蕴含着的价值观更便于传播到异质性文化领域,为构建人类命运共同体发挥作用。

3.6　基于福利经济学视角的全民阅读价值呈现与发展启示

赵金红 *

【内容提要】阅读对于促进人的发展、社会的发展至关重要，从传统福利经济学来看，阅读是社会福利中的非经济福利，与经济福利互为依托；从当代福利经济学来看，阅读是影响人们实质自由的工具性自由。基于福利经济学理论视角，我国的全民阅读活动应更为加强政府角色发挥，更为重视女性阅读状况，更为强调传统阅读、数字阅读、经典阅读等全民阅读公共议题中的公众参与性原则。

【关键词】全民阅读；福利经济学；阅读价值；阅读发展

阅读，对于教育、文化以及文明素养的推动作用毋庸置疑，20世纪90年代以来，国际社会更倾向于从人的发展、社会的发展角度考量阅读价值，比如联合国经济合作与发展组织非常重视成年人在社会生活中的终身学习能力评估，与美国教育考试服务中心联合开发了国际领域最为权威的国际成人能力评估调查项目，该项目中，阅读能力调查占第一位。在促进社会发展的大主题下，阅读不仅是个人的信息消费行为，还是一项人权权利、政府公共政策、国家发展战略，我国的全民阅读活动虽然在政府和社会各界的高度重视下取得了很好的成就，但全民阅读率、阅读量仍与发达国家存在差距，阅读对于促进社会发展的潜在价值尚待挖掘，除文化教育领域之外，需要更多的人文社会学科理论逻辑，尤其是在有社会学皇后之美誉的经济学中被称为社会良心经济学的福利经济学视角对其进行更多元的更深层次的价值解读和提供发展指导。

一、福利经济学发展概述

福利经济学，以促进社会发展、实现社会福利最大化为目标。从1920年英

---

* 赵金红，浙江大学城市学院传媒与人文学院副教授。

国经济学家庇古出版《福利经济学》一书使得福利经济学成为经济学的一门独立学科开始,主要经历了三个阶段:旧福利经济学、新福利经济学、当代福利经济学。前两个阶段即旧福利经济学与新福利经济学又可以称为传统福利经济学。

旧福利经济学以福利经济学鼻祖庇古为代表,他继承了边沁、穆勒、马歇尔等经济学家提出的福利判断概念——效用,即幸福或欲望满足程度的度量,站在社会弱势群体角度,提出国民收入分配以及政府公共政策应以平等为价值导向。他根据基数效用论和边际效用递减规律分析框架,认为社会经济福利等于一个国家的国民收入,该国的国民收入总量越大,社会经济福利也就越大;在国民收入既定的情况下,国民收入的分配越是均等化,社会经济福利也就越大。庇古认识到市场机制运行中的弱点,提出外部性概念,强调政府干预,认为对产生正外部性的部门应进行激励,给予津贴,而对于产生负外部性的部门应进行限制,向其征税。

新福利经济学根据帕累托最优状态和序数效用论分析框架,认为社会福利是由个人福利的总和构成,由于单个个人之间的福利函数互不依赖,个人之间的边际效用大小也无从比较,因此对效用的分析不能用基数测量,而只能用偏好来排序,新福利经济学回避国民收入的分配问题而强调个人的选择自由与经济效率,认为提高经济效率可以促进社会福利。

1998年印度籍经济学家阿马蒂亚·森以他在福利经济学领域的贡献获得诺贝尔经济学奖,他也是当代福利经济学的主要代表。阿马蒂亚·森跳脱出了经济学狭窄化束缚,弥合经济学与伦理学裂缝,以人为中心,从经济社会发展的角度,提出关于福利问题的新分析方法——可行能力视角。阿马蒂亚·森界定的"可行能力"(capability)是指"有可能实现的、各种可能的功能性活动组合。……是一种自由,是实现各种可能的功能性活动组合的实质自由"[①]。

二、传统福利经济学:全民阅读是社会福利中的非经济福利

庇古认为社会福利是经济福利和非经济福利的总和。全民阅读,作为信息产品的公共精神消费行为,以庇古的观点来看属于社会福利中的非经济福利。在20世纪20年代,当世界上绝大多数地区仍处于贫困状态时,庇古从增加国民收入、合理分配国民收入以提高人们的经济福利视角来讨论福利经济学是完全可以理解的,但即便如此,庇古也可贵地提到了非经济福利的价值,在其著作《福

---

① 阿马蒂亚·森.以自由看待发展[M].任赜,于真,译.北京:中国人民大学出版社,2002:62.

利经济学》的第一章就集中讨论这个问题,笔者整理其观点如下。[①]

第一,庇古从文化的、社会的而非经济的角度界定了福利概念。他认为"福利的性质是一种意识形态,或许是意识形态之间的联系"。

第二,庇古认为社会福利包括经济福利和非经济福利,且"经济福利不能作为总福利的晴雨表或指数"。关于经济福利,指的是"能够直接或间接与货币这一测量尺度有关的那部分社会福利",关于非经济福利,庇古解释说,"人被自然美或艺术美所熏陶,其品格单纯而诚实,其激情受到控制,其同情心得到发展,其本身即是现实世界伦理价值的一个重要因素;其感觉的方式和思想的方式实际上构成了福利的一部分",即人的感觉、人的品格、人的激情、人的同情心、人的伦理价值观、人的思维方式乃至人的认知、人的情感、人的欲望等人的精神世界也是社会福利的一部分,属于非经济福利。

第三,庇古认识到社会在进行经济福利与非经济福利的选择时,可能会为追逐经济福利而忽视或牺牲了非经济福利。他引用道森的批评说明这个现象,"德国的教育制度,在其目的是培养学者、教授或官员和公务员,去为复杂的国家机器发动引擎,上紧螺丝,拉动滑轮,润滑轮轴的意义上说,是无与伦比的,但在塑造人格和个性上,却距同样的成功甚远。"

第四,庇古提出非经济福利会受到人们的经济行为的两个因素影响。一个是人们的收入获取方式。工作环境会影响人们的生活质量和道德质量,比如雇主和工人之间的交往若是热情诚挚的,除了能增加财富生产、提高经济福利外,这种人际交往状态本身也是福利的增加,但若雇主和工人之间的精神状态是抵触的,这种敌对状态则是对非经济福利的削减。另一个是人们的收入支出方式。人们的消费行为可能会使人向上奋发,这是促进了非经济福利,也可能使人沉沦堕落,这是减损了非经济福利。

第五,庇古建议政府在制定国民收入的分配政策时,除了要考虑政策对社会经济福利的影响外,也要考虑可能带给社会非经济福利的影响。

庇古的非经济福利价值观可以很好地解释我国的全民阅读活动。显然,从福利的性质来看,全民阅读也作为一种意识形态,对社会福利的影响更为直接;改革开放以来,虽然我国的经济社会发展一直强调"两手抓",一手抓物质文明建设,一手抓精神文明建设,但是社会上仍出现了不同程度的只重视物质财富积累而忽视精神文明建设的现象,表现在教育文化领域,出现了读书无用论这样的声音,但近些年的全民阅读活动开展所形成的社会和谐氛围、国民文明素养、集体知识智慧提升等使越来越多的人们认识到书香社会、书香中国的巨大价值;当然

① A.C.庇古.福利经济学[M].朱泱,张胜纪,吴良健,译.北京:商务印书馆,2006:16-20.

物质财富生产与精神文明建设是互为依托的,物质生产过程中所形成的人际关系以及人们的消费理念、消费行为也会影响非经济福利,比如若忽视版权建设,形成了对盗版、山寨信息文化产品的消费者消费偏好,反过来消费者会越来越难享受到高质而又富有创新创意的作品,这最终会减损非经济福利。政府在制定全民阅读相关的公共文化及文化产业政策时,要充分考虑人们的非经济福利影响。

三、当代福利经济学:全民阅读是促进社会发展的工具性自由

如何来判断一个人的福利,阿马蒂亚·森提出了自由标准,强调"我们应该用一个人所拥有的自由来代表他的利益,而不应该用(至少不能完全用)一个人从这些自由中所得到的东西(福利的或主观能动的)来代表他的利益"[1]。他集中讨论了五个对增强和保障个人的实质自由、促进和发展社会福利的至为关键的、相互关联的工具性自由:(1)经济机会,即被通常所称的公民政治权利。(2)经济条件,指个人分别享有的为了消费、生产、交换的目的而运用其经济资源的机会。(3)社会机会,指在社会教育、医疗保健及其他方面所实行的安排,它们影响个人赖以享受更好的生活的实质自由。这些条件,不仅对个人生活(例如,享受更健康的生活、避免可防治的疾病和过早死亡),而且对更有效地参与经济和政治活动,都是重要的。(4)透明性保证,基于信用对社会发展的不可缺少价值,应该满足人们对信息公开性的需要。(5)防护性保障,对社会中弱势群体提供制度性安排,提供社会安全网。[2]

全民阅读作为文化教育领域内容,属于阿马蒂亚·森所强调的工具性自由——社会机会。作为工具性自由,全民阅读具有促进社会发展的重要价值。

(一)阅读行为有助于人的社会化成长,形成"利他"意识和相互依赖性

阿马蒂亚·森认为:"任何行为总会带有一定的社会性……虽然他人的目标并不可能被纳入一个人自己的目标中,但是对相互依赖性的一致认同,会给出某种特定的行为准则:这一行为准则不必具有内在的价值,但对于促进团体中各成

---

①　阿马蒂亚·森.伦理学与经济学[M].王宇,王文玉,译.北京:商务印书馆,2000:50.
②　阿马蒂亚·森.以自由看待发展[M].任赜,于真,译.北京:中国人民大学出版社,2002:32-33.

员的目标实现却具有很大工具价值。"①

(二)全民阅读可以促进社会变化,为经济发展提供智力资源

全民阅读的一项最为基本功能即能提高全社会的识字率和教育程度,阿马蒂亚·森以西方国家、日本以及东亚的一些富裕国家为例,讨论基本教育普及和低成本的公共教育收益共享对于这些国家的经济社会发展所发挥的主要作用,认为,"教育程度和识字率的普遍提高可以促进社会变化,而且也可以促进经济进步,使其他人也从中受益。"②

(三)全民阅读可以创造社会机会

阿马蒂亚·森提出为低收入人群、弱势群体提供社会机会,不仅可以提高这些人群的可行能力和生活质量,从而增加社会福利,还为整个国家的人力资源开发做出了贡献。因此,政府需要通过公共政策创新来创造社会机会。阿马蒂亚·森驳斥了公共福利政策只属于富裕国家的观点,以重视教育的日本早期经济发展史和20世纪90年代的日本经济发展成就尤其是在经历金融风暴后仍能保持国家的整体发展优势为例,指出创造社会机会的"人类发展是穷国——而不是富国——第一位的最重要的盟友"③。

四、福利经济学思想观点对于全民阅读发展的启示

(一)认同政府干预,强调政府角色

财富的分配与财富的生产一样对社会福利至关重要,福利经济学非常强调在以市场机制运行为主的国家社会中的政府角色发挥。首先,在市场与政府的关系上,庇古继承马歇尔的外部性观点,认为市场机制中既有正外部性也有负外部性,需要政府介入调控。阿玛蒂亚·森则从个人自由的保障和扩展方面提出政府行动具有决定性意义。其次,对于社会中存在的财富不均衡现象,庇古提出政府可以把收入从富人向穷人转移,"如果这种转移没有减少国民所得总规模的

---

① 阿马蒂亚·森.伦理学与经济学[M].王宇,王文玉,译.北京:商务印书馆,2000:85.
② 阿马蒂亚·森.以自由看待发展[M].任赜,于真,译.北京:中国人民大学出版社,2002:124.
③ 阿马蒂亚·森.以自由看待发展[M].任赜,于真,译.北京:中国人民大学出版社,2002:136.

话,它就可以增加潜在的总福利"①。阿玛蒂亚·森也认为必须正视不均衡问题,"在这个领域,社会干预、包括政府救助,应该发挥重要的作用"②。

1999年,我国首次进行官方的针对全国国民阅读状况的调查。在2006年之前的四轮调查中,我国成年国民图书阅读率呈现连续下跌趋势,从1999年的60.4%降到2005年的48.7%,这引起国家政府和社会各界的高度关注,自2006年起,政府积极介入全民阅读工程,高密度地出台政策、制度:2006年,中宣部、原新闻出版总署等11个部门联合发出《关于开展全民阅读活动的倡议书》;2011年,全民阅读首次出现在中央文件中;2012年,党的十八大报告提出"开展全民阅读活动";2013年,全民阅读立法被列入国家立法工作计划;2014年、2015年、2016年,"倡导全民阅读"连续三年写入国务院政府工作报告;2016年,《全民阅读促进条例》(征求意见稿)向社会公布、全民阅读成为国家"十三五"规划纲要中八项"文化重大工程"之一。政府的高度重视和深层介入带来了显著成效,2007年我国成年国民图书阅读率达到48.8%,首次出现上升,从而扭转了阅读率下滑趋势,并开始逐年增长,2009年实现破50%,达到50.1%,2017年的数据是59.1%。

可以说,我国的全民阅读工作能取得今天这样的成就,政府发挥了至为关键的作用,值得注意的是,从"第十三次全国国民阅读调查"数据来看,第一,国民对政府的角色有更多的期待和需求,比如"近七成的成年国民希望当地有关部门举办阅读活动"。第二,表现在城市、农村中的阅读率不均衡现象需要更为重视,比如在数字阅读成为大趋势的当下,城乡之间的互联网使用裂缝却仍很巨大。据中国互联网络信息中心(CNNIC)发布的第43次《中国互联网络发展状况统计报告》,截至2018年12月,中国网民规模达到8.29亿,手机网民达8.17亿,而非网民人口以农村地区人群为主。该报告表明我国非网民规模为5.62亿,其中城镇地区非网民占比为36.8%,农村地区非网民占比为63.2%。

(二)关心妇女福利,关怀女性阅读

在人类群体中,阿马蒂亚·森特别关心女性福利及其对社会发展的影响。他呼吁社会应该关切妇女的福利状态和困难状态,通过对中国妇女和印度妇女的福利状态观察,他认为提高妇女教育和知识水平对促进社会发展具有重要意义:③第一,妇女所受的教育可以加强妇女的主体地位,使妇女主体具有更多的知

① 纳哈德·埃斯兰贝格.庇古的《福利经济学》及其学术影响[J].何玉长,汪晨,译.上海财经大学学报,2008(5):89-96.
② 阿马蒂亚·森.以自由看待发展[M].任赜,于真,译.北京:中国人民大学出版社,2002:118.
③ 阿马蒂亚·森.以自由看待发展[M].任赜,于真,译.北京:中国人民大学出版社,2002:192-193.

情权,使妇女在处理问题时更有智慧和技巧;第二,妇女在家庭内部的权利增强和妇女的教育、识字水平提高可以显著降低儿童死亡率,增加儿童福利,"妇女通常对子女福利的重视,以及当她们的主体地位得到尊重和提升时,妇女所拥有的影响家庭决策的机会,并使这些决策更重视子女的福利";第三,妇女所受的教育有利于她们参与公共议题讨论,"在教育和就业的影响下,妇女的主体地位和声音,还能够反过来影响关于一系列社会问题的公共讨论的性质"。①

当下关于我国国民阅读行为的调查报告数量虽然很多,但特别针对性别变量所做的统计分析数据却非常少,美国亚马逊公司针对中国的"2016全民阅读调查报告"显示,至少在社交化阅读时间方面,性别的确具有差异性,"以微信为代表的社交化阅读成为趋势,数据显示,男性每天通过社交媒体阅读时间在1小时以上的比例为45%,女性则高达55%"。②

2016年发布的"第十三次全国国民阅读调查"报告中有关亲子阅读状况的调查发现,2015年我国0~8周岁有阅读行为的儿童家庭中,平时有陪孩子读书习惯的家庭占到87.1%,较2014年下降了1.7个百分点;2015年我国0~8周岁儿童的家长平均每年大约带孩子逛2.98次书店,比2014年也有所减少。通常而言,在儿童的早期生活中,女性要比男性的投入和参与度更高,因此,这项调查也可能间接反映了女性陪孩子读书、逛书店的行为也有所减少。

鉴于女性阅读对于女性福利、儿童福利、社会福利的重要影响,今后应加强对女性阅读状况的调查分析,政府和社会也应更关心女性福利,关怀女性阅读。

(三)平衡传统与现代冲突,开放讨论全民阅读议题

在社会发展中,总会出现新观念、新事物,也总会有一些传统或被迫消失或被继续传承,表现在全民阅读活动中,有两大议题集中反映了传统与现代的冲突:一是对于传统阅读的关注;二是对经典阅读的关切。

传统阅读,从阅读渠道的角度是指纸质媒体阅读,常与数字阅读相比较。2016年公布的"第十三次全国国民阅读调查"中,数字阅读成为亮点,首次明显超过纸质阅读。2018年公布的"第十五次全国国民阅读调查"显示,数字化阅读方式(网络在线阅读、手机阅读、电子阅读器阅读、iPad阅读等)提升迅速,接触率为73.0%,较2016年的68.2%又上升了4.8个百分点。

事实上,从福利经济学的效用角度看,阅读带给人们的满足感主要来自于所

---

① 亚马逊:2016年全民阅读调查报告[EB/OL]. http://www.199it.com/archives/465029.html. 2016-04-22.

② 第十三次全国国民阅读调查数据在京发布[EB/OL]. http://www.huaxia.com/zhwh/whrd/whrdwz/2016/04/4809892.html. 2016-04-20.

阅读内容,传统阅读与数字阅读更多的时候呈现的是互补关系,而非替代关系。比如人们通过电子阅读器的阅读后可能会选择购买该阅读内容的纸质版本,读过纸质版本后也可能在电子阅读器再次阅读。2016年公布的"第十三次全国国民阅读调查"虽然显示数字阅读大幅增长,但表现在图书方面,却是人均纸质图书阅读量、电子书阅读量同时在增长,表明纸质与数字两种渠道的阅读的确可以实现互补。

经典阅读,从阅读内容的角度是指能经得起时间沉淀的人类思想结晶,在人们的讨论中,常被称之为"深阅读",与以网络文学为代表的"轻阅读""浅阅读""碎片化阅读"相对立。目前官方的全国国民阅读调查尚未就此项目展开调查,但从学界业界的研究文章来看,人们的阅读内容中经典阅读过少,阅读质量也不高,需要政府和社会各界高度重视。

阿马蒂亚·森曾讨论这种文化事务中传统与现代的冲突问题,他认为解决公共议题冲突应坚持公众参与性基本原则,"按照自由导向的视角,所有的人都可参与决定保留哪些传统的自由权利……在对传统的维护与现代性的优点之间的任何真实的冲突,都需要通过参与来解决……这个问题不仅不是已有定论的,而且相反,必须对全社会的人们广为开放,让他们来讨论并共同做决定"[①]。在浮躁、功利化的社会风气中,经典阅读的确会出现被边缘化被忽视的现象,不过基于福利经济学视角,通过教育与引导以及对信息的全面呈现,人们最终会做出真正利己的选择。因此,在经典阅读方面,有必要让人们充分参与讨论经典阅读内容的评判,发挥大众传播媒介的组织与引导舆论功能,做好经典阅读的宣传与推广。相信随着全民阅读活动的继续发展,理性人的阅读偏好一定是以经典阅读为重,而这种理性偏好同时又会推动更多的经典作品产生,从而繁荣我国文化市场,促进社会更有活力地发展。

---

① 阿马蒂亚·森.以自由看待发展[M].任赜,于真,译.北京:中国人民大学出版社,2002:24.

3.7　杭州景点碑刻文化与城市传播

杨怡人 *

【内容提要】本文以碑刻文化的当代价值为视角,揭示了碑刻碑文对传统文化的揭示和传承作用,通过对杭州几处景点碑文进行实地考察和探究,梳理了杭州碑刻中的典型碑刻种类及碑文内容,分析了这些碑刻文化的现状和它们对杭城文化传播的贡献,提出重视以杭城碑刻文化这一特殊形态的传播媒介,拓展文化旅游城市的国际化传播途径。

【关键词】景点碑刻文化;城市传播;国际化

一、碑刻文化的当代价值

在幅员辽阔的中国各个角落,静静地散落着许多历代留下的各种石碑,默默地承载着不同的文化内涵,是中国传统文化精华的重要组成部分。碑,最早源于周代,是一种没有文字、没有图案的竖石。碑刻,在先秦时代就有记载,秦时称刻石,汉以后称为碑。汉朝以后,刻碑风气逐渐普及,碑文也成了使用范围极广的实用文体。我国宋代及以后的刻帖,主要摹刻名人书迹以保存、传拓,化一身为千万,用作观赏、临习。[1] 此后,根据内容和使用范围,碑刻分为刻石、碑、碣、墓志、塔铭、刻经、造像、摩崖等等,在中国的名胜古迹之处,形成了独特的"碑石林立"的民族特色。碑文是地方社会发展的见证,也是文化传承的途径。我国北方有张林、苏营等研究了吉林地区少数民族碑刻,如吉林省内的阿什哈达摩崖、吉林将军富明阿狩猎碑等,这些地方碑为全国重点保护文物。[2] 南方有张子刚等学者研究了贵州侗族的碑刻,既匡正历史文献的误笔,又补充历史文献的缺失。学者王晓勇认为当前碑刻文化逐渐消退,有变成隐性文化的趋势,但这不代表文化

---

* 杨怡人,浙江大学城市学院外国语学院讲师。
① 金其桢.碑论——中国物质形态特种传统文化研究之一[J].中国文化研究,1994(3):86-98.
② 张林,苏营.吉林少数民族碑刻文化述略[J].北华大学学报(社会科学版),2014(6):71.

的消失,他还通过现代哲学观照的思想阐明了碑刻文化在当下更具备文化价值。放眼世界的文明与艺术领域,从古希腊的雕塑、摩尔人的伊斯兰建筑里的雕刻、西班牙大教堂里人形雕塑到《圣经》中提到的石板、古埃及石刻、古印度的佛教石刻等文化现象表明,石刻是由天人合一的力量完成的杰作。如果说西方用雕塑这种以造型为主体的石刻形式来塑造审美世界,体现人生理想,那中国则是用碑刻这种以文字为主体的石刻形式来塑造人文价值,体现生活秩序。① 中国碑刻文化具备民族特色,隶属于世界石刻文化之列。在当下,碑刻文化更需要传承和发展,以发挥其应有的作用。

二、碑刻与传统文化的不解之缘

石碑石刻留存久远,赏阅碑文,我们可以一窥古人思想。笔者认为,碑刻文化体现了中国传统文化的思想精髓"以和为贵""以人为本"和"天人合一"。"以和为贵"强调事物整体的和谐与统一,不相关联的事物通过某种方式或手段组合在一起,从而让不同的事物达到总体上的均衡,因而不同事物呈现出其自身的最佳状态。碑与文这两种事物的艺术美感,使得碑刻成为一种和谐完整的表达方式,在发展过程中呈现出不同种类的碑与文的多种结合形态,使之流传久远并对后世产生积极影响。通过它,今人与古人"对话"。"以人为本"的思想,体现在碑文的内容和形式之中,如碑文内容中有古代诗词,不少文人墨客在吟诗作对的同时也将自己的墨宝复刻到了石碑上;在形式上,碑刻的文字或图形或文图结合等也是多种多样,意在充分地表达人的思想,通过碑刻展演社会文化的发展变迁。"天人合一"在碑刻文化中也得到了印证,碑刻这种石与字或石与图的结合,在其所处的景致中多与自然景物和特殊地域相融合,体现了碑文丰富的文化内涵,给所处之地以厚重的年代感。碑刻是大自然与人类智慧的结晶,是中国传统文化思想的完美演绎。

三、杭州景点特色碑文解析

杭州有众多的历史文化景点,人、情、事、景等的记录被各种碑刻点缀着,这些文化的沉淀以碑为证,默默地展示着杭州文化的魅力和城市的变迁。杭城的碑文种类齐全,内容丰富,有诗词碑刻、记志碑刻、楹联匾额、摩崖题刻、宗祠碑

---

① 王晓勇,李慧.中国碑刻文化的现代哲学观照[J].西北大学学报(哲学社会科学版),2011(1).

267

刻、教化碑刻等等。碑上斑驳的字迹蕴藏着杭州深厚的文化底蕴,承载着厚重的历史,传承着久远的文化。

(一)诗词碑刻:杭州望湖楼

杭州望湖楼两侧碑文为诗词碑刻的典型,其中一侧碑文为古诗《六月二十七日望湖楼醉书》。原文:"黑云翻墨未遮山,白雨跳珠乱入船。卷地风来忽吹散,望湖楼下水如天。"此碑文描写诗人坐船时所见的西湖美丽的雨景,以草书篆刻。望湖楼原名看经楼,始建于北宋乾德五年(967),为吴越王钱俶所建,到宋时易名为望湖楼。现为20世纪80年代重建,两层木结构,被评为杭州市优秀建筑。望湖楼凭借湖山胜处的极好位置,引来文人墨客的题咏。北宋文学家、书法家苏轼谪居杭州期间非常喜欢望湖楼远眺的景致,因此创作了脍炙人口的《六月二十七日望湖楼醉书五首》七言绝句组诗,从此望湖楼更加声名大振。① 望湖楼的另一侧碑文为宋词《满庭芳(西湖)》,为宋代陈偕所作。原文:"岚影浮春,云容阁雨,澄泓碧展玻璃。高低楼观,窗户舞涟漪。别有轻盈水面,清讴起、舟叶如飞。沙堤上,垂鞭信马,柳重绿交枝。渐残红倒影,金波潋滟,弦管催归。看飘香陈粉,满路扶携。不尽湖边风月,孤山下、猿鸟须知。东风里,年年此水,贮尽是和非。"作者借西湖景色抒情,思虑天下。这些诗词碑刻与望湖楼景致相结合,形成了其独特的杭派风情。

(二)记志碑刻:杭州涌金门

涌金门地处市区繁华地段,此处有两块石碑,一处碑文刻为"古涌金门",另一处碑文刻有涌金门简介。涌金门是杭州古代西城门之一,五代天福元年,吴越王钱元瓘引西湖水入城,在此开凿涌金池,筑此门,门濒湖,东侧有水门,传说为西湖中金牛涌现之地,因而得名。西湖游船多在此处聚散,故有"涌金门外划船儿"之说。民国二年杭州拆城,继拆除旗营之后,涌金、清波、钱塘三门间城墙均拆除改建为南山路、湖滨路,从此西湖与市区连接。沧海桑田,昔日起重要作用的城门多已湮没,为使后人明了城池变迁,取而代之的是古城门遗址的石碑。②

(三)楹联匾额与摩崖题刻:杭州西泠印社

西泠印社,浙江省重点文物保护单位,联合国教科文组织人类"非物质文化

① http://popular.h2o-china.com/view.
② http://baozang.com.

268

遗产"。西泠印社创立于清光绪三十年(1904),四位江南雅士在西子湖畔的孤山上创办了西泠印社,以"保存金石、研究印学,兼及书画"为宗旨,是海内外研究金石篆刻历史最悠久、成就最高、影响最广的民间艺术团体,有"天下第一名社"之盛誉,是我国现存最悠久的文人社团。① 由于社址位于西湖孤山西南侧,居山而建,人文与自然景观交相辉映,构思布局极为精巧,主要建筑有汉三老石室、四照阁、仰贤亭等,均挂匾披联。室外摩崖题刻林立,名人墨迹触目可见,内建中国印学博物馆。西泠印社院内墙上的挂匾介绍了老社的由来和历史价值,刻字采用隶书、篆书和行书。北面石柱上的刻联,由杭州人朱景彝 1924 年题:"东汉文章留片石,西泠翰墨著千秋。"三老石室上多有楹联匾额,石室门楣有楷书匾额"汉三老石室",冯煦 1923 年书。石墙上刻有楹联"竞传炎汉一片石,永共明湖万斯年"为丁上左撰,黄葆戉 1925 年书。社内另有四字隶书摩崖刻石"小龙泓洞"在洞的上部。小龙泓洞于 1922 年 7 月人工开凿,以浙派篆刻始祖丁敬的号命名,洞内汇聚吴昌硕、叶为铭、王一亭的手迹。洞下有西泠印社创始人之一叶为铭隶书所题石刻《小龙泓洞记》。洞南口上岩壁有隶书"壬子题名刻石",1912 年秋题,题名者 33 人,20 行。西泠印社的碑刻也为其成为非物质文化遗产的一大亮点。

(四)宗祠碑刻:杭州洪氏宗祠

洪氏宗祠里的碑文和匾额是现存宗祠碑刻的典型,祠中有各种刻字,特色鲜明,体现着洪氏家族历经的辉煌。"宋朝父子公侯三宰相,明纪祖孙太保五尚书",上联指南宋洪皓父子,下联指明代洪钟祖孙。② 碑文"敕赐洪皓谥忠宣公"的由来是:"他曾以徽猷阁待制,假礼部尚书出使金国,羁留十五年,流放冷山,金统治者对他以高官相诱,以杀戮相逼,其始终正气凛然,艰苦备尝,威武不屈,其还多次向南宋报告金国的军事情报,最后遇赦归宋,宋高宗赵构赞曰:'卿忠贯日月,志不忘君,虽苏武不能过。'卒赠太师,谥忠宣。"③ 在宗祠匾额中,"洪氏宗祠"四字用的是行隶,大方严肃,古意灵动。中堂为书厅,挂六个匾,从前到后从左到右依次刻有"发扬盛美""兴国昌文""博学宏词""辀轩集韵""幕在百年""灵明不昧"。其中"辀轩集韵"的"辀轩"指行驶在泥路上和登山的交通工具;"集韵"指宋代编纂的按照汉字字音分韵编排的书籍;据此推断"辀轩集韵"意为洪家很有文采,看的书用车运来,指"著作等身""汗牛充栋"。"幕在百年"指洪家能百年不落幕,子孙延续,富贵不断。祠中还有匾额刻字"奕世流芳",指的是世代流芳;"匡

---

① 　http://baozang.com.
② 　http://www.xlys1904.com/.
③ 　曹云,葛树法.西溪洪氏文化探源与五常拾遗[M].北京:大众文艺出版社,2010.

扶天常",意为洪氏家族世代为官,辅佐天朝,做的是顺天承民的事。在古代,皇帝或上级官员会这样题字送人,被题送者自然感恩戴德悬置高楼永世供奉。① 在敕赐的碑文中可以看出,这个家族的人物有政治理想和政治作为,却不拘泥于政治名利,志存高远,在数百年里形成了鲜明的家族传统和家族人格特征。

(五)教化碑刻:蒋村

杭州蒋村的碑刻内容以教化为主,有祠堂碑文和百家姓碑文。在西溪湿地的福堤南面有一条蒋村集市街,此地坐落着蒋相公祠,为纪念宋代蒋崇仁、蒋崇义、蒋崇信三兄弟的仁义之举。内有蒋相公祠碑记:"西溪地灵,英贤汇集,蒋公鹤立,德行超群。公讳崇仁,与弟崇义、崇信,生于崇宁年间,承父业,在杭州兴德坊惠济桥东经营米行。南宋建炎,金兵南侵,蒋氏兄弟捐粮赈饥,百姓感激后,蒋公积谷数千石,用于欠岁济贫行善之举,终身不辍。蒋公殁时,嘱崇义、崇信须存仁义,力行好事。弟俩笃行兄志,逢灾年许赊钱贱价粜出,并许籴者持斗自量,人皆美称为'蒋自量'。昆仲相继行善六七十年,美名远播,乡里感德建祠以祭。咸淳三年赐额广福,咸淳六年,朝廷追封崇仁为孚顺侯,崇义为孚德侯,崇信为孚佑侯。伟哉! 蒋公兄弟居乡里而忧天下,行商贾而不独富,作善事而能持久,身布衣而等诸侯,万民敬仰奉为楷。则今重修祠庙,以继香火;重建牌坊,以彰功德;重筑戏台,以演教化。大力倡导慈善之举,愿将蒋公仁爱之心千古流芳。"(标点为后加)此碑文既纪念蒋氏兄弟又教化后人弘扬仁爱慈悲之心。

《百家姓》起源于北宋初年,钱塘(杭州)一个书生编纂蒙学读物,将常见的姓氏编成四字一句的韵文,很像一首四言诗,读来顺口,易学好记。此书收入单姓408个,复姓30个,合计438个姓氏,后又增补单姓520个,复姓76个,共有1034个姓氏,也称作《千家姓》。② 这部幼儿启蒙读物,是我国最早的姓氏书,流传至今。作品的出现是中国特有的文化现象,体现了中国人对宗脉的强烈认同感。《百家姓》碑刻立于蒋村之中,表达了蒋氏家族对作者和文化传统的尊重和对教育的重视。

四、杭州景点碑刻的现状与思考

碑刻文物有些在历史上曾遭毁坏,有些被埋入地下,如今即便被发现挖掘出来,也支离破碎,非常可惜。笔者通过实地考察上述几处碑刻,发现有些碑文年

---

① 屠勋.太和堂集[M].济南:齐鲁书社,1997.
② 周膺.钱塘望族——杭州洪氏家族文化史[M].北京:国际文化出版公司,2007.

代过久或保护不当而磨损严重,导致碑文内容模糊不清,尤其是露天的碑文保护更加欠缺。比如西泠印社的小龙泓洞石壁上的文字已经被青苔覆盖,内容无法完全读出,定期维护、清理青苔或造棚做保护非常必要。笔者还发现有些碑文内容字体为篆书、行书或以繁体字书写,带有书法艺术的痕迹,寻常游客要理解辨认碑文有些困难,国际友人看了更是一头雾水。还有些碑文文字复杂偏难,例如洪氏宗祠中,有匾额数块不易理解,又无释义,失去了表达文化内涵的价值,若能在一旁给出简体字或解释,会有助于游人理解品味,增强其文化传播的价值。杭州历史悠久,是中国的历史文化名城,其中诗词碑刻是杭州景点的一大特色,可是在诗词碑刻旁少有与其相关的历史背景介绍,无法吸引人们主动关注,驻足了解。增加诗词创作背景和意境的介绍,可以鼓励人们在欣赏优美景致的同时,了解碑刻诗词,了解杭州,而不仅仅是拍照留念之后匆匆离去。实地考察还发现,从建设国际都市的角度看,景点碑文少有中外文对照或人工的外文服务,实地景致碑刻文化没有提供国际传播的途径。

五、结　语

"以诗言志,以碑为证。"碑刻文化在我国具有深远的影响,这一文化载体是先人们思想感情的记录,透过一块块斑驳的石碑,仿佛穿越时光看到当年的场景,研究碑刻文化、品味碑文背后的深远韵味,于我们而言是丰富文化传承和进行国际化传播的路径,对于中国传统文化的对外传播有着具体的现实意义。碑文这一独特的表达方式所承载的是文化信息中的经典,郑重其事地记录着文化符号。杭州景点碑刻文化与城市传播息息相关,对碑文的探索感受到了不同于景色但又融于景中的文化气息,景点碑刻更展示出了杭城一道独特的风景线。这些碑刻成了杭城的一张张艺术名片,碑刻大方、醒目、古朴的文化厚重感与景物的美感相结合,必将成为杭城文化旅游的一部分以及杭城国际传播的有效方式。

3.8 同城不同味

——论多元杭州的城市形象塑造

冷南羲 *

【内容提要】伴随我国经济持续发展、国民收入稳步提高之趋势,作为精神消费的旅游产业必将迎来更大的潜在客源;在以科技和创新为主要生产力、产业结构与生产消费方式转变升级的新时期,如何引入更多人才是每一座城市翘首以盼的头等大事。杭州无疑同时具备以上三方面发展的潜力,但有天赋不代表有能力,有能力也担心"巷子深"。所以如何把握现代杭州的文化特征、如何塑造多元化的城市形象、如何打造杭州的城市名片和形象工程,成为杭州城市发展的重要课题。本文分析了杭州在自然观光、人文历史、新兴产业等方面的优势,同时指出杭州城市形象建构方面的某些不足之处,希望能够有所裨益。

【关键词】多元杭州;城市形象;自然风光;人文历史;新兴产业

一、城市形象与城市品牌的特征

自从人类社会有了城市这个概念,城市形象与城市品牌的意义也随之出现。正如学界对城市的形成时间与内涵尚无明确界定却早已普遍使用此概念一样,尽管学界对城市形象与品牌内涵的认知也不尽清晰,但即使是大众也能轻易地说出一些热门城市的特征与形象定位:金融中心纽约、十里洋场上海、改革先锋深圳、寸土寸金北京、浪漫之都巴黎……从某种程度上说,城市形象和城市品牌有某种程度的重合之处,都代表城市带给大众的第一印象。目前学界针对城市形象的定义大概有以下几种观点:中国社会科学院研究所李成勋研究员将城市品牌定义为一个城市历史文化、地理资源、经济技术等要素被公众广泛认同的某种最具典型意义的称谓。美国杜克大学富卡商学院 Kevin Lankeller 教授在《战

---

* 冷南羲,杭州师范大学人文学院硕士研究生。

略品牌管理》一书中指出："像产品和人一样,地理位置或某一空间区域也可以成为品牌。城市品牌将某种形象和联想与这个城市的存在自然联系在一起。"①也有学者认为城市品牌就是指一个城市在推广自身城市形象的过程中,根据城市的发展战略定位传递给社会大众的核心概念,并得到社会的认可。通俗地说,城市品牌就是体现一个城市丰富的经济文化内涵和精神底蕴,区别于其他城市的独特标志。

由此可见,尽管对此概念尚无定论,但通过梳理以上观点并结合现实事例,笔者可以概括出城市形象内涵的共性与某些特征。

(一)即时性

即时性特征具备两重含义。首先是指城市留给大众的第一印象,大众对这种印象的获取或许是道听途说的、或许是切身经历的。例如提到山城人们就会想到重庆,提到闲适人们就会想到成都,提到圣城人们就会想到拉萨,提到秦汉人们就会想到西安。即时性的另一重含义是指由于现代通信技术的便捷,人们对某一城市的认知或许会被某一突发事件、热点事件改变,例如2018年上半年,古城西安因为抖音App一炮而红,成为美食家们又一趋之若鹜的宝地;而之前因为歌手赵雷的一曲《成都》,让蓉城悠闲诗意的特征更加深入人心。由此可见,城市形象这一概念既强调时效性,即大众通过不同途径获取的对该地的第一印象,也越发呈现出多元性,即通信的发达让人们全面且实时地掌握信息,从而捕捉到城市的新动态。

(二)深刻性

所谓深刻性是指大众对城市的第一印象往往根深蒂固、难以改变,这与上述的即时性特征有密切联系。深刻性又可以从两个截然相反的角度看,某些城市凭借自身独特的资源和良好的人文环境在百姓心中留下正面印象,例如岭南的广州四季常青,因而被人们称为花城;年轻的深圳,则因移民背景被人们认为是富有包容的城市;也有一些城市因为负面新闻而被人们诟病,例如前些年青岛因"天价大虾"事件,令当地的旅游业蒙受损失;北京冬季的空气质量,已经成为吸引人才的一大障碍。由此可见,城市形象一旦确立就很难改变,再加之媒体的广泛传播会强化这种刻板印象,因而给城市形象的塑造提出了更高的要求。

---

① Kevin Lankeller. 战略品牌管理[M].吴水龙,何云,译.北京:中国人民大学出版社,2014:10.

(三)简洁性

因为城市形象具备即时性与深刻性特征,所以决定了这一概念的简洁性。因为人们能记住的信息有限、能保留的信息更有限,所以,城市品牌需要用最短的时间、尽量少的篇幅将自身最大的特点呈现出来。因此城市形象的塑造、包括城市品牌的建造,更像给文章起标题一样,讲究吸引眼球、开门见山、引人入胜、精练简洁。目前比较成功的城市名片无一不是朗朗上口、简短明了、贴合实际的,例如号称"东方夏威夷"的三亚、"海上花园"的厦门、"天府之国"的成都。

(四)复杂性

这里的复杂性,既指上述因即时性与深刻性特征所导致的城市印象塑造时的不可控性,也指城市形象在确立过程中的复杂性。毋庸置疑,每一座城市都是一个复杂的集合体,但城市形象必须明确集中,令人印象深刻。因此,在塑造和经营城市文化时一定要有所取舍,去粗取精、凝练结晶,才能找出城市的核心特征,并寻找与之匹配的形象定位。

综上所述,城市形象与城市品牌是对一座城市文化和气质风貌进行提纲挈领、画龙点睛的提炼和浓缩,是人们对它的第一印象。城市形象的塑造是在汇集城市所有要素基础上的选择、提炼、加工和升华,对城市的建设与发展有极其重要的作用。对于杭州的城市形象塑造来说,如何简洁明了地突出杭州核心特征,准确把握当下杭州的优势与核心竞争力,并且在第一时间赋予大众不可磨灭的印象,并以此打造杭州城市新名片,就成为当下十分紧迫的任务了。

二、杭州优势:"三驾马车"

正如陈建新等所言:"一个响亮的城市品牌,是城市宝贵的资产和资源,可以使城市'增值',对城市经济的发展起着重要的推动作用,具体表现在招商引资、招聘人才、留住人才等优势上……依据城市的基础和特点,实施标新立异的竞争战略,打造独具特色的'城市品牌',创造难以模仿和复制的垄断优势,是当今城市生存和发展的必然选择。"[①]城市形象要想标新立异,先要明确"新"在何处。正如上文所述,每一个城市都是一个复杂的整体,因此在考察当下杭州的特点时需要采取更宏大的视野,具体地讲就是要用全面的、时效的、未来的眼光塑造杭州

---

① 陈建新,姜海.试论城市品牌[J].宁波大学学报,2004(2):77-81.

城市品牌。所谓全面的眼光,是指不能着眼于某一具体资源,而应看到这座城市所具备的整体资源并从中提炼出特色,例如西湖的确是杭州最抢眼的名片,但这已经不是杭州唯一的特色了,因此有网友提出"杭州,中国最美城市"这一形象定位略显狭隘。而时效的眼光,是指在探寻如今杭城的某些新特点时要避免与其他城市形象的雷同,例如有学者在本世纪初提出杭州在 21 世纪的定位可以是"世界休闲之都",但就近年发展态势来看,"休闲"名头已经被成都占据,所以再用"休闲"形容杭州显得不合时宜。未来的眼光,则是城市形象的塑造要与杭州现有发展趋势、已确定的某些目标相结合,例如互联网经济的持续发展几乎已经是板上钉钉的事,2022 年的亚运会也确定落户杭州,因此杭州城市品牌的打造,要与这些即将发生的大事件关联起来。因此,用全面、时效、未来的视角来审视杭州,笔者概括了杭州城市的三个特征。

(一)传统优势,焕发新生

以西湖为核心的自然风光无疑是杭州的传统优势。时至今日,西湖依旧是杭州最醒目的标志;对外地游客而言,西湖是杭州的代名词;对本地人而言,西湖生态区是他们家园的"绿肺"。近年来旅游产业的发展始终呈现出上升的趋势,伴随着国民收入的进一步提高与外部经济环境不容乐观的局势,旅游产业必将成为拉动内需的重要途径,而作为杭州支柱性产业的旅游经济必将对城市的发展产生更大的效果。除此之外,自然生态旅游区的打造对本地百姓而言也是有百利而无一害的,这不仅能改善城市的生态环境,也能为市民日常休憩提供多元选择。与此同时也应看到,对环境的重视、对城市自然景区的打造已经成为许多城市共同奋斗的目标,尽管杭州西湖名声在外,也是杭州自然观光的核心资源,但不应该是唯一的自然风光。杭州的城市自然风光带有很强的个性化色彩:西湖的规模与处于市中心的天然有利位置、环西湖景区的山林风光、与西湖交相呼应的西溪湿地和钱塘江等自然风光,都是传统自然资源优势在当下的新增长点。如何将这些新的增长点转化为现实竞争力,是杭州传统自然资源优势焕发新生的重要途径。因此在杭州的城市形象元素里,应该是以西湖为中心的、广义上的自然风光,是整个城市的秀美风光而非西湖"此处风光独好",成为唯一却又单调的美景,这种广义的自然资源开发,不仅有利于杭州旅游经济的进一步发展,也为人才引进、产业结构升级等举措奠定了环境基础。

(二)历史文化,剑走偏锋

2018 年 5 月 28 日,国务院新闻办公室召开新闻发布会公布"中华文明探源工程"研究成果,其中指出在杭州良渚遗址发现了距今约 5000 年前,长 1800 米、宽 1500 米,面积近 300 万平方米的内城和面积 800 万平方米的外城。为防止遭洪水侵害,还堆砌了长 3.5 公里、宽几十米、高数米的大型水坝。其工程量在全世界同时期的建筑中是首屈一指的。正是由于遗址的久远历史,打破了国际学术界长期认为中华文明只始于 3500 年前后的殷商时期,确认了我国文明与国家形成于距今 5000 年前,并于 2019 年 7 月被列入世界遗产名录。除了史前文明遗址的探查,近年来杭州某些历史文化工程的打造也取得一定成绩,例如宋城千古情表演、大运河景区、清河坊步行街、灵隐寺景区、飞来峰石刻等在国内外都具有一定的知名度,但与六朝古都南京、秦汉故都西安、明清古城北京等历史文化名城相比,杭州的本土特性、历史文化特征还未完全体现出来。历史文化资源的开发利用不仅是旅游经济层面的举措,更关系到城市自身的内涵、本土品牌的打造、人文素养的体现等。如果说以西湖为核心的自然风光为杭州穿上了华丽的外衣,吸引了游客的到来,那么以江南风情为中心的历史文化,就应当为远道而来(或在远方)的客人展现杭州的城市文化内核,进而留住部分新进人才。不可否认,与南京、西安、北京等曾经的历史文化中心相比,杭州的政治地位并不占优势,或者说在以士大夫庙堂文化为主导的中国传统封建文化体系中,杭州(临安)确实没有处于舞台的中央,但这并不意味着历史文化不能成为现代杭州的特有标签。杭州是毋庸置疑的江南文化中心,江南文化的特性就在于自由自在、怡然自得的"江湖之远",因此杭州历史文化应避免"宏大叙事"而竭力突出日常生活美感,将 5000 年正统历史外的民间美感、江湖广袤、先辈风情表现出来。这既是对中原文化的补充,也是杭州历史文化的特点所在,而且还能与今日杭州的人文风气相联系,是诸如机动车礼让行人、龙头企业核心文化、市民素质水准普遍较高等现象的根源。所以杭州的历史文化独具特色,与北京、洛阳等古城的正统历史相比更加自由、浪漫,带给大众无限遐想,与成都、厦门等地的悠闲、舒适相比,又更具有深厚的文化内涵与人文气息,所以这一历史文化特征有必要纳入杭城形象塑造中。

(三)电子商务,科创前沿

因为良好的自然环境与和谐的人文氛围,21 世纪以来,一批新型企业出现在杭州,并很快成为闻名全国、享誉世界的龙头企业,这座城市的精神内核也潜移默化地融入本地企业的文化属性当中。杭州工业基础相对薄弱,经济发展相较于上海、南京等地较为滞后,但由于新世纪以来的产业格局发生了很大变化,因此以电子商务经济为主导的杭州很快崛起,其中最富盛名的企业莫过于阿里巴巴集团,所以杭州也被人们称为"电子商务之城"。因为一批新型企业的成功,使得杭州成为新兴互联网产业经济体的代名词,又由于国家近年来一直鼓励"大众创业、万众创新",所以杭州当仁不让成为国家科技和创业的前沿。马云创办的阿里巴巴集团无疑是杭州本土品牌、甚至是中国新型经济发展的代名词,人们不仅惊叹于这家公司的发展速度、现有规模和巨大影响力,更被创新具备的发展潜力所震惊,阿里巴巴集团的成功让大众切实体会到国家层面提出的创新创业政策的现实操作性和发展空间,为杭州聚集了一大批人才资源。时至今日,杭州新型产业已经初步形成了以阿里巴巴、网易等龙头企业为中心,不同领域中小型公司资源互补、各类公司多元发展的局面。这些现代企业共同激发出古老杭州的新潜力,为不同类型的年轻人提供了展示能力的舞台,而杭州的经济发展也从侧面体现出人文历史的多元性、民间文化的创造性。因为杭州的经济发展带有强烈的创新色彩和时代特征,而且已经取得了不俗的成绩和影响力,所以杭州城市形象的塑造要突出"创新性"这一经济特征。创新不仅存在于经济层面,也是市民精神风貌与活力的展现,还是社会进步的原动力之一。

由此可见,对以西湖景区为中心的观光资源多样化打造为杭州发展提供了良好的生态环境,突出的是杭城的自然美;对以江南民间文化为关键词的历史资源标新立异式开发为杭州发展奠定了深厚的文化内涵,突出的是杭城的人文美;以网络数据传媒为核心的电子商务企业的创新性突破则为杭州发展开拓了空间,突出的是杭城的现代美。此三者之间也互有联系,自然风光的秀丽为民间生活的丰富提供了可能,民间生活的绚丽则为科研创新提供了想象力源泉,因而这"三驾马车"皆为杭州之特性,是杭州城市形象塑造的内涵,也是杭州城市名片首先要体现的要素。

三、多元整合同城多味

正如文章第一段提到的,城市形象塑造要突出特色、力求简洁。但在采用排除法寻求城市第一特色的去粗取精过程中,不可避免地会损害城市多元性,因此简洁性与多元性是一对需要平衡的矛盾。有些城市某一特征异常突出,所以可以适当淡化其他要素而着力呈现主要特征,例如洛阳的定位就是历史文化名城,但由于它的历史资源在全国首屈一指,所以即便是单一的定位,也得到国民的认可和牢记。但更多的城市具备某些特征,但这些特征并不是独一无二的,所以这类城市在塑造自身形象时显得更加复杂、如何取舍格外重要。

杭州无疑属于后者。在自然风光和城市绿化方面,它虽拥有名震天下的西湖,却难说超越绿都南宁、五彩昆明等城市稳居榜首;在历史人文方面,它虽是江南文化的腹地,但其名气与国民普遍熟知的中原文明相比还是稍逊一筹;在科技创新方面,它虽有如阿里巴巴这样的领头企业,但整体规模和经济水平相较于深圳、上海等城市尚有差距。但如果将这三方面合并起来,杭州则是唯一的,也即是说除了杭州,再没有哪座城市能同时具备名列前茅的自然、人文和创新条件。因此这三者的多元统一就是杭城的核心竞争力,是杭州与众不同的特征。

杭州的多元是有具体表征的多样化,而非无特点只能以"多元"一词做招牌。这里的多元,不仅指构成杭州城市形象核心特征的自然、人文和创新三方面,也指以西湖为核心的自然风光的多样化打造、以市民文化为中心的人文历史的创造性发掘、以创新为关键的电子商务经济的多元化发展。所以,在以"多元"作为杭州城市形象的核心特征的塑造过程中,要强调其具体内涵,既要突出自然、人文和创新结合带给杭州独一无二的特性,又呈现三者共存的多样化意蕴,从而通过整体呈现与具体表现,使杭州的多元形象成为可触、可见、可感的对象。

因此杭州的城市形象要围绕自然风光、民间文化和创新产业三个维度来塑造,并在多元的本质特征基础上精心制作城市宣传语和城市名片、规划城市的发展蓝图。只有以多元思维塑造杭州形象,才能真正展现这座城市的核心竞争力,才能使这座城市出类拔萃、被大众熟知,也才能将杭州的潜力外化为能力,并将这种能力转化为城市的自身实力。"同城不同味,三味汇一城,一味生多味,多味融一体",这样丰富的感官体验,既能满足不同主体的个性化需求,又能为每一位个体提供多样化的享受,还为人们创造出无限的遐想空间,从而进一步促进杭州的发展。所以要努力将多元特性融入城市的规划建设中,使得杭州在面临新的历史发展机遇时能够勇立潮头,实现新的跨越。

3.9　城市戏剧节新媒体营销研究

——基于近三年官方微信公众号的考察

沈　婷　黄　莹

【内容提要】近年来,微信公众号已成为互联网营销的一个重要平台。许多城市的戏剧节已经相继开通官方微信公众号平台,但是,目前大部分城市的戏剧节的官方微信公众号营销仍处于探索阶段。为探析各城市戏剧节官方微信公众号的内容营销策略,实现戏剧节微信公众号营销的最佳效果,笔者主要运用内容分析法,在中国北部、东部以及南部抽取三个戏剧节官方微信公众号——北京青年戏剧节、乌镇戏剧节以及南山戏剧节,对其内容进行分析,探索其推送顺序、内容特点、标题特质、多媒体符号使用丰富程度等,并发现其与阅读量、点赞量的高低是否存在相关关系。据此,对戏剧节官方微信公众号营销的提升途径进行探讨,也对未来的研究方向给予了一定的意见和建议。

【关键词】戏剧节;微信公众号;内容分析;营销;阅读量

一、引　言

(一)研究对象

本文所要研究的对象是城市戏剧节的官方微信公众号。本研究通过抽样,选取乌镇戏剧节、南山戏剧节、北京青年戏剧节的三个官方微信公众号作为样本进行研究。分析这三个城市戏剧节微信营销的特点和存在的主要问题,为城市戏剧节微信营销提供思路和方法,提升营销效率。

(二)研究理论背景

微信是 2011 年才出现的媒体平台,对于微信的相关研究集中在 2011 年以后,且理论研究还很薄弱。通过梳理相关文献发现,学者们的研究主要集中在微信营销特点、现状、问题及策略,微信营销内容、途径、传播效果,基本原则、未来趋势等方面,研究内容较为粗浅、宏观,研究理论尚未形成成熟的体系。近些年来,对于微信营销的研究呈现增长态势,但研究尚处于起步阶段,而且基本集中在微信营销的宏观理论上。分析城市戏剧节的微信营销现状,对其微信营销能力进行评价,发现问题并提出有针对性的建议,有助于丰富微信营销的相关理论,为节事微信营销发展提供理论指导与借鉴。

(三)研究实践背景

据第 41 次《中国互联网络发展状况统计报告》,截至 2017 年 12 月,我国网民规模已经突破 7.72 亿,互联网普及率为 55.8%,其中手机网民规模达 7.53 亿,占比高达 97.5%。2016 年,通过移动互联网营销推广的比例高达 83.3%。而在众多营销推广方式中,75.5%使用的是微信营销,手机网民经常使用的 App 就是微信,比率为 79.6%。[①] 近年来,微信已成为互联网营销的一个重要平台。因此,许多城市戏剧节已经相继开通官方微信公众号平台,但大部分举办方的微信公众号营销仍处于探索阶段。本研究通过内容分析,试图为城市戏剧节举办方日后的微信公众号营销管理提供科学的参考。

(四)研究问题

本研究所提出的研究问题如下:
(1)城市戏剧节官方微信公众号营销内容与形式上有何特点?
(2)文章的阅读量、点赞量与该文章内容和形式上的特点是否相关?

(五)研究方法

本研究将采用内容分析法,利用 SPSS 软件进行描述性分析与相关分析。

二、文献综述

营销指的是企事业单位、组织与个人根据消费者的需要,为之提供合适的产品或服务,能动地满足消费者需要的整体性经营管理活动的总称。微信公众号

---

① 中国互联网络信息中心. 第 40 次《中国互联网络发展状况统计报告》[EB/OL].（2017 - 08 - 03）[2017 - 08 - 08]. http:// www. cnnic. net. cn/ hlwfzyj / hlwxzbg / hlwtjbg / 201708 /t20170803_69444. htm.

营销指的是在微信公众号平台上，通过官方微信公众号进行内容发布、交流互动等活动，满足用户需求的经营管理活动总称。在此研究中将微信公众号营销的效果操作化定义为每一篇推文的阅读量和点赞量。

本研究的具体研究问题为：

（1）文章的阅读量与该文章在推文中的排列顺序是否相关？

（2）微信公众号的推文标题和文章内容的所属类别有何特点？

（3）文章的阅读量与文章标题所属类别是否相关？

（4）文章的阅读量与内容的功能性特点是否相关？

（5）文章的点赞量与该文章内容的功能性特点是否相关？

（6）文章的点赞量与该文章的多媒体符号的丰富程度是否相关？

三、研究方法

（一）研究架构

自变量	因变量
1.文章在推文中的排列顺序 2.义章标题所属类别 3.文章内容所属类别 4.文章多媒体符号的丰富程度	1.阅读量 2.点赞量

（二）确定问题的领域、选择样本

笔者根据戏剧节的地理分布，在中国北部、东部以及南部随机抽取了三个戏剧节官方微信公众号——北京青年戏剧节、乌镇戏剧节以及南山戏剧节，对其内容进行分析。

本研究数据采取三个戏剧节官方微信公众号——北京青年戏剧节、乌镇戏剧节、南山戏剧节近三年（从 2015 年 10 月 1 日到 2018 年 10 月 1 日）的微信公众号推文。

微信公众号推文文本内容通过人工直接在北京青年戏剧节、乌镇戏剧节、南山戏剧节这三个戏剧节官方微信公众号进行采集，并将所收集的微信公众号的 504 条推文初始资料分别整理成 Excel 表格，并且记录相关情况，进行统计分析，包括推文排列顺序、文章标题、文章内容、文章多媒体表达形式等。

(三)选择并确定分析单位

本研究是以三个戏剧节官方微信公众号的推文作为分析单位的。

(四)建构内容的类目系统

1. 文章在推文中的排列顺序

本类目结合本研究的目的,将公众号每次推送的文章在推文中的排列顺序区分为以下 2 个类别。

(1)头条:每次推送只推送一条时或者文章在推文中排列为第一条。

(2)其他:文章在推文中的排列顺序为第 2 条、第 3 条、第 4 条、第 5 条、第 6 条、第 7 条、第 8 条(每次推送上限为 8 条)。

2. 文章标题所属类别

本类目参考陆林等学者提出的乌镇戏剧节官博文本内容分析体系,[①]与本研究样本之特性加以调整,将文章内容所属类别区分为以下 3 大类。

(1)戏剧相关词汇:介绍与戏剧本身相关的词汇,包括"戏剧节"、"剧院"、"剧场"、"舞台"、"演出"、"作品"、"孟京辉"、专业性人名和戏剧名等。

(2)旅游相关词汇:介绍戏剧节所在地旅游的相关词汇,包括"旅游""景区""期待"等。

(3)功能性词汇:提供一些功能性服务的相关词汇,包括"报名""资讯""时间""招募""服务"等。

3. 文章内容所属类别

本类目参考陆林等学者提出的乌镇戏剧节官博文本内容分析体系,[②]配合本研究样本之特性加以调整,将文章内容所属类别区分为 5 大类,细分为 13 类。

(1)公关宣传:新闻发布、获奖信息、招聘信息。

(2)软文百科:艺术家介绍、艺术事件介绍。

(3)促销推广:戏剧节介绍、戏剧推介、景区介绍。

(4)游客服务:演出信息、订票服务、看戏攻略。

(5)客户维护:转发抽奖、影评分享。

---

① 张海洲,王咏,陆林.基于内容分析的乌镇戏剧节微博营销研究[J].旅游研究,2016,8(5):56−67.
② 张海洲,王咏,陆林.基于内容分析的乌镇戏剧节微博营销研究[J].旅游研究,2016,8(5):56−67.

4.文章多媒体符号的丰富程度

本类目结合本研究的目的,将文章的多媒体表达形式区分为 4 个类别,即文字、图片、音频、视频,并统计了每篇推文的图片、音频、视频的总数量,用以衡量文章多媒体符号的丰富程度。

5.阅读量

本类目的阅读量指的是截至 2018 年 10 月 15 日 22:00 前的每一篇推文的阅读量。

6.点赞量

本类目的点赞量指的是截至 2018 年 10 月 15 日 22:00 前的每一篇推文的点赞量。

(五)信度检验

本研究安排新闻与传播专业的编码员两位,自母体中随机抽出 51 条推文,由两人分别统计之后,用 Alpha 检测公式计算得出 6 个类目(文章在推文中的排列顺序、文章标题所属类别、文章内容所属类别、图片音频视频总数量、阅读量、点赞量)的编码员信度,分别为 1.0000、0.9041、0.9482、0.8970、0.8023、0.9794。经计算,平均信度－(1.0000＋0.9041＋0.9482＋0.8970＋0.8023＋0.9794)/6＝0.9218＞0.8,所以符合信度要求。

四、研究结果

正态性检验

	Kolmogorov-Smirnov[a]			Shapiro-Wilk		
	统计量	df	Sig.	统计量	df	Sig.
点赞量	0.296	504	0.000	0.485	504	0.000
阅读量	0.284	504	0.000	0.520	504	0.000

a. Lilliefors 显著水平修正

由于本研究的研究问题均为相关研究,且因变量(点赞量、阅读量)的 $P＝0.0000＜0.05$,故不符合正态分布。由于不符合正态分布,故采用 Spearman 检验。

（一）文章的阅读量与该文章在推文中的排列顺序的相关性

相关系数

			文章在推文中的排列顺序	阅读量
Spearman 的 rho	文章在推文中的排列顺序	相关系数	1.000	−.263**
		Sig.（双侧）	.	
		N	504	504
	阅读量	相关系数	−.263**	1.000
		Sig.（双侧）	0.000	.
		N	504	504

＊＊．在置信度（双测）为 0.01 时，相关性是显著的。

$r(504) = -0.263$，$|r| < 0.4$，$p = 0.000$，即文章在推文中的排列顺序与阅读量存在弱的负相关。这显示出文章在推文中的排列顺序是头条时，该推文的阅读量较高；而当文章在推文中的排列顺序是其他位置时，阅读量较低。

（二）文章标题和文章内容所属类别分布特点

文章标题所属类别

		频率	百分比/%	有效百分比/%	累积百分比/%
有效	1	314	62.3	62.3	62.3
	2	35	6.9	6.9	69.2
	3	155	30.8	30.8	100.0
	合计	504	100.0	100.0	

由调查数据可知，三个戏剧节官方微信公众号在推文的标题中更喜欢采纳与戏剧相关词汇，而与受众互动的功能性词汇运用较少，与戏剧节当地的旅游相关词汇则更少出现。

文章内容所属类别

		频率	百分比/%	有效百分比/%	累积百分比/%
有效	1	174	34.5	34.5	34.5
	2	54	10.7	10.7	45.2
	3	165	32.8	32.8	78.0
	4	101	20.0	20.0	98.0
	5	10	2.0	2.0	100.0
	合计	504	100.0	100.0	

　　三个戏剧节官方微信公众号在推文的内容上,更喜欢推送与新闻发布、获奖信息、招聘信息等相关的公关宣传类内容,以及与戏剧节介绍、戏剧推介、景区介绍等相关的促销推广类的内容,而转发抽奖、影评分享类内容很少出现。

(三)文章的阅读量与文章标题所属类别的相关性

相关系数

			文章标题所属类别	阅读量
Spearman 的 rho	文章标题所属类别	相关系数	1.000	0.204**
		Sig.(双侧)	.	0.000
		N	504	504
	阅读量	相关系数	0.204**	1.000
		Sig.(双侧)	0.000	.
		N	504	504

　　**.在置信度(双测)为 0.01 时,相关性是显著的。

　　$r(504)=0.204<0.4,p=0.000$,即文章标题所属类别与阅读量存在弱的正相关,这意味着当文章标题包含了"报名""资讯""时间""招募""服务"等字眼,属于提供功能性活动的词汇之时,推文的阅读量会有所上升。

(四)文章的阅读量与文章内容所属类别的相关性

相关系数

			文章内容 所属类别	阅读量
Spearman 的 rho	文章内容所属类别	相关系数	1.000	−0.127**
		Sig.（双侧）	.	0.004
		N	504	504
	阅读量	相关系数	−0.127**	1.000
		Sig.（双侧）	0.004	.
		N	504	504

∗∗.在置信度（双测）为 0.01 时,相关性是显著的。